Le divan insoumis

MAIA FANSTEN

Le divan insoumis

LA FORMATION DU PSYCHANALYSTE : ENJEUX ET IDÉOLOGIES

HERMANN ÉDITEURS

ISBN 2 7056 6571 4

TABLE

INTRODUCTION

S'il est une pratique qui a suscité, et suscite encore, des réactions contrastées et souvent passionnées, c'est bien la psychanalyse. Il est rare qu'on n'ait pas un avis sur la question (« Une analyse ? pour les autres oui, mais ce n'est pas pour moi »), des idées préconçues (« L'analyse empêche de se débrouiller tout seul et rend dépendant »), des anecdotes savoureuses relatives à des amis d'amis (« Son psy l'a oublié dans la salle d'attente », « Son psy a cherché à la séduire », « Son psy exige des sommes exorbitantes », etc.). En bref, les représentations et les opinions ne manquent pas sur cette pratique vieille de plus d'un siècle, et qui aura profondément marqué la culture et la pensée du vingtième siècle. Il n'est que de jeter un œil à la place qu'occupe régulièrement la psychanalyse dans la presse hebdomadaire et ses unes aguicheuses (« Qui veut la mort de la psychanalyse ? », « La science contre Freud », « Les nouveaux Dolto », « Freud, l'homme du siècle », etc.) pour se convaincre que la vieille dame fait encore recette. Mais ces réactions sont aussi souvent complexes, mêlées, voire contradictoires. La psychanalyse s'est diffusée au sein de la société de façon tout à fait spectaculaire : l'impact qu'elle a eu sur le monde intellectuel et culturel est considérable, mais plus encore et, à un niveau plus familier, l'ampleur avec laquelle s'est diffusé le vocabulaire psychanalytique n'a pas d'équivalent. Il suffit de citer l'appropriation que fait le langage courant des termes tels que *névrosé, hystérique, parano, mégalo, obsessionnel, fantasme, libido, complexe d'Œdipe,* etc. — sans parler de l'influence de Françoise Dolto sur les conceptions éducatives[1]. Parallèlement, et peut-être précisément en raison de l'influence qu'elle exerce, la psychanalyse a suscité de vives critiques. Alors qu'on reconnaît à Freud le mérite d'avoir levé les tabous concernant la sexualité, on lui reproche simultanément de la rendre (trop) centrale.

1. Il est, bien entendu, difficile de prendre la mesure de l'impact sur les pratiques réelles, mais on peut en tout cas constater que le rôle de Dolto est *perçu* comme déterminant, à tel point qu'on a pu parler d'une « génération Dolto ».

On a pu se féliciter que Dolto ait contribué à reconnaître l'enfant comme une personne, mais alors on blâme la culpabilisation des parents que les perspectives « psy » peuvent induire... Et lorsqu'on ne s'attaque pas à la psychanalyse et à ses fondements, c'est sur les psychanalystes que se concentrent toutes les suspicions. Ce sont d'ailleurs les railleries les plus fréquentes, ou les mieux partagées. Qui n'a jamais ironisé sur les pratiques douteuses de ces médecins de l'âme, moquant leurs silences butés, leur jargon, leurs réflexes sectaires ou encore leur soi-disant pouvoir exorbitant sur leurs patients et leurs exigences frauduleuses en matière d'argent ?

L'argent, en particulier, est un thème privilégié des critiques contre la psychanalyse. Il est vrai que la doctrine analytique confère à l'argent une fonction de tout premier ordre dans la relation entre l'analyste et le patient, et que l'argent n'y a pas le même statut qu'il occupe habituellement. Il est, en effet, conçu comme *partie prenante* du processus analytique lui-même, au-delà de la valeur qu'il a d'ordinaire dans les relations de service ou dans tout autre type d'échange monétarisé. Pour le dire autrement, ce qui a trait à l'argent est, en psychanalyse, réélaboré et réutilisé dans le cadre de la cure selon une optique *purement analytique*. Pour quelle raison l'argent a-t-il en psychanalyse une valeur et un statut qu'on ne lui reconnaît pas nécessairement hors de ce cadre ? Ceci est dû, si l'on suit la doctrine analytique, à la complexité des *représentations inconscientes* de l'argent, complexité qui commande que le paiement fasse l'objet d'une attention particulière de la part de l'analyste. En effet, celui-ci, averti des implications cachées d'aspects apparemment anecdotiques du maniement de l'argent, se doit d'établir des règles. De cela, il découle que les conditions et les modalités du paiement d'une analyse sont normalisées selon un système très ritualisé. Évoquons, par exemple, deux règles majeures de l'orthodoxie[2] psychanalytique, qui sont en général bien connues et particulièrement contestées par les détracteurs de la psychanalyse : le paiement en espèces et la règle selon laquelle les séances manquées doivent être payées. Ces pratiques sont fréquemment perçues comme des excès, voire des abus dont on comprend difficilement les raisons. Elles s'originent pourtant dans des aspects de la théorie analytique.

---

2. Bien entendu, les pratiques varient selon les courants, et aussi selon les usages singuliers des praticiens. Nous nous référons ici aux éléments doctrinaux traditionnels, tels qu'ils ont été énoncés par Freud ou tels qu'ils ont été formulés de façon dominante en France. Signalons toutefois qu'en raison des changements socioculturels qui ont affecté les conditions de la pratique analytique depuis quelques décennies, de plus en plus de praticiens sont enclins ou contraints à assouplir, modifier ou revoir leurs pratiques, en particulier sur le sujet de l'argent.

Le versement en espèces est justifié par le fait que l'argent est intimement lié, dans l'inconscient, à l'analité, et est un indicateur privilégié de l'érotisme anal refoulé. Aussi toute particularité du comportement du patient au moment du paiement prend-elle sens au regard de la thématique de l'analité : le paiement en espèce rend plus visible ce lien inconscient.

La règle selon laquelle les séances manquées sont dues émane de l'analyse faite par Freud en 1914, selon laquelle il n'est pas de « hasard » dans l'attitude du patient durant la cure analytique. Conformément aux recommandations de l'inventeur de la psychanalyse, l'analysant paye, non pas le travail du psychanalyste à proprement parler, mais son *temps* : il paye pour ce temps qui lui est imparti, même s'il ne l'utilise pas lorsqu'il ne vient pas, lorsqu'il manque ses séances.

Rappelons enfin que l'idée selon laquelle « on peut toujours payer si on le veut vraiment » a longtemps prévalu dans le milieu psychanalytique. Cette conception repose, comme le dit Jean-Marc Dupeu, sur « l'argument selon lequel la raison économique est, de la part du patient, un alibi "réaliste" dissimulant une résistance majeure à l'entrée dans le processus analytique[3] ». Certains agissements de Lacan, qui exigeait parfois des sommes considérables de ses patients, ne sont pas pour rien dans la diffusion de cette idée en France : non seulement les patients de Lacan acceptaient de payer le prix mais, même lorsqu'ils étaient en difficulté, ils finissaient par se débrouiller pour trouver l'argent. Du coup, il était courant d'y reconnaître les interprétations magistrales du grand maître, les coups de génie qui justifiaient nombre de ses actes autoritaires. À titre d'illustration, voici ce que raconte Pierre Rey de sa première séance avec Lacan :

> Je lui demandai combien je luis devais. Bien que personne ne m'en eût informé, je connaissais déjà le chiffre qu'il me lança. J'avais décidé qu'il serait exorbitant. Il le fut. Il correspondait exactement à ce que j'avais réussi à emprunter la veille à deux de mes amis aussi démunis que moi. Je lui tendis donc mes trois billets, sans surprise. Ils disparurent instantanément dans la poche de son pantalon. Il me serra la main avec un grand sourire et me dit : « À demain. » Je lui répondis que, malheureusement, c'était impossible parce que je n'avais pas de quoi le payer. Il gardait toujours ma main dans la sienne et je cherchais le moyen de la lui retirer sans qu'il prît mon geste pour une offense. Il

---

3. Jean-Marc Dupeu, « L'analyse conventionnée. Un analyseur pour la question du paiement en analyse ? », in *Psychanalystes*, n° 20, 1986, p. 35.

> ouvrit la porte comme s'il n'avait pas entendu et répéta : « À demain. » Je me retrouvai dans la rue, gorge serrée, me demandant si le manque de ressources n'allait pas briser dans ses prémices une relation aussi ineffable[4].

Toujours dans le registre des prix pratiqués par Lacan, cette anecdote transcrite par J. Allouch :

> Jeune psychiatre, chef de clinique, comme l'avait été son maître et néanmoins collègue Lacan, il avait attendu, pour reprendre son analyse cette fois avec lui, de savoir ce que Lacan disait du transfert :
> — Maintenant, je veux faire une analyse avec vous.
> — Invitez-moi à dîner.
> Lors du dîner, dans un grand restaurant parisien :
> — François, ça va vous coûter cher !
> L'addition s'éleva en effet à 8 000 francs (d'alors). Quelques jours plus tard, il s'allongeait sur le divan de Lacan. À 8 000 francs la séance[5].

Ces pratiques ont sans doute popularisé une forme de sévérité et d'intransigeance dans l'imposition de tarifs élevés. Cette conception repose sur l'idée que l'investissement du patient dans son analyse se mesure aussi à l'investissement financier qu'il est prêt à consentir.

Mais pour les non-psychanalystes, ou un large public non averti, les habitudes des psychanalystes en matière financière ont souvent été regardées avec suspicion et ironie. Dans l'ignorance, ou la contestation, des justifications théoriques de tels usages, le profane ne voit bien souvent que les effets qu'ils produisent, ou qu'il soupçonne qu'ils produisent, en termes socio-économiques. Le paiement en espèce ne permet-il pas l'évasion fiscale ? Si c'est au psychanalyste et à lui seul que revient la légitimité de fixer le montant de ses honoraires, comment s'assurer que ce pouvoir ne serve pas l'enrichissement personnel du praticien ? Certains — les plus extrêmes — veulent voir dans ces agissements les premiers signes du charlatanisme.

Que nous apprend ce bref examen de la problématique de l'argent ? Il est une bonne illustration, nous semble-t-il, du rapport que nous entretenons avec la psychanalyse, qui est à la fois, et pour les raisons indiquées plus haut, une référence familière et une pratique mal connue. Aussi, ce qui se joue sur la question de l'argent comme sur d'autres questions en psychana-

---

4. Pierre Rey, *Une saison chez Lacan*, Paris, Seuil, 1989, p. 52-53.

5. J. Allouch, *Allô Lacan ? — Certainement pas*, Paris, EPEL, 1998, p. 8.

lyse, c'est une sorte de *malentendu*, un déficit de dialogue entre les psychanalystes et le public, entre les initiés et les profanes. Du côté des psychanalystes, il arrive trop souvent que les interrogations ou les critiques (parfois légitimes !) des non-psychanalystes soient balayées d'un revers de main et mises présomptueusement sur le compte des résistances à la psychanalyse. Cet argument était développé par Freud lui-même, au début du siècle, alors qu'il faisait l'objet d'oppositions farouches et que la psychanalyse naissante choquait une grande partie du monde médical et intellectuel :

> Généralement, un novateur se donne beaucoup de mal pour rechercher les raisons de l'indifférence ou de l'hostilité de ses contemporains à son égard, indifférence et hostilité dans lesquelles il voit un véritable défi à ses convictions dont la certitude lui paraît absolue. C'est là un travail qui me fut épargné, car je n'eus pas de peine à trouver une explication purement psychanalytique de l'attitude négative de mes contemporains à l'égard de mes théories. S'il est exact, me suis-je dit, que les faits refoulés dont j'ai découvert l'existence ne peuvent parvenir à la conscience du malade parce que les résistances affectives s'y opposent, il doit être non moins exact que des résistances analogues se manifestent également chez l'homme sain, toutes les fois où on veut le mettre en présence de faits que, pour une raison ou pour une autre, il a cru devoir refouler de sa conscience. Il cherche sans doute à justifier cette aversion essentiellement affective par des raisons intellectuelles[6].

Mais cette situation n'a rien de comparable avec la configuration actuelle de la psychanalyse qui, quelles que soient les menaces imaginaires ou réelles qui pèsent sur elle, s'est largement imposée au cours du vingtième siècle. Aussi brandir systématiquement l'argument sans appel de la résistance, devant tout interlocuteur non acquis à la cause, peut-il devenir une facilité. À l'inverse, du côté du « dehors », les avis définitifs sont tout aussi réducteurs. Ils sont souvent liés à une méconnaissance, à une vision déformée ou caricaturale du milieu psychanalytique. Soupçonner les psychanalystes de n'être guidés que par l'appât du gain, de vouloir abuser de leur pouvoir sur leurs patients nous éloigne tout autant de la réalité que l'allégeance systématique et aveugle à une doctrine ou une école. Pour simplifier, disons que, la plupart du temps, le profane ignore les raisons internes des pratiques et des déclarations qui l'étonnent ou le choquent, et les psychanalystes, eux, oublient, ou refusent de considérer, que certaines de leurs positions peuvent

6. Sigmund Freud, « Contribution à l'histoire du mouvement psychanalytique » [1914], in *Cinq leçons sur la psychanalyse*, Paris, Payot, 1992, p. 92.

être incomprises et jugées intransigeantes ou corporatistes. Les torts sont partagés. Ce livre est né du constat de ce non-dialogue : le déplorant, nous espérons, modestement, contribuer à lever les malentendus. Nous aimerions que, d'un côté comme de l'autre, il puisse consister en une sorte de passerelle, permettant aux uns de comprendre les arguments des autres.

Comprendre ce qu'est la psychanalyse, ce que sont ses spécificités, ses enjeux propres, c'est comprendre ce que disent les psychanalystes, c'est-à-dire les raisons internes des pratiques et des doctrines. C'est pourquoi nous avons pris pour objet le *discours interne*, celui que les psychanalystes produisent sur eux-mêmes. S'intéresser au discours interne ne veut pas dire, pour autant, se contenter de le restituer ou d'en épouser aveuglement les implications. Au contraire, notre regard et notre mode d'analyse, s'ils s'efforcent d'être informés des raisons internes, n'en sont pas moins *extérieurs*. Le pari de ce travail est précisément de maintenir l'*équilibre* entre l'analyse interne et l'analyse externe. Qu'est-ce que cela signifie ?

Cela signifie mener une investigation sociologique *sur* le discours des psychanalyste tout en *prenant au sérieux* les caractéristiques de la psychanalyse et leurs implications épistémologiques et méthodologiques. En d'autres termes, « respecter » l'objet et reconnaître qu'une partie au moins des logiques argumentaires des psychanalystes relève de raisons internes, c'est-à-dire des particularités de la nature du travail psychanalytique. Cela signifie ne pas traiter la psychanalyse comme toute autre pratique ou comme toute autre entreprise de pensée, mais précisément comme une discipline *singulière*. Dit en termes de sociologie de la connaissance, cela signifie *combiner analyse interne et analyse externe*[7].

Si nous avons cherché à respecter les spécificités de la psychanalyse (nous refusant à la réduire à une simple idéologie, par exemple, ou à assimiler ses institutions à des sectes ou des syndicats), il a en même temps été nécessaire

7. En sociologie de la connaissance, ou en sociologie des sciences, on distingue la perspective *contextualiste* qui considère que les savoirs, les contenus rationnels relèvent de déterminations extérieures (conventionnelles, utilitaires, stratégiques, etc.) et la perspective *internaliste* qui ne reconnaît que des déterminations logiques. La première option risque d'être réductionniste et de méconnaître la spécificité des contenus cognitifs ; la seconde peut tendre, à l'inverse, à décontextualiser et à idéaliser les raisons logiques. C'est pourquoi nous nous situons dans la « troisième voie » non réductionniste défendue par J.M. Berthelot (« Pour un programme non réductionniste en étude des sciences », in *Revue européenne des sciences sociales*, t. XL, 2002) : elle consiste à repérer les déterminations extra-logiques ou l'influence des facteurs contextuels, tout en reconnaissant les spécificités épistémiques de l'objet.

de « contourner » le discours interne et le protectionnisme dont il fait preuve. Les psychanalystes, plus que d'autres professionnels, se montrent en effet particulièrement hostiles au regard extérieur porté sur eux, qu'ils tendent à rendre illégitime. Par ailleurs, et ceci ne fait que consolider cela, les psychanalystes se distinguent aussi par la propension tout à fait remarquable qu'ils ont à mener un travail réflexif et à produire *de l'intérieur* les travaux sur eux-mêmes.

Le discours que tiennent les psychanalystes est tout d'abord, bien souvent, un discours de *déconstruction,* dans la mesure où il s'oppose à l'établissement de critères comme à l'entreprise même de normalisation et de stabilisation de repères communs[8]. Pour de nombreux psychanalystes, en effet, la psychanalyse serait si différente, si spécifique, si irréductible à toute autre pratique que les grilles de lecture et les repères normatifs que nous appliquons d'ordinaire sont inappropriés pour ce qui la concerne. En raison de son ontologie, la psychanalyse relèverait d'une épistémologie propre. La déconstruction opérée par les psychanalystes implique, d'une certaine manière, la mise en cause du regard sociologique qui se trouve relégué du côté des entreprises de catégorisation inopportune. Aussi la démarche sociologique est-elle confrontée au refus de toute prétention objectivante, immédiatement interprétée comme une incompréhension de l'originalité de la psychanalyse ou comme un travers bien contemporain de volonté de normalisation et de standardisation.

Second point, les psychanalystes se distinguent — et cela n'a rien pour surprendre — par le travail réflexif qu'ils produisent sur leur propre communauté, sur leur propre histoire, voire sur leurs propres logiques sociales. Ils produisent sur ces sujets une abondante littérature qui, à la fois, est utile à l'observateur et, à la fois, le dessert. Elle contribue en effet à délégitimer son investigation (qu'apporte de plus un sociologue qui connaît moins bien les acteurs et les institutions que les intéressés eux-mêmes[9] ?). De plus, si cette littérature est extrêmement riche et informative, elle contient bien souvent deux dimensions qu'il convient de départager : des éléments strictement informatifs (sur l'histoire de la psychanalyse, par exemple) et des éléments révélateurs des valeurs, des croyances, de l'imaginaire professionnel des psychanalystes (telle vision orientée des événements, tel argument par

---

8. Voir chap. I, « L'impossible définition de la psychanalyse », *infra,* p. 9 et suiv.

9. Le sociologue est souvent mal-aimé : on soupçonne chez lui une fâcheuse tendance à « mettre les gens dans des cases », ou on l'envisage volontiers comme un allié, consentant ou involontaire, du politique.

ailleurs récurrent jusqu'à constituer un leitmotiv ou une vulgate, etc.). Le chercheur fait nécessairement double usage de textes qu'il étudie : il en exploite la composante informative tout en s'efforçant de demeurer attentif aux indices qu'ils recèlent ; il se repère, en même temps qu'il interroge les repères qui lui sont fournis. C'est de cette façon que nous avons cherché à étudier les textes qui constituent notre terrain principal.

Nous voilà donc embarqués dans ce projet qui entend comprendre pourquoi nous ne comprenons pas toujours ce que disent et revendiquent les psychanalystes, pourquoi, en France, en particulier, ils ne veulent rien faire comme les autres (rester en dehors de l'Université, ne pas être reconnus par l'État ou la Sécurité sociale, ne pas réglementer juridiquement leurs conditions d'exercice[10]...). Mais aussi comprendre pourquoi les psychanalystes semblent si sourds à nos propres incompréhensions, pourquoi ils mettent si peu de bonne volonté à nous faire comprendre... Pour ce faire, nous avons choisi de nous pencher sur le problème suivant : comment devient-on psychanalyste ? Comment se forme-t-on à la pratique de la psychanalyse ? Cette question peut naïvement sembler relativement simple, or elle est, au contraire, excessivement complexe. Dès lors que l'on entreprend de poser cette simple question : comment fabrique-t-on un psychanalyste ?, on pénètre dans un abîme contradictions et de polémiques. Ce n'est d'ailleurs pas pour rien que l'histoire de la psychanalyse française et des ses innombrables conflits se confond souvent avec l'histoire des débats sur la formation. Nous tenterons de comprendre et d'analyser ces discours, leurs raisons d'être, les enjeux qu'ils cachent et les effets qu'ils produisent.

10. Ce livre est issu d'un précédent travail que nous avons consacré à la demande d'extraterritorialité de la psychanalyse. Nous y traitions, outre la question abordée ici de la formation, les questions des relations entre la psychanalyse et l'État. Dans ce cadre, nous nous sommes penchée sur l'inscription sociale de la psychanalyse française, l'histoire des débats relatifs à la reconnaissance et à la réglementation de la profession, et les liens entre la psychanalyse, le paiement et la Sécurité sociale (cf. Maïa Fansten, *La Demande d'extraterritorialité de la psychanalyse française : fondements, enjeux, problèmes,* thèse de doctorat de sociologie, Université de Paris V, 2004).

CHAPITRE I

L'IMPOSSIBLE DÉFINITION DE LA PSYCHANALYSE ET SON EXTRATERRITORIALITÉ

À qui s'adresse la cure analytique ? Quels en sont les objectifs ? Selon quel dispositif ? Lorsqu'on se penche sur la façon dont les psychanalystes définissent eux-mêmes leur pratique, on est frappé par le faible consensus sur les éléments fondamentaux d'une telle définition. Les psychanalystes, non seulement ne sont d'accord unanimement sur rien, mais tiennent à l'idée que la psychanalyse ne peut être définie, qu'elle échappe aux caractérisations figées et normalisantes. Ils revendiquent la spécificité de la psychanalyse, qui ne saurait se réduire ou se comparer à aucune autre pratique, à aucun autre savoir. C'est au nom de cette spécificité qu'ils entendent protéger la psychanalyse des normes et des contraintes extérieures et exigent que la pratique analytique soit régie selon des principes spécifiques.

1 L'IMPOSSIBLE DÉFINITION DE LA PSYCHANALYSE

En psychanalyse, rares, si ce n'est inexistantes, sont les définitions sur lesquelles s'accordent toutes les écoles, ou même les membres d'une même école. Les notions telles que « le transfert », « l'inconscient », « le processus analytique » signifient des choses très différentes selon les différentes écoles et, invariablement, se développe une confusion des langues[1].

1. D. Kirsner, *Unfree Associations. Inside Psychoanalytic Institutes,* Londres, Process Press, 2000, p. 31 (traduit par nous).

À l'observateur qui souhaite aborder le monde de la psychanalyse et de ses praticiens revient la tâche initiale d'interroger la façon dont les psychanalystes définissent leur pratique et leur compétence. Pour ce faire, afin d'identifier les définitions relativement stabilisées au sein de la discipline, la voie des dictionnaires, des manuels ou des textes de présentation à l'usage des non-initiés[2] (dont l'objet est précisément de rendre visibles de telles définitions) est tout indiquée : comme l'affirme Olivier Martin dans son travail sur les manuels de sociologie des sciences, les manuels proposent une vue synthétique et générale de la discipline et « sont » la discipline, « mieux que tout autre ouvrage, intervention ou article exposant des résultats particuliers. [...] Ils l'incarnent dans sa diversité, sa complexité et son extension[3]. » Aussi incite-t-il à suivre T. Kuhn dans l'idée « que les manuels sont les lieux où les disciplines s'incarnent (les manuels sont l'unique dépôt où sont consignés, sous une forme achevée, des résultats et théories d'une "science normale") et se transmettent (il reste toujours, dans l'esprit d'un chercheur, une trace laissée par le manuel qu'il a utilisé pour apprendre)[4] ». C'est dans cette optique que nous avons consulté manuels et textes équivalents à ce titre (textes ou plaquettes de présentation).

Le fameux *Vocabulaire de la psychanalyse* de Laplanche et Pontalis, ouvrage de référence, donne de la psychanalyse la définition suivante :

> Discipline fondée par Freud et dans laquelle, avec lui, on peut distinguer trois niveaux :
> A) Une méthode d'investigation consistant essentiellement dans la mise en évidence de la signification inconsciente des paroles, des actions, des productions imaginaires (rêves, fantasmes, délires) d'un

2. Nous avons consulté les ouvrages suivants : A. Vanier, *Éléments d'introduction à la psychanalyse,* Paris, Nathan, 1994. P.L. Assoun, *Psychanalyse,* Paris, PUF, 1997, ainsi que des textes ayant vocation, comme les manuels, à « incarner » la discipline et des dictionnaires : J.L. Donnet, « Psychanalyse et médecine », in J.C. Sempé, J.L. Donnet, J. Say, G. Lascault & C. Backes, *La Psychanalyse,* Paris, SGPP, 1969. P. Marie, *Qu'est-ce que la psychanalyse ?,* Paris, Aubier, 1988. S. Leclaire & APUI, *État des lieux de la psychanalyse,* Paris, Albin Michel, 1991. J. Laplanche & J.B. Pontalis, *Vocabulaire de la psychanalyse,* Paris, PUF, 1967. P. Kaufmann (dir.), *L'Apport freudien. Éléments pour une encyclopédie de la psychanalyse,* Paris, Bordas, 1993. R. Chemama & B. Vandermersch (dir.), *Dictionnaire de la psychanalyse,* Paris, Larousse-Bordas, 1998. E. Roudinesco & M. Plon, *Dictionnaire de la psychanalyse,* Paris, Fayard, 2000. Les présentations sur les sites officiels des principales associations de psychanalyse ont également été systématiquement étudiées.

3. Olivier Martin, « La sociologie des sciences au prisme de ses manuels », in *Cahiers internationaux de sociologie,* vol. CIX, 2000, p. 416.

4. Cité in O. Martin, « La sociologie des sciences », *op. cit.,* p. 416.

> sujet. Cette méthode se fonde principalement sur les libres associations du sujet, qui sont le garant de la validité de l'interprétation.
> B) Une méthode de psychothérapique fondée sur cette investigation et spécifiée par l'interprétation contrôlée de la résistance, du transfert et du désir. À ce sens se rattache l'emploi de la psychanalyse comme synonyme de cure psychanalytique.
> C) Un ensemble de théories psychologiques et psychopathologiques où sont systématisées les données apportées par la méthode psychanalytique d'investigation et de traitement[5].

Cette définition s'inspire de celle donnée par Freud en 1922, qui est, sous des formes approchantes, systématiquement citée ou reprise dans les ouvrages de présentation de la discipline. La psychanalyse y est définie selon trois niveaux : c'est une méthode, une thérapie et un appareil théorique :

> *Psychanalyse* est le nom : 1) d'un procédé d'investigation des processus psychiques qui, autrement, sont à peine accessibles ; 2) d'une méthode de traitement des troubles névrotiques qui se fonde sur cette investigation ; 3) d'une série de conceptions psychologiques acquises par ce moyen et qui fusionnent progressivement en une discipline scientifique nouvelle[6].

Pour ce qui est de l'angle qui nous intéresse ici, celui de la pratique psychanalytique libérale, il apparaît donc que la cure analytique est une méthode de traitement des troubles névrotiques reposant sur un procédé qui permet l'investigation de processus psychiques (à peu près) inaccessibles autrement. Pour ce qui est du processus analytique, les différentes définitions s'accordent pour mettre au centre du travail de psychanalyse le repérage et l'usage du transfert ainsi que le travail d'interprétation. Comme l'explique par exemple Jean-Luc Donnet, le procédé des *associations libres* va conduire à une dynamique de remémoration, à l'occasion de laquelle « des pans entiers d'un passé oublié, conservés par leur refoulement même, se découvrent[7] ». Cependant, tout ne fait pas l'objet de remémoration pendant la cure et, en vertu du principe de *répétition* :

---

5. J. Laplanche & J.B. Pontalis, *Vocabulaire, op. cit.*, p. 351. — Cet ouvrage publié publié en 1967 constitue alors la première entreprise du genre. Son autorité est demeurée incontestée, au-delà des différences d'orientations doctrinales au sein de la communauté psychanalytique française.

6. Sigmund Freud, « Psychanalyse et théorie de la libido », in *Résultats, idées, problèmes*, vol. II [1921-1938], Paris, PUF, 1985, p. 51.

7. J.L. Donnet, « Présentation de la psychanalyse à un lecteur profane », in Gilbert Diatkine *et al.*, *La Psychanalyse et l'Europe de 1993*, Paris, PUF, 1993, p. 171.

> Ce qui échappe à la remémoration se trouve mis en acte dans une véritable reviviscence. Les conflits de jadis se rejouent sur la personne à qui la parole s'adresse. Tel est le phénomène du transfert qui, découvert en tant qu'obstacle, s'est révélé moyen privilégié, dès lors qu'on le laissait se manifester, pour l'entendre. La spécificité de la méthode analytique réside dans la manière d'accueillir et d'interpréter ces mouvements d'amour et de haine[8].

La psychanalyse est donc présentée classiquement comme une méthode de traitement des troubles névrotiques qui, rendue possible par la soumission des deux parties à un certain nombre de règles et de conventions, s'organise autour de l'interprétation des liens transférentiels suscités par le dispositif analytique. C'est dire l'importance du dispositif, et du cadre sur lequel il repose. Aussi la définition de la pratique analytique est-elle inséparable de celle du « cadre », dénomination technique du procédé élaboré par Freud.

Cadre et dispositif

Le cadre est défini dans *L'État des lieux de la psychanalyse* de la façon suivante :

> On entend par *cadre* l'ensemble des conditions de temps, de lieu et d'argent, énoncées en règle générale par le psychanalyste à l'orée de la cure et qui rendent possible la mise en jeu de la règle fondamentale, le dispositif étant ce qui y prépare par la place qu'y tiennent divan et fauteuil[9].

Comme le rappellent eux-mêmes les auteurs de l'ouvrage :

> L'accord est loin de s'être fait, entre psychanalystes, sur la fonction du cadre : s'agit-il du simple contenant, dès lors distinct du contenu de la cure, ou faut-il soutenir, comme on a pu le faire pour l'art baroque, par exemple, qu'en psychanalyse, le fond c'est la forme, et que le cadre procure planches et tréteaux, souffleur et séquence temporelle, pour l'« Autre scène » dont parlait Freud[10] ?

Malgré ces divergences, un certain nombre d'éléments minimaux constitue ce fameux cadre et fait consensus pour spécifier la pratique analytique. Le divan et le fauteuil restent, en principe et selon les définitions classiques, les éléments majeurs du dispositif. Les différentes définitions mettent par

8. J.L. Donnet, « Présentation de la psychanalyse », *loc. cit.*, p. 171.

9. S. Leclaire *et al.*, *État des lieux de la psychanalyse*, *op. cit.*, p. 30.

10. *Ibid.*, p. 29.

ailleurs l'accent sur le fait que la cure psychanalytique repose sur une double règle, dite *règle fondamentale.* Cette règle est constitutive de la situation psychanalytique puisqu'elle en garantit la possibilité. Il s'agit de la règle selon laquelle le patient doit s'efforcer, selon le principe des associations libres, de dire tout ce qui lui vient à l'esprit et de n'opérer aucune censure sur ses propos. Cette consigne est énoncée au patient qui est invité à « se laisser aller », à ne pas omettre « de révéler une pensée, une idée, sous prétexte qu'il la trouve honteuse ou pénible[11] ». La règle fondamentale a son pendant chez l'analyste qui, de son côté, reçoit les paroles du patient dans une attitude d'*attention flottante.* Ce terme, inventé par Freud en 1912, désigne la manière dont l'analyste doit écouter l'analysé :

> Il ne doit privilégier *a priori* aucun élément du discours de celui-ci, ce qui implique qu'il laisse fonctionner le plus librement possible sa propre activité inconsciente et suspend les motivations qui dirigent habituellement l'attention[12].

Traditionnellement, on décrit la posture de l'analyste par l'expression *neutralité bienveillante.* Elle vient qualifier en réalité un double engagement de la part de l'analyste : celui de l'abstinence (on parle de la règle d'abstinence qui consiste à se refuser à satisfaire les demandes du patient) et celui de la suspension de tout jugement.

De ce premier aperçu, on pourrait déduire que les énoncés freudiens constituent une référence à partir de laquelle s'établit un consensus entre psychanalystes d'obédiences variées, mais, en réalité, la question du cadre, bien que fondamentale, fait l'objet d'interprétations différentes, voire opposées. C'est sur la question du cadre, en effet, que se sont concentrées les grandes divisions dans l'histoire de la psychanalyse, à travers les oppositions en termes d'innovation ou de déviations, d'orthodoxie ou d'hétérodoxie. L'IPA (International Psychoanalytical Association, créée en 1920 afin de fédérer et de contrôler les différentes sociétés de psychanalyse à travers le monde[13]) s'est progressivement constituée autour de la normalisation des principes de pratique psychanalytique et du cadre. C'est ce qu'on a appelé les *standards*

11. S. Freud, « La méthode psychanalytique de Freud » [1904], in *La Technique psychanalytique,* Paris, PUF, 1997, p. 3.

12. J. Laplanche & J.B. Pontalis, *Vocabulaire, op. cit.*, p. 38.

13. Les sociétés membres de l'IPA en respectent les critères d'affiliation, de formation et de pratique. Le mouvement psychanalytique mondial se distingue entre les institutions appartenant à l'IPA et celles, lacaniennes par exemple, non affiliées.

de l'IPA, qui réglementaient essentiellement la durée et la fréquence des séances. Selon ces standards, admis depuis les années vingt, les cures doivent durer au moins quatre ans, à raison de quatre ou cinq séances par semaine d'au moins cinquante minutes chacune[14]. En France, les standards « ipéistes[15] » sont introduits après la Seconde Guerre mondiale, et l'usage sanctionnera plutôt des séances de quarante-cinq minutes selon une fréquence de quatre séances par semaine[16]. Aujourd'hui, en France, c'est désormais à trois séances par semaine que l'on fait référence lorsqu'il s'agit de pratiques ipéistes (SPP et APF[17]), comme en témoigne l'extrait de la plaquette de présentation de la SPP que nous reproduisons ici :

> La complexité des phénomènes propres au processus analytique, l'intensité émotionnelle des expériences actualisées par le transfert, la précision des conditions qui confèrent son pouvoir de vérité à l'interprétation expliquent pourquoi la cure analytique doit se dérouler dans un cadre défini et intangible.
>
> La cure dure plusieurs années, en fonction même de la consistance de son projet. Sa durée ne peut être déterminée *a priori*, puisque son avancée dépend, avant tout, du cheminement de l'analysant. Cette durée indéfinie implique une temporalité conforme à la liberté offerte aux mouvements psychiques.
>
> Le cadre optimal est constitué par trois ou quatre séances hebdomadaires régulières, de durée longue et fixe. Il est essentiel pour l'élaboration interprétative du transfert que rien de ce que le patient dit sous l'égide de la règle fondamentale ne trouve, de la part de l'analyste, une

---

14. Ces standards concernent les cures dites *didactiques*, soit celles auxquelles doivent se soumettre les apprentis psychanalystes. Les cures dites *thérapeutiques* (qui n'ont pas de visée didactique) ne font pas l'objet d'une normalisation de ce type. Nous renvoyons au chapitre consacré à la formation du psychanalyste.

15. Cet adjectif désigne les pratiques des psychanalystes membres de l'IPA ou, selon le vocabulaire interne, des orthodoxes.

16. Cf. E. Roudinesco, *Histoire de la psychanalyse en France*, II, *1925-1985* [1986], Paris, Fayard, 1994, p. 242. A. de Mijolla, « La psychanalyse en France (1893-1965) », in R. Jaccard (dir.), *Histoire de la psychanalyse*, t. II, Paris, Hachette, 1985, p. 40.

17. La SPP (Société psychanalytique de Paris) et l'APF (Association psychanalytique de France) sont les deux seules institutions françaises — parmi la multitude de groupes et d'écoles existants — à être affiliées à l'IPA, l'organisme international. Nous renvoyons, pour facilité la lecture et rendre le repérage plus aisé parmi les multiples institutions que nous serons amenée à citer, au répertoire situé en fin d'ouvrage.

> réponse en acte (comme la levée de la séance ou toute autre modification du cadre)[18].

Si l'on s'intéresse aux psychanalystes issus du courant lacanien, on constate que leur conception du cadre ou des principes de direction de la cure se donne à voir comme une contre-position des lignes orthodoxes (de la même manière que le texte de la SPP condamne les options lacaniennes). En réalité, les différents énoncés — selon qu'ils sont issus du camp orthodoxe ou lacanien — désignent en filigrane les pratiques ou les principes jugés dommageables dans le camp adverse. En d'autres termes, c'est à l'occasion de l'exposé des fondamentaux de la pratique analytique que se donnent à voir les divergences les plus essentielles et les plus irréconciliables. C'est dire si ces divergences ne sont pas accessoires. Par exemple, dans ses *Éléments d'introduction à la psychanalyse*, le lacanien Alain Vanier (sans préciser qu'il s'agit là d'une orientation lacanienne, c'est-à-dire sans rendre visibles les divergences doctrinales) écrit :

> Le dispositif de la cure — l'analysant allongé sur le divan et l'analyste assis de façon à ce qu'il ne puisse être vu — est déjà une rupture avec le dialogue habituel, mais il est loin de constituer une condition absolue du traitement analytique. De la même manière, la rigidification formelle de l'organisation de la cure, nombre et durée des séances, etc., est impropre à rendre compte de ce qui se passe dans une analyse ou à figurer les conditions de l'expérience[19].

Plus explicite encore, comparons le texte de présentation de la Société psychanalytique de Paris cité plus haut à son équivalent lacanien : le texte de présentation de l'École de la Cause freudienne (ECF), tel qu'on peut le trouver sur le site Internet de l'association :

> Très ferme sur les principes qui orientent la pratique de la psychanalyse, Jacques Lacan a montré que ceux-ci supposent de fournir au psychanalyste et au patient une grande liberté d'action. En particulier, il a montré que le temps de la séance et le maniement de la relation analytique ne pouvaient se fixer par l'imitation à la manière de Freud. Ce dernier ne réclamait pas que sa méthode soit prise comme un rituel immuable.

---

18. « Dans quelles conditions une analyse peut-elle avoir lieu ? », http ://www.spp.asso.fr/Main/Questions/Items/p2.htm — Il s'agit d'une référence implicite, mais tout à fait claire, aux pratiques lacaniennes, fermement condamnées au passage.

19. A. Vanier, *Éléments d'introduction à la psychanalyse, op. cit.*, p. 103.

> Aujourd'hui, beaucoup de psychanalystes ont abandonné la rigueur et l'unité de la doctrine et croient maintenir la psychanalyse par le simple respects religieux de la durée et du rythme des séances proposés par Freud. Comme l'a souligné Jacques-Alain Miller, les post-freudiens regroupés dans l'association internationale créée par Freud au début du vingtième siècle, l'IPA, ont abandonné, à l'heure actuelle toute « orthodoxie » pour une « orthopraxie ». Ils ont substitué un accord de surface sur des conventions techniques purement formelles, à une entente sur les principes mêmes de la pratique.
>
> Il faut souligner que ces principes avaient déjà été remis en cause dès avant la disparition de Freud. [...]
>
> Pour conclure, la pratique lacanienne se situe au plus près de la position freudienne : grande liberté vis-à-vis des conventions pour se tenir proche du caractère insaisissable de l'inconscient, toujours prêt à réviser ses refoulements et qui a changé depuis Freud, mais aussi une grande rigueur logique au niveau des principes et des concepts[20].

Il est intéressant de noter que, dans cet échange d'amabilités mutuel, on assiste à une lutte pour la définition légitime de la rigueur et de la fidélité à Freud : les « orthodoxes » de la SPP tiennent cette légitimité de leur filiation directe aux institutions freudiennes et considèrent les innovations lacaniennes comme des déviations inconciliables avec les fondements de la pratique. Mais les lacaniens, inscrits de par l'histoire des scissions en France dans le camp des hétérodoxes, construisent un argumentaire selon lequel les rigidités orthodoxes constituent, au final, une déviation par rapport à l'esprit de Freud et à la psychanalyse véritable. Le débat sur la durée des séances recouvre le débat sur la dimension conventionnelle, voire rituelle, ou au contraire structurelle et nécessaire, du dispositif temporaire. Alors que les tensions ayant opposé violemment pendant de longues décennies les freudiens et les lacaniens en France sont, depuis quelques années désormais, en voie d'apaisement[21], la pratique des séances courtes reste souvent le point d'achoppement, la limite à la reconnaissance mutuelle, où se cristallise l'irréconciliable entre freudiens et lacaniens. Le témoignage de Jean Cournut, membre de la SPP et parmi les

20. Extrait de « La pratique de la psychanalyse », http ://www.causefreudienne.org/lorientation3.htm

21. Cette pacification est visible à la fois dans les rapprochements institutionnels impensables auparavant (colloques ou publications communes, groupes de travail mixtes, etc.) et dans l'intégration progressive, dans les corpus de références, des thèses, des concepts et des grilles de lecture issus des corpus jadis opposés.

créateurs d'un groupe de travail réunissant des psychanalystes de renom freudiens et lacaniens, va dans ce sens. Il écrit :

> L'autre divergence foncière concerna évidemment le temps des séances, leur durée, la salle d'attente, l'horaire, la scansion. Bien plus que techniques, ces questions me paraissent témoigner de la conception que l'on se fait du rapport humain psychanalytique en jeu dans la cure. Qui est le maître, qui décide, qu'en est-il de la séduction et de la relation sado-masochiste, de la complicité et de l'exploitation ? J'ai posé la question : ayant des conceptions si différentes, faisons-nous le même métier ? étant bien précisée — et ce n'est pas le moindre paradoxe — la convergence possible des écoutes[22].

La durée des séances, le respect de l'horaire, la pratique ou non de la *scansion* pour clore la séance, sont autant de points sur lesquels les psychanalystes s'affrontent. Dans la façon même dont elles sont subjectivement vécues, ces divergences de vue sont bien plus profondes que de simples différences techniques ou théoriques : elles posent la question de la définition commune, des frontières mêmes de cette définition. Cet enjeu est loin d'être secondaire puisqu'il interroge d'une certaine manière le paradigme — au sens kuhnien[23] —psychanalytique, dans sa double dimension cognitive et sociale. Kuhn considère en effet que, pendant les périodes de « science normale » (par opposition aux révolutions scientifiques), les scientifiques n'entrent pas en conflit sur les points fondamentaux de leurs théories et connaissances, et adhèrent au même paradigme. Ce que l'on voit ici, c'est que, de l'avis même des intéressés, le consensus n'est pas complet sur les points fondamentaux. La question reste ouverte de savoir si ces divergences viennent distinguer des paradigmes incommensurables ou des courants à l'intérieur d'un même paradigme. Notre propos ici n'est pas de *trancher* sur la question de savoir si les oppositions entre freudiens et lacaniens relèvent ou non de l'incommensurabilité de leurs options fondamentales, mais de *prendre acte* de l'absence de consensus et des termes dans lesquels cette absence de consensus est décrite par les acteurs eux-mêmes. À ce titre, le débat sur les séances courtes nous semble révélateur de la difficulté qu'ont les psychanalystes à s'accorder sur certains principes communs stabilisés.

---

22. Jean Cournut, « Groupe clinique, réflexions en cours », mars 2003, annexe B à Bernard Brémond, « Éléments pour une histoire du Groupe de contact », http ://www.oedipe.org/fr/actualites/histoire%20du%20groupe%20de%20contact2003.

23. Cf. T. Kuhn, *La Structure des révolutions scientifiques,* Paris, Flammarion, 1983.

En poursuivant l'investigation des modes de présentation et de définition, force est de constater que, si la question du cadre demeure la ligne de rupture centrale, les divergences affectent également d'autres aspects de la définition de la pratique : les objectifs et les indications de la cure.

Objectifs et visées de la cure

La question des objectifs de la cure analytique est une question sensible en psychanalyse, à la fois parce que les réponses apportées sont diverses et contradictoires, mais aussi parce que de l'avis de certains, l'idée même d'un « but » préalablement fixé est inopportune, comme pour Jean Favreau qui soutient qu'« il y a une antinomie entre poursuivre un but et analyser[24] ».

La thérapeutique, dans son sens premier, est définie comme la partie de la médecine qui a pour objet le traitement des maladies, dans le langage courant, le terme de *thérapie* appelle cependant des connotations différentes qu'il convient de distinguer (guérir, soigner, soulager ou encore aider). Qu'en est-il de la psychanalyse à cet égard et de quelle thérapie s'agit-il en matière psychanalytique? Soulignons tout d'abord que le vocabulaire psychanalytique est, à ce sujet, pour le moins hésitant. Si Freud utilisait les notions de *cure* ou de *traitement,* aujourd'hui, le terme de *traitement* est rarement utilisé. On lui préfère celui de *cure analytique* ou encore celui, plus répandu, d'*analyse.* Cette évolution sémantique n'est pas insignifiante : du traitement à l'analyse, le changement conceptuel est en effet de taille et peut être compris à la lumière de la problématique des objectifs : l'« analyse » ne spécifie en rien le caractère thérapeutique de la démarche analytique. Elle vient désigner un « travail », une « posture », un « lieu » ou un « cadre », mais toute référence explicite à un quelconque objectif a disparu. Nombreux sont les psychanalystes qui ont souligné, à l'instar de Jean-Luc Donnet, l'ambiguïté de la position de Freud face au rôle thérapeutique et à la place du médecin[25]. S'il met en garde contre les effets du « souci de guérir » ou de la *furor sanandi,* Freud ne recommande pas pour autant de se désintéresser des effets thérapeutiques de la cure analytique, bien au contraire. Sa mise en garde concerne l'attention exclusivement portée sur la disparition du symptôme.

En outre, les découvertes de Freud le conduisent à reconsidérer la distinction classique entre le normal et le pathologique. Dans la mesure où les patients ne présentent aucune déficience mentale, les maux dont ils souffrent ne peuvent

---

24. Jean Favreau, « La formation des psychanalystes », in *Études freudiennes,* n° 5-6, 1972, p. 55.

25. Cf. J.L. Donnet, « Psychanalyse et médecine », *loc. cit.,* p. 111-113.

être interprétés dans le cadre d'une théorie de la dégénérescence. Les mécanismes inconscients à l'origine des symptômes sont des mécanismes qui, en eux-mêmes, ne relèvent pas de la psychopathologie. Ainsi, le refoulement est un mécanisme de défense qui concerne aussi bien les personnes « saines » que les individus névrosés. Or, dès lors que les concepts freudiens sont pertinents hors du champ pathologique, ils ne concernent plus exclusivement l'enjeu thérapeutique. Si le traitement psychanalytique ne s'adresse pas uniquement aux cas dits *pathologiques,* la notion de guérison elle-même s'en trouve modifiée :

> C'est en ce sens, *explique Jean-Luc Donnet,* qu'il est difficile de parler d'une thérapeutique, car celle-ci implique un « retour à la normale » alors que la cure — mal nommée ainsi — aboutit, lorsqu'elle aboutit, à un état « nouveau ». [...] Il y a donc, asymptotiquement, une visée de la cure qui est l'ouverture d'un processus analytique, lequel n'a d'autre fin que sa logique propre, par rapport à laquelle la fin de la cure est une issue contingente, liée à une conjoncture surdéterminée. Le rôle de l'analyse est d'abord de ne pas nuire au déroulement de ce processus et de donner toutes ses chances au procès de signification. On conçoit que cette position du psychanalyste — trop dogmatiquement résumée ainsi — implique un renoncement crucial à un certain type de responsabilité médicale, qui privilégie nécessairement et explicitement la vie, la santé, l'adaptation, c'est-à-dire qui repose sur une idéologie qui n'est pas contestée, ni par le médecin ni par le malade[26].

Et, il ajoute quelques lignes plus loin :

> On mesure le caractère de véritable renversement de perspective qu'implique la position du psychanalyste qui traduit une rupture radicale avec l'idéologie habituelle « soins »[27].

Aussi :

> La cure implique « seulement » un projet de transformation, reposant sur un accès privilégié à une vérité, sans qu'aucun objectif soit assigné à cette transformation et sans que la guérison, au sens symptomatique et social, puisse apparaître autrement que comme corrélative de cette transformation, comme « bénéfice de surcroît » éventuel. Car la « réussite » d'une analyse ne se mesure pas à la disparition des symptômes, pas plus que leur maintien ne signe son échec[28].

---

26. J.L. Donnet, « Psychanalyse et médecine », *loc. cit.,* p. 127.
27. *Ibid.,* p. 128.
28. *Ibid.,* p. 138.

Les textes, comme les hésitations terminologiques, reflètent le positionnement ambigu ou malaisé de la psychanalyse, située tantôt dans le champ de la santé mentale, tantôt dans celui des thérapies de confort ou de soutien, et la difficulté à distinguer entre les enjeux thérapeutiques et ce que seraient les enjeux proprement psychanalytiques. Aussi, sur la question des objectifs de la cure, la communauté psychanalytique se distribue-t-elle selon deux pôles antagonistes, l'un presque exclusivement centré sur le déchiffrage de l'inconscient, l'autre mettant surtout l'accent sur la « guérison » :

> Pour les uns, la cure analytique est une entreprise absolument originale, irréductible à tout traitement comme à toute rééducation, à toute pédagogie, qui ne peut se penser que comme quelque chose de nouveau requérant un nouveau mode de pensée : la perspective soignante, thérapeutique, lui est entièrement étrangère aussi bien dans son projet que dans ses moyens. [...] À l'autre pôle se trouveraient ceux pour qui la cure, malgré ses spécificités, n'en est pas moins un traitement psychothérapique. [...] Le pragmatisme et le souci d'efficacité doivent concerner le psychanalyste comme ils concernent le médecin[29].

Victor Smirnoff relève une même polarisation des conceptions auprès des psychanalystes français :

> Une première conception mettra en évidence les changements survenus au détour de la cure : disparition ou atténuation des symptômes, contrôle des oscillations thymiques, amélioration des relations objectales, capacité accrue des investissements libidinaux, possibilité de sublimation, résolution du conflit psychique, etc. L'autre conception insistera sur l'élucidation du sens, le jeu des signifiants, la symbolique des symptômes, l'oscillation métaphoro-méthonymique et où la notion, d'ailleurs imprécise de guérison « clinique », sans être méconnue, passe au second plan[30].

Bien que ce découpage rejoigne dans certains cas la partition entre freudiens et lacaniens, il ne peut s'y réduire.

---

29. J.L. Donnet, « Psychanalyse et médecine », *loc. cit.*, p. 142.

30. Victor Smirnoff, « Enseignement, apprentissage, transmission ou les dédales de la formation analytique », in *Bulletin de la Fédération européenne de Psychanalyse*, n° 28, 1987, p. 105-106.

Indications

La question de la population à laquelle s'adresse la psychanalyse reçoit, de façon analogue, des réponses controversées. Les indications d'analyse — c'est-à-dire la manière dont la communauté professionnelle définit et justifie la catégorie de patients relevant de la psychanalyse — participent à la définition de la pratique analytique et de son champ d'application. Notons au passage que le problème des indications d'analyse est un objet privilégié des attaques contre la psychanalyse[31].

Traditionnellement, l'objet de la psychanalyse était le traitement des désordres névrotiques. La distinction entre névroses et psychoses délimitait les domaines d'intervention et la psychanalyse ne traitait pas les cas de psychoses, réputées peu accessibles à l'investigation analytique. En France donc, la pratique psychanalytique reste, dans un premier temps, principalement attachée au traitement des névroses. C'est à partir des années cinquante, et en particulier au cours des années soixante, alors que la psychanalyse rencontre un écho de plus en plus important, que l'on assiste à l'implantation progressive de la psychanalyse dans les hôpitaux psychiatriques et les centres médico-pédagogiques. Ces nouvelles conditions de pratique suscitent les initiatives en matière de traitement des psychoses ou des cas pathologiques non névrotiques[32]. Depuis lors, le domaine d'application de la psychanalyse s'est donc étendu et certaines techniques ont été

---

31. Les critiques adressées à la psychanalyse portent souvent sur le caractère sélectif de la clientèle à laquelle elle s'adresse et, ce faisant, sur les facilités auxquelles céderaient les analystes et leur désengagement vis-à-vis des cas les plus difficiles. À titre d'illustration, relevons ces propos de Jacques Van Rillaer qui s'insurge contre la tendance de la psychanalyse à se transformer en ce qu'il nomme une *thérapie aristocratique* : « Bien sûr, le psychanalyste est toujours le juge et le souverain de l'indication et de la contre-indication de l'analyse. Un des premiers conseils que reçoit l'élève psychanalyste dans son école est précisément de ne pas prendre en thérapie des psychotiques, les psychopathes et les névrosés sérieusement atteints » (Jacques Van Rillaer, *Les Illusions de la psychanalyse*, Bruxelles, Mardaga, 1980, p. 352). Une telle critique fait écho à ce que certains auteurs américains appellent le *Yarvis Syndrom* : cette expression vient désigner les caractéristiques des patients en analyse qui sont *young, attractive, rich, verbal, intelligent, successful*. D'une certaine manière, les psychanalystes en viendraient à sélectionner des patients « faciles », dociles et compétents pour poursuivre une analyse. L'idée implicite est que l'on assiste ainsi à une sorte de falsification des résultats, puisque l'efficacité de la cure analytique est artificiellement garantie par le type de patients « sélectionnés ».

32. En 1961 est créé le Centre Alfred Binet dans le XIIIe arrondissement de Paris. La psychanalyse y tient une place prépondérante, la plupart de ses dirigeants sont des psychiatres psychanalystes, membres de la Société psychanalytique de Paris. En 1963, la même

adaptées à la prise en charge de cas plus « lourds », en particulier les troubles psychotiques ou *border line*. Dans certains cas, cette prise en charge n'est pas réduite uniquement à la psychanalyse en institutions et est pratiquée dans le cadre de l'exercice privé. C'est plus particulièrement le cas dans la clinique lacanienne, mais là encore, les différences de pratiques ne se réduisent pas aux différences doctrinales. Pour autant, le discours sur les indications d'analyse ne s'est pas unanimement modifié et, à nouveau, une ligne de fracture oppose les psychanalystes favorables à cette extension de la psychanalyse à ceux qui considèrent que la psychanalyse « n'est pas faite pour ça » et qui s'en tiennent à l'indication première, celle de Freud, soit au traitement des troubles névrotiques.

Pour récapituler, nous avons vu que la psychanalyse, comme pratique thérapeutique, pouvait être définie au prisme des quatre questions fondamentales que sont : en quoi consiste sa méthode ? Quel dispositif spécifique met-elle en œuvre ? Quelles sont les visées de la cure analytique ? À qui s'adresse-t-elle ? Or, sur chacun de ces quatre axes, pourtant constitutifs des fondements mêmes de la discipline et de la pratique, la communauté psychanalytique apparaît divisée. Même lorsque les divisions ne sont pas des fractures, il convient de souligner que, presque sur *chaque élément* du système définitionnel, existe *la possibilité* d'un débat, d'un désaccord : la régularité de la durée des séances apparaît pour certains comme la condition *sine qua non* de la mise en place du processus psychanalytique, alors que, pour d'autres, cette régularité est au contraire un obstacle et les séances doivent se concevoir selon une durée variable. Pour les uns, l'analyse est une entreprise, si ce n'est thérapeutique, du moins de soutien, et la connaissance de soi advient de surcroît, alors que pour les autres, c'est précisément l'inverse ; certains considèrent que la psychanalyse n'est indiquée que pour les désordres névrotiques, d'autres déplacent et étendent le champ d'application aux pathologies psychotiques ou *border line*. Autrement dit, si, au premier abord, il semble aller de soi que les psychanalystes, pour reprendre l'expression de Kuhn, « pratiquent une même spécialité[33] », dès lors que l'on entreprend de les interroger ou d'explorer les documents à travers lesquels ils se présentent ou se définissent, on constate que les points de vue sont très divergents, voire opposés, sur la définition et la délimitation de la « spécia-

---

équipe ouvre l'hôpital de Soisy-sur-Seine. Selon une optique lacanienne cette fois, citons la clinique de la Borde à Cour-Cheverny, créée par Jean Oury, où travailla longtemps Félix Guattari.

33. T. Kuhn, *La Structure des révolutions scientifiques*, *op. cit.*, p. 241.

lité » psychanalytique. Un tel sondage nous donne donc un double enseignement :

1) bien qu'en façade (et en particulier à travers la figure tutélaire de Freud) la pratique psychanalytique donne l'impression de faire l'objet d'une définition unifiée, dès lors que l'on découpe les différents éléments composant cette définition, force est de constater l'absence de définition parfaitement stabilisée ;

2) les psychanalystes, au moins sur certaines de ces lignes de fracture, perçoivent subjectivement ces différences comme fondamentales et se différencient en communautés de pratique distinctes. En France, cette distinction se manifeste essentiellement dans la différenciation entre freudiens et lacaniens, même si elle ne s'y réduit pas systématiquement.

2 LE DISCOURS SUR L'EXTRATERRITORIALITÉ

André Lussier rappelle dans un de ses articles qu'un comité de l'American Psychoanalytic Association avait, en son temps, tenté d'aboutir à une caractérisation du « psychanalyste compétent », mais, devant la difficulté de l'entreprise, avait dû finalement y renoncer :

> Qu'est-ce qui fait un bon analyste ? Il [le comité] ne se préoccupait pas de qualités idéales mais tout au contraire bien réelles. L'on tenta donc, au moyen d'un questionnaire autobiographique fort élaboré, expédié à de bons analystes (anonymes) choisis par leurs pairs, de constituer la liste des qualités recherchées. On put ainsi accumuler un matériel parfaitement hétéroclite et si difficile à interpréter qu'après plusieurs années, le Comité dut abandonner la partie[34].

Lussier relate cette anecdote pour souligner la « difficulté à préciser les qualités mystérieuses qui font le bon analyste ». On le voit, l'absence de consensus sur des points centraux de la définition de l'exercice psychanalytique est à la fois repérable de l'extérieur et *vécue comme telle d'un point de vue interne.* Mais cette faible stabilisation des définitions communes s'accompagne de surcroît d'un discours sur « l'impossible définition ». Il n'est pas rare, en effet, de rencontrer la proposition selon laquelle la psychanalyse *ne peut être définie*, et cette proposition fonctionne bien souvent comme une *revendication*. L'imperméabilité de la psychanalyse à toute tentative de définition, de

34. A. Lussier, « Évaluation des candidats à la promotion psychanalytique », in *Études freudiennes*, n° 1-2, 1969, p. 106.

normalisation, est alors conçue comme le propre de la psychanalyse, ce par quoi elle se distingue fondamentalement de toute autre pratique ou discipline à laquelle on serait tenté de la comparer. Daniel Sibony écrit, par exemple, de la pratique analytique, qu'elle « révèle une fissure d'identité, intrinsèque et vivifiante », et il ajoute :

> Que certains psys aient voulu contourner l'impossible définition, en définissant l'analyse par la liste précise des praticiens qu'eux reconnaissent, prouve qu'ils cèdent au fétichisme, symptôme moderne s'il en est[35].

L'impossible définition ne vient pas, sous la plume de Sibony, marquer une carence, mais touche au contraire à une dimension essentielle de la psychanalyse : elle résiste à la normalisation, elle déroute les entreprises de cadrage. Cette dimension fait d'elle une pratique différente, *insoumise.*

Plus généralement, on constate que l'idée selon laquelle la psychanalyse constitue une pratique « à part », intrinsèquement « autre », hors de toute référence ou de tout modèle constitué, revient de façon récurrente dans l'évocation du métier d'analyste. Relevons, en guise d'illustration, les termes choisis par Serge Leclaire (et l'APUI) lorsqu'il affirme que la psychanalyse « s'inscrit dans une autre nécessité et dépend d'une logique différente[36] ». La différence dont il est question ici n'est pas seulement une différence avec les disciplines ou les pratiques voisines, mais avec tout autre champ de savoir ou d'action. Selon cette optique, la psychanalyse serait en quelque sorte décalée, isolée, hors du mouvement normal des choses. L'extrait qui suit d'un texte de Serge Viderman est particulièrement représentatif d'une telle conception :

> Je pense que la psychanalyse tient une place à part dans nos savoirs et qu'elle a tort de vouloir renoncer à sa spécificité — qui lui confère sa valeur unique — pour être admise à la table des grands, où, comme ses cousins pauvres à la table des parents riches, elle n'aura qu'une place tout au bout. Je crois que mes collègues psychanalystes de tous les pays devraient s'unir pour défendre cette idée simple dont l'évidence ne frappe pas encore mais n'irrite plus, que l'analyse relève d'une catégorie *sui generis* qui n'appartient ni à la sphère de coprospérité du vrai ni à celle, indigente, du faux. Ces deux catégories dont, pour ce qui

---

35. Daniel Sibony, *Le Peuple "psy"*, Paris, Balland, 1992, p. 71.

36. S. Leclaire *et al., État des lieux de la psychanalyse, op. cit.,* p. 14.

regarde le métier qui n'en est pas un — que pourtant nous sommes des milliers à pratiquer tous les jours ouvrables de la semaine — sont, comme le dit fort bien la langue anglaise, irrelevant[37].

L'idée que la psychanalyse ne s'apparente à aucun autre champ de savoir ou de pratique est largement répandue dans l'imaginaire professionnel des psychanalystes. Ajoutée à « l'impossible définition », cette singularité de la psychanalyse contribue à forger une mythologie particulière de la psychanalyse, mythologie que nous nous efforcerons d'étudier tout au long de ce travail. Nous proposons pour l'heure de qualifier ce discours de façon générique comme le *discours sur l'extraterritorialité de la psychanalyse*. On désignera par cette référence à l'extraterritorialité cette prétention particulière du discours des psychanalystes sur eux-mêmes à être exclus des logiques, des normes, des contraintes habituelles, et à concevoir l'univers de la pratique psychanalytique comme régi selon des principes spécifiques — relevant de « l'Autre scène », selon l'expression freudienne — et isolés du social.

Cette conception est présente, par exemple, dans ces propos d'Eugène et Micheline Enriquez, pour lesquels la parole psychanalytique — celle qui s'échange entre les partenaires de la relation analytique — est « une parole qui se veut expression ou découverte de la vérité, et qui parle d'en-dehors du social[38] ». Précisons enfin que l'usage de cette terminologie nous est dicté à la fois par la langue indigène (certains psychanalystes défendent et revendiquent cette extraterritorialité) et par les analyses menées par Robert Castel sur la psychanalyse[39]. À l'occasion de son travail sur le discours « idéologique » de la psychanalyse, en particulier, il montre que la prétention extraterritoriale est soutenue par une double idéologie : celle de la neutralité de la psychanalyse et celle de son caractère révolutionnaire. Ces deux conceptions font l'objet d'un consensus parmi les psychanalystes et contribuent à forger un imaginaire commun.

La « neutralité » de la psychanalyse rejoint l'idée évoquée précédemment selon laquelle, en raison de son originalité, le dispositif psychanalytique se trouve en-dehors des lois du social, constitue un monde spécifique et protégé. Selon cette conception, le dispositif psychanalytique porterait en lui-même la possibilité de neutraliser les effets sociaux, externes au sens large, et de maintenir intactes les composantes internes. Comme l'écrit Castel, par

37. Serge Viderman, *De l'argent en psychanalyse et au-delà*, Paris, PUF, 1992, p. 17.

38. M. & E. Enriquez, « Le psychanalyste et son institution », in *Topiques*, n° 6, 1971, p. 42.

39. Cf. Robert Castel, *Le Psychanalysme*, Paris, Maspero, 1973.

ce processus de neutralisation, l'extra-analytique « se retrouve dans la relation elle-même, mais profondément réinterprété et doté de significations nouvelles qui sont désormais opératoires dans et pour le dispositif analytique[40] ». Aussi, « le "réel" analytique [est-il] censé n'avoir de compte à rendre que devant ses propres instances et en fonction de ses propres critères[41] ».

Lié à l'idée précédente, le mythe de la psychanalyse révolutionnaire — entretenu dans les discours et les hagiographies depuis Freud — repose quant à lui sur l'assimilation de la psychanalyse à la discipline du scandale, de la subversion, de la transgression. En voici une illustration :

> Ce qui est révolutionnaire dans la psychanalyse, c'est la méthode, le refus de tout préjugé, de toute idée reçue, de tout conformisme, grâce à l'examen de tout (et des événements de l'histoire) à la lumière de l'inconscient[42].

Nous entrevoyons ici un système complexe de conceptions constituant un appareil argumentatif qui, en vertu de l'ontologie psychanalytique, soutient la revendication d'un régime épistémologique spécifique. La difficulté est qu'un tel discours rend illégitime un examen extérieur et fournit la justification d'une exclusivité internaliste, à partir de laquelle les psychanalystes sont toujours juges et parties. Dans *Le Psychanalysme*, Castel procède au décryptage de cette idéologisation du rapport entre l'analytique et l'extra-analytique et incite à ne pas prendre la rhétorique internaliste pour argent comptant. Son travail constitue, à ce titre, un cadre de référence pour qui souhaite aborder le discours du milieu psychanalytique et les forteresses épistémologiques par lesquelles il se protège de tout regard extérieur. Aussi Castel engage-t-il à ne pas accorder *a priori* de statut d'exception à la psychanalyse et à l'étudier comme tout autre ensemble théorico-pratique. Selon cette optique, la revendication d'extraterritorialité peut être objet d'analyse sans pour autant méconnaître les singularités de la psychanalyse et en réduire les déterminations internes :

> « Spécifique », je suis d'accord pour lui donner autant que possible ce statut, sauf s'il implique l'extraterritorialité sociale totale de la psychanalyse, c'est-à-dire sauf s'il suppose ce privilège unique, exorbitant,

---

40. R. Castel, *Le Psychanalysme, op. cit.*, p. 59.

41. *Ibid.*, p. 61.

42. Janine Chasseguet-Smirgel, *Pour une psychologie de l'art et de la créativité*, Paris, Payot, 1971 (cité par R. Castel, *Le Psychanalysme, op. cit.*, p. 27).

> que représenterait la position d'une substance complètement an-historique, a-sociale, a-politique. C'est la définition même de Dieu : la souveraine neutralité, l'arbitre, « l'autre scène » comme lieu ontologique où la critique n'est pas passée, écartée par le glaive tranchant de la coupure épistémologique[43].

C'est en suivant cette voie que nous mènerons l'analyse du *discours interne* sur la formation du psychanalyste. Le choix de cette thématique est guidé par la nécessité, évoquée précédemment, de sortir de la logique interne revendiquant un statut d'exception épistémologique[44]. La formation représente une situation d'interface entre la psychanalyse et le social et situe donc le discours interne à un niveau où il est, par définition, en négociation entre l'intra et l'extra-psychanalytique (les facteurs externes sont d'emblée présents). Analyser la manière dont les psychanalystes conçoivent la formation au métier d'analyste nous permet d'aborder le discours interne sur la psychanalyse et l'exercice de la psychanalyse. Il nous renseigne, en filigrane, sur les définitions, les conceptions, les normes communes de la profession.

Classiquement, on peut considérer la formation comme un indicateur privilégié :

— de la définition d'une discipline, et de la conception de la compétence des acteurs de cette discipline ;

— du degré de cohésion de la communauté à travers la transmission et la reproduction des normes et des valeurs communes. À ce titre, la formation nous informe sur le régime de normativité à l'œuvre dans une discipline donnée.

Mais l'étude de la formation psychanalytique révèle également la spécificité du régime de normativité revendiqué par la communauté psychanalytique française. Cette spécificité se donne à voir à travers les deux caractéristiques du discours interne relatif à la formation du psychanalyste que sont : 1) la formation psychanalytique conçue comme un paradoxe résultant d'un conflit de normativité entre l'intra et l'extra-analytique ; 2) la carence critériologique affectant la conception de la formation et de sa mise en application. Nous nous attacherons à cerner et à analyser cette spécificité. Nous procéderons, dans un premier temps, à l'analyse du discours interne relatif au principe de

---

43. R. Castel, *Le Psychanalysme, op. cit.*, p. 114-115.

44. Cette posture n'appartient pas pour autant uniquement à la psychanalyse. Jean-Louis Fabiani, par exemple, fait état du même type de difficulté face à la philosophie qui « est en règle générale définie comme une activité qui est à elle-même sa propre détermination » (*Les Philosophes de la république*, Paris, Éditions de Minuit, 1988, p. 12).

formation psychanalytique afin de rendre intelligible le paradoxe et les conceptions doctrinales sur lesquelles il repose. Nous étudierons ensuite les différentes étapes de la formation et nous nous efforcerons de mettre au jour leurs enjeux. Dans une troisième partie, nous retracerons brièvement l'histoire des conceptions relatives à la formation dans les premiers temps de l'institutionnalisation de la psychanalyse, chez Freud et au sein de l'IPA.

CHAPITRE II

LE PROBLÈME DE LA FORMATION À LA PSYCHANALYSE

Comment devient-on psychanalyste ? Quelle est la méthode de formation la plus appropriée ? Ces questions sont particulièrement problématiques en psychanalyse, et ont d'ailleurs été au cœur des affrontements qui ont divisé le mouvement psychanalytique. La formation psychanalytique est, en effet, conçue comme un paradoxe. Les débats qu'elle suscite sont emblématiques d'une conception idéaliste de la psychanalyse — conception très française —, en vertu de laquelle le processus analytique, pur et désintéressé en essence, serait fatalement perverti par des intérêts extra-analytiques. Nous analysons les différents aspects de cette question à travers l'étude des débats sur la formation en psychanalyse ; nous confrontons enfin les postures radicales des psychanalystes français à celles de Freud et des premières institutions psychanalytiques dans l'histoire.

1 LE PARADOXE DE LA FORMATION PSYCHANALYTIQUE

> « Formation psychanalytique » est une contradiction dans les termes. S'il y a psychanalyse, il ne peut y avoir formation [...] et s'il y a formation, il ne peut y avoir psychanalyse[1].

1. André Green, entretien, in Patrick Froté, *Cent ans après*, Paris, Gallimard, 1998, p. 163.

Dans la mesure où elle touche à la question même de la définition du travail psychanalytique et où elle incarne tout particulièrement le problème du lien entre des enjeux analytiques et des enjeux extra-analytiques, la question de la formation constitue un exemple emblématique d'une situation d'interface entre la psychanalyse et le social. À ce titre, elle est un terrain privilégié à partir duquel s'élaborent les discours sur la spécificité et l'extraterritorialité de la psychanalyse. Ces discours s'organisent le plus souvent autour d'un *paradoxe* qui voit s'opposer deux types de normativité : une normativité interne et une normativité extra-analytique.

S'il est un point de consensus dans la communauté psychanalytique française, c'est bien le caractère *paradoxal et contradictoire* de la formation psychanalytique. L'idée que la transmission de la psychanalyse constitue une difficulté toute particulière est déjà présente chez Freud :

> Les difficultés que présente l'enseignement de la psychanalyse et son application pratique, difficultés très graves et qui sont la cause de la plupart des désaccords et divergences actuels[2].

Néanmoins, chez le père fondateur, le *principe* de la formation du psychanalyste n'est pas remis en question pour autant. En revanche, on peut dire que, chez les psychanalystes français, le *principe même* de la formation psychanalytique est au cœur des débats. L'étude des discours — tels qu'ils se donnent à voir particulièrement dans les écrits — nous montre que les psychanalystes français, de tous bords doctrinaux et toutes obédiences institutionnelles, s'accordent pour considérer la question de la formation des psychanalystes comme une question à la fois *nécessaire* et *impossible*. Trois registres d'arguments sont déployés pour exposer ces difficultés :

1) un système argumentatif d'ordre ontologique articulé autour des impasses liées au principe même d'une formation en psychanalyse ;

2) un système argumentatif d'ordre pragmatique relatif aux modalités d'application d'une formation psychanalytique et en particulier aux obstacles à l'élaboration d'un *enseignement* de la psychanalyse ;

3) un système argumentatif critique condamnant les effets néfastes des impératifs institutionnels, inévitables dès lors que la psychanalyse prend corps dans une institution chargée d'en garantir la transmission.

2. S. Freud, « Contribution à l'histoire du mouvement psychanalytique », *loc. cit.*, p. 95.

Le principe de la formation à la psychanalyse : l'idéologie de la pureté

L'argument ontologique repose sur l'idée que la nature de la psychanalyse la rend incompatible avec un projet de formation normalisée. L'aspect subversif de la psychanalyse s'opposerait fondamentalement à la normalisation d'un cursus de formation classique. L'idée même de formation est en effet perçue comme antinomique avec le processus analytique lui-même, qui exige d'être épuré de tout intérêt extra-analytique et de toute norme posée *a priori*. L'entreprise de formation est inévitablement « intéressée » dans la mesure où elle vise à former selon un modèle ou un objectif préétabli. En conséquence, *former* reviendrait à *conformer* et serait, en ce sens, contraire à la nature de la psychanalyse qui, essentiellement libre et subversive, ne peut sans danger se voir affiliée à une entreprise de « modelage ». Ces propos de Micheline Enriquez illustrent cette position :

> La notion même de formation analytique comporte une contradiction dans les termes, la psychanalyse n'étant en aucune façon faite pour instituer des modèles de pensée ou de comportement. Ce serait même le contraire[3].

Plus généralement, mais aussi plus radicalement, on rencontre souvent la position — devenue presque un leitmotiv rhétorique — selon laquelle la notion de *finalité*, de *but poursuivi* est contradictoire avec une analyse authentique. Pour Jean Favreau, il y a « une antinomie entre poursuivre un but et psychanalyser[4] ». Ce sont exactement les mêmes termes qui sont employés par Jacques-Alain Miller lorsqu'il écrit :

> La formation analytique est antinomique. Il y a une antinomie de structure dans la formation analytique, son registre réel et son registre symbolique[5].

La contradiction réside dans le fait que la psychanalyse doit se transmettre par le biais de l'expérience analytique — c'est-à-dire que tout psychanalyste doit avoir été lui-même analysé — mais que cette expérience analytique n'en est plus une si elle intègre un projet de formation. En d'autres termes, et

---

3. Micheline Enriquez, « On forme un analyste. Regards sur la psychanalyse en France », in *Nouvelle Revue de psychanalyse*, n° 20, 1979, p. 262.

4. Jean Favreau, « La formation des psychanalystes », *loc. cit.*, p. 55.

5. Jacques-Alain Miller, « La confidence des contrôleurs. Le débat », in *La Cause freudienne*, n° 52, 2002, p. 154.

selon de nombreux protagonistes[6], on ne peut créer les conditions de l'élaboration du processus analytique si l'on pose *a priori* un objectif à ce processus. Aussi ne peut-on résoudre ce paradoxe : on ne peut former des analystes dans la mesure où « aucun objectif ne peut être établi d'avance en psychanalyse[7] », fussent-ils des objectifs de formation. Si l'analyse de formation — appelée traditionnellement *analyse didactique* — se caractérise par le fait qu'il s'agit d'une analyse *en vue de devenir analyste*, on introduit dans le processus une finalité, ce qui est contraire à son principe même et implique donc une perversion du processus. On ne peut entreprendre une analyse en en connaissant déjà la fin.

Ces deux types d'arguments reposent tous deux sur le postulat implicite selon lequel la psychanalyse serait intrinsèquement « désintéressée », dans la mesure où elle ne peut se définir par sa finalité : on ne mène pas une analyse authentique si elle est motivée par des intérêts pragmatiques (désir de guérison ou désir de carrière).

Cette façon de concevoir l'analyse est particulièrement poussée dans les conceptions lacaniennes, qui vont jusqu'à dénoncer une forme d'idéologie de la guérison. Lacan s'est insurgé en son temps contre les dérives d'une *ego psychology* américaine tendant à surestimer les techniques d'adaptation de l'individu à son environnement. La « guérison » était alors dénoncée comme participant de cette idéologie d'un individu viable, efficace, adapté. L'argumentaire a été repris et redéployé par les disciples du maître et l'on trouve fréquemment chez les lacaniens l'idée selon laquelle la cure psychanalytique ne doit pas viser à guérir, qu'un tel souci thérapeutique est suspect voire méprisable au regard d'un souci bien plus noble : celui de faire émerger la « vérité du sujet ». La psychanalyse la plus pure est celle qui s'est débarrassée de toute velléité interventionniste (y compris thérapeutique) sur l'analysant, et donc de toute visée.

De telles conceptions sont des interprétations radicales de la position de Freud, qui pour sa part n'a jamais remis en question la finalité thérapeutique de la cure, même s'il mettait en garde contre « l'orgueil thérapeutique » et

---

6. Jean Favreau est un éminent représentant des « orthodoxes », il était membre de la SPP. Jacques-Alain Miller est le chef de file d'une des plus importantes institutions lacaniennes. Ce discours se retrouve donc sous la plume d'acteurs très différents, voire opposés en termes d'appartenance doctrinale et institutionnelle.

7. Propos du président de la Société italienne de Psychanalyse lors du colloque de la FEP à Florence, en 1990 (cité par D. Lévy, « La psychanalyse et ses états », in S. Leclaire *et al.*, *État des lieux de la psychanalyse*, *op. cit.*, p. 211).

était très réservé quant à la possibilité de mener une analyse jusqu'à son terme logique[8].

Quoi qu'il en soit, il est difficile de se représenter ce que serait réellement une psychanalyse dépourvue de toute visée, ou la logique intrinsèque qui servirait de moteur au processus analytique pur et préservé. Comme nous l'avons déjà évoqué, c'est pourtant cette conception relative à la nature « désintéressée » de la psychanalyse qui constitue le socle du paradoxe de la formation psychanalytique tel qu'il est énoncé et repris dans les textes et les doctrines.

Pour l'heure, le paradoxe pourrait s'énoncer de la façon suivante : la psychanalyse est « pure », il faut donc la préserver. Si l'on veut la préserver, il faut former des analystes, mais former revient à dénaturer potentiellement le processus originel.

Comment enseigner la psychanalyse ? L'idéologie de la liberté

Malgré sa puissance dénaturante, la formation est en même temps nécessaire dans la mesure où elle garantit la survie de la psychanalyse et la reproduction de la communauté psychanalytique. Devant les lois de la nécessité, l'argument ontologique cède la place à l'argument pragmatique relatif à la formation la plus appropriée. La littérature abonde sur la question de savoir quel type de formation mettre en place, et notamment quel type d'enseignement dispenser pour être le plus fidèle à la nature des processus analytiques. Là encore, la plupart des psychanalystes qui se sont penchés sur la question s'accordent pour dénoncer ou mettre en garde contre toute conception classique de l'apprentissage appliquée à la psychanalyse. Nombreux sont les textes démontrant en quoi une approche traditionnelle des savoirs théoriques

8. Freud constate qu'au moment où une cure psychanalytique semble aller vers sa fin, surgit fréquemment une résistance plus forte que celles qui ont pu la précéder : « L'homme ne veut pas se soumettre à un substitut paternel, ne veut pas être son obligé, ne veut donc pas davantage accepter du médecin sa guérison (S. Freud, « L'analyse avec fin et l'analyse sans fin », in *Résultats, idées, problèmes* [1937], t. II, Paris, PUF, 1985, p. 262-267). Il y a chez un homme en analyse une sorte de « protestation virile » ou encore le refus de la « position passive » envers l'analyste. Quant à la femme en analyse, la situation ne serait pas plus simple, puisque ce qui la détourne de la fin de l'analyse, et de la solution proposée par l'analyste, c'est « l'envie du pénis » qui la met en rivalité avec lui. Dans un cas comme dans l'autre, comme le dit Freud, l'analyse buterait contre le « roc de la castration », ce qui contribuerait à en reculer le terme. On le voit, ce ne sont pas les succès thérapeutiques qui sont en cause, mais la question du but ultime de la cure : jusqu'où doit-elle être poursuivie ? Peut-on viser une analyse achevée ?, etc.

comme pratiques est, non seulement insuffisante pour ce qui concerne le mode de transmission approprié à la psychanalyse, mais risque en outre de véhiculer des principes tout à fait contraires à l'esprit de la pratique analytique. Il en ressort que la psychanalyse ne peut être enseignée comme peut l'être un autre savoir, par apprentissage, elle ne peut notamment se satisfaire du modèle de formation universitaire. L'argument central est que la psychanalyse entretiendrait un rapport tout à fait inédit au *savoir* et à la *technique*, ce qui rendrait inopérante toute procédure classique d'apprentissage et d'évaluation.

Selon le discours interne, le rapport inédit au savoir tient au caractère inventif du processus analytique, qui opère chaque fois une alchimie unique et particulière entre deux individus et qui ne peut donc être répété à l'aide de normes ou de recettes. La technique, ainsi que le savoir théorique, s'ils doivent être appris, doivent aussi être *oubliés* dans la pratique de chacun pour être *réinventés* chaque fois. Personne ne conteste qu'il faille lire Freud et les grands auteurs de la psychanalyse, qu'il faille s'approprier une part du savoir constitué, mais la relation que le praticien entretient avec ce savoir est là encore paradoxale : à la fois nécessaire et suspecte. Si la formation du psychanalyste doit passer par l'acquisition du savoir commun, c'est à condition que le praticien se débarrasse de ce savoir *dans sa pratique*, savoir qui, s'il était appliqué en tant que tel, fausserait l'avènement du processus analytique. C'est pourquoi il faut apprendre et désapprendre, se méfier du savoir établi, dans la mesure précisément où il n'est jamais suffisant pour appréhender une situation analytique toujours nouvelle et inédite. Une telle vue est très généralement partagée, en voici quelques illustrations :

> Il semble que l'on oublie trop souvent le fait que la psychanalyse n'est pas du même ordre que la transmission d'un métier à un apprenti. On ne devient pas analyste en passant des examens. Notre identité en tant qu'analystes n'émane pas d'un « savoir » et ne procède pas d'une accumulation de connaissances (A. Lussier)[9].
>
> Le processus analytique nécessite l'abandon de tout a priori et demande une mise en suspens de tout jugement et de tout savoir (N. Beauchamp)[10].

---

9. A. Lussier, « Notre idéologie de la formation », in *Revue française de psychanalyse*, n° LVI, 1992, p. 486-487.

10. N. Beauchamp, « Cursus et formation », in S. Leclaire *et al.*, *État des lieux de la psychanalyse*, *op. cit.*, p. 69.

> La théorie psychanalytique n'est pas une théorie comme une autre. Non seulement du fait que son acquisition est une tâche ardue, mais surtout parce que chaque analyste est obligé de se forger sa propre théorie. Au sens où la théorie qu'il « utilise » ne peut pas être simplement une théorie d'emprunt, mais doit devenir la sienne, pas simplement appropriée mais recréée (V. Smirnoff)[11].

Le même type d'argumentaire est mis en avant pour ce qui est de la technique : il y a une technique proprement psychanalytique — différente des innombrables psychothérapies — mais ce savoir-faire ne doit en aucun cas faire « recette » : « L'analyse n'est pas une technique en soi ; sa direction dépend essentiellement du contre-transfert de l'analyste[12]. » Cette idée, d'une psychanalyse devant chaque fois être réinventée est reprise par tout un chacun, quelles que soient les appartenances doctrinales et institutionnelles. Il semble cependant qu'elle ait été particulièrement mise en avant par Lacan qui écrivait :

> Tel que maintenant j'en arrive à le penser, la psychanalyse est intransmissible, c'est bien ennuyeux. C'est bien ennuyeux que chaque analyste soit forcé — puisqu'il faut bien qu'il soit forcé — de réinventer la psychanalyse[13].

Quoi qu'il en soit, du point de vue des enjeux de formation, ces modes particuliers de relation au savoir et au savoir-faire rendent caducs les modèles ordinaires de validation censés reposer sur des critères objectivables de sanction. En premier lieu parce que le matériau psychanalytique est précisément la subjectivité. Ensuite parce que les faiblesses, les doutes ou les difficultés étant des outils du psychanalyste, ils ne peuvent être sanctionnés. Et enfin parce qu'en psychanalyse, on ne peut pas considérer une formation comme véritablement achevée. C'est pourquoi, selon Serge Leclaire :

> De tous les critères qui concourent ordinairement à reconnaître la fonction ou à décerner un titre de maîtrise en telle ou telle discipline à un praticien parmi d'autres, à savoir : expérience, connaissance, savoir-faire, etc., il convient, pour l'exercice de la psychanalyse, d'en dégager d'autres plus pertinents, plus spécifiques à la constante originalité d'une pratique de découverte de l'insu ou de l'inouï[14].

---

11. V. Smirnoff, « Enseignement, apprentissage, transmission », *loc. cit.*, p. 109.

12. M. Safouan, P. Julien & C. Hoffmann, *Malaise dans la psychanalyse. Le tiers dans l'institution et l'analyse de contrôle*, Paris, Les Cahiers d'Arcanes, 1995, p. 57.

13. Jacques Lacan, *Lettres à l'École freudienne*, n° 25, vol. 2, 1979, p. 219-220.

14. S. Leclaire *et al.*, *État des lieux de la psychanalyse*, *op. cit.*, p. 20.

Ces rhétoriques ont en commun de reposer sur la croyance en une spontanéité, en un mystère, un insondable de la relation analytique. Mais elles réifient également une liberté en essence de la relation analytique et donc de la pratique du psychanalyste. Défendre l'idée éthique que le praticien ne doit jamais s'assujettir à aucune théorie, à aucun procédé, revient à supposer qu'il *peut* s'affranchir de toute imposition, que seuls son « art de faire », son « intuition » agissent de manière authentique dans la cure. De façon analogue, dans le champ de la philosophie, Jean-Louis Fabiani note dans son analyse sur la figure du philosophe au tournant du siècle que « le philosophe digne de ce nom ne doit rien à personne ; il recommence, d'un seul coup et pour son compte, toute la philosophie[15] ».

L'institution formatrice. L'idéologie de l'extraterritorialité

Récapitulons : la formation psychanalytique est une entreprise nécessaire, mais impossible. Impossible dans son intention même, puisque l'entreprise formatrice introduit une finalité dans un processus désintéressé et s'attache à modeler ce qui doit rester indompté. Impossible dans ses applications car la singularité de la psychanalyse commande que théorie et technique — c'est-à-dire les composants objectivables de la formation — ne soient pas objets d'évaluation. Impossible enfin, selon un argument critique cette fois, car sa mise en place nécessite une forme d'institutionnalisation et, par là même, l'introduction dans l'intra-analytique de considérations extra-analytiques.

Qui dit formation, dit institution formatrice et habilitante. L'institution implique des intérêts et des enjeux hiérarchiques, politiques, de conservation et de reproduction. La critique repose alors sur le fait qu'à chaque étape de la formation, le processus analytique risque de se trouver perverti par des intérêts institutionnels qui altèrent la nature de la transmission. Cette question a été l'objet d'une importante littérature psychanalytique et, particulièrement au moment des scissions entre écoles psychanalytiques, elle fut au cœur de la réflexion sur la formation la plus appropriée.

Tout d'abord, les analystes ont constaté que l'institution est présente dans le projet même de formation, dans la mesure où celui-ci déboucherait sur une habilitation à exercer. Certains ont pointé le fait que le désir de reconnaissance, qui porte à vouloir être habilité par ses pairs, est suspect — analytiquement s'entend — ou que, du moins, il doit être interrogé et analysé. Lacan, le premier, soulevait cette contradiction entre le fait d'entreprendre une analyse dans le but

15. J.L. Fabiani, *Les Philosophes de la république, op. cit.*, p. 76.

d'obtenir l'autorisation de devenir analyste, et la nature de l'analyse. C'est ainsi qu'il défendait l'idée que le psychanalyste doit s'autoriser librement, de lui-même, et non faire reposer cette autorisation sur l'institution — selon la fameuse maxime : « Le psychanalyste ne s'autorise que de lui-même[16]. » Or la plupart des systèmes de formation traditionnels — y compris le modèle classique de formation psychanalytique, le modèle dit d'Eitingon[17] — reposent, pour les besoins de l'institution, sur cet inanalysé, voire l'entretiennent.

Seconde aporie de la société d'analystes, l'institutionnalisation revient à figer et à rendre légitime *une* vision de l'analyse alors que, comme nous l'avons déjà vu, la libre-pensée devrait être garantie. En ce sens, la société d'analyse produit des effets d'endoctrinement des candidats :

> La « société », de ce fait, va représenter pour le sujet tout autant le lieu où s'énonce la « bonne » interprétation de Freud que le lieu où s'édictent les « justes » règles qui, seules, en permettraient la transmission[18].

Outre un endoctrinement idéologique, la société psychanalytique suscite également un certain suivisme institutionnel : les hiérarchies, les relations de pouvoir, les réseaux imposent leur influence sur le candidat qui ne peut complètement les ignorer :

> Aucune des options prises par un analyste au cours de sa formation ne sera tout à fait délibérée et sera tributaire partiellement d'un non-dit explicitement, de « on-dit » où interviennent les représentations, les réputations, les actes de notoriété, tout un réseau d'organisations complexuelles, au total une Autre scène[19].

En somme, l'institution psychanalytique, comme toute institution, implique que les raisons initiales du rassemblement collectif se trouvent en concurrence ou en opposition avec des logiques propres aux groupes et aux organisations. C'est ce que pointe Donnet lorsqu'il analyse l'institution psychanalytique comme le lieu d'une tension entre la mystique (« la référence permanente et collective au pouvoir d'une vérité de l'analyse[20] ») et le

---

16. Jacques Lacan, « Propositions du 9 octobre 1967 sur la psychanalyse de l'École » [1967], in *Autres Écrits*, Paris, Seuil, 2001, p. 76.

17. Voir chap. II, « La formation dans l'histoire de la psychanalyse », *infra*, p. 70 et suiv.

18. P. Aulagnier, « Sociétés de psychanalyse et psychanalyse de sociétés », in *Topique*, n° 1, 1969, p. 20.

19. M. & E. Enriquez, « Le psychanalyste », *loc. cit.*, p. 56.

20. J.L. Donnet, « Cursus et hiérarchie dans la société analytique », in *Études freudiennes*, n° 1-2, 1969, p. 116.

groupe, par définition détenteur de pouvoir et porteur d'intérêts stratégiques, politiques, économiques, etc. Pour lui, cette dimension constitue même « la première contradiction de la société d'analystes : la transmission d'une vérité subversive rencontre l'exigence d'une structure garante d'un ordre[21] ». Nous retrouvons donc le paradoxe constitutif de la formation analytique, soit « une incompatibilité fondamentale dans la visée de transmettre un message subversif par le truchement d'un appareil[22] ». Dans la mesure où c'est l'institution qui sélectionne et qui habilite, elle interfère dans le processus prétendument privé et libre qu'est un parcours analytique et introduit des paramètres extra-analytiques.

On le voit, le paradoxe de la formation du psychanalyste est constitué de l'agencement complexe de différentes rhétoriques reposant sur une triple idéologie de la psychanalyse : une idéologie de la *pureté* de l'entreprise psychanalytique en vertu de son caractère supposé intrinsèquement désintéressé ; une idéologie de la *liberté* au nom d'une irréductibilité de la psychanalyse à des savoirs et à des savoir-faire ; une idéologie de l'*extraterritorialité* justifiée par le caractère profondément subversif de la psychanalyse. La lecture interne (celle que les psychanalystes ont sur eux-mêmes) repose sur l'idée d'un processus psychanalytique pur, idéal, mais souvent perverti par des intérêts extérieurs à la logique de l'inconscient qui, elle, serait par essence libre et désintéressée. Dès lors, tout ce qui déborde l'investigation analytique pour l'accès aux vérités de l'inconscient représente potentiellement un obstacle, voire un danger. Nous qualifierons cette posture de *perspective idéaliste*.

Pour résumer, on peut caractériser le discours interne relatif aux enjeux de formation comme se déployant à partir de deux socles argumentaires de principe :

1) toujours référer les problèmes, obstacles ou dérapages de l'analyse à des causes externes et relevant d'une infiltration regrettable d'intérêts extra-analytiques ;

2) encourager la croyance en la pureté d'un noyau dur désintéressé de la pratique analytique et, par là même, un certain isolationnisme visant à protéger la psychanalyse et les psychanalystes devant un risque permanent de récupération.

Cette thématique de la « récupération », comme l'argumentaire visant à diaboliser l'extra-analytique, sont récurrents et mobilisés à l'occasion d'enjeux

21. J.L. Donnet, « Cursus et hiérarchie », *loc. cit.*, p. 118.

22. M. & E. Enriquez, « Le psychanalyste », *loc. cit.*, p. 52.

variés jusqu'à constituer un système rhétorique quasi systématique et caractéristique des conceptions et des stratégies internes du champ. Le cas du discours sur la formation nous sert à ce titre d'exemple emblématique d'une construction doctrinale valable de façon plus générale. Ce qui est surprenant dans le cas de la psychanalyse, et particulièrement de la psychanalyse française, ce n'est pas tant l'argumentaire lui-même — après tout, il est d'autres disciplines qui revendiquent le même décalage entre une pureté intrinsèque et des pratiques toujours perverties — que les effets de cet argumentaire : c'est une rhétorique qui *fonctionne*, qui agit effectivement sur le fonctionnement institutionnel (les nombreuses scissions en sont un témoignage, nous y reviendrons). En d'autres termes, ce n'est pas uniquement un appareil épistémologique déployé lors de controverses ou de conflits, c'est une caractéristique de la psychanalyse normale, en tout cas depuis quelques décennies.

On pourrait en effet considérer qu'il est bien d'autres professions — songeons aux philosophes, par exemple[23] — pour lesquelles l'idéal de la pratique est rarement, si ce n'est jamais, réalisé, et pour lesquelles l'évaluation d'un travail, si elle devait être absolument fiable et authentique, est chose impossible. Cela n'empêche pas pour autant les philosophes, par exemple, de se former et d'accepter — tout en en discutant les défauts — les règles de formation. Dit autrement, le caractère imparfait des critères choisis et des procédures adoptées n'est pas un argument suffisant pour refuser *tout* processus de formation. Plus généralement, on peut considérer que la plupart des communautés professionnelles ne conçoivent pas nécessairement leur système de formation comme parfaitement et totalement conforme à l'essence de leur profession, mais ils en acceptent l'imperfection. Les psychanalystes qui défendent cette perspective idéaliste, eux, semblent considérer que tout décalage pas rapport à l'idéal, à la pureté présumée de l'infra-analytique, ne saurait être toléré ou du moins nécessite d'être dénoncé et combattu. C'est cela qui est susceptible d'étonner l'extérieur : l'idéalisme de cette conception peut être perçu comme quelque peu naïf ou peu raisonnable.

2 LES ÉTAPES DE LA FORMATION ET LEURS ENJEUX

À l'origine des maux qui menacent de ruiner la psychanalyse d'autant plus sûrement qu'ils la lancent simultanément dans une expansion

23. Voir à ce propos les débats sur le programme de philosophie (J.L. Fabiani, *Les Philosophes de la république, op. cit.*).

> débordante, on retrouvera toujours la carence critériologique affectant la pratique formatrice[24].

Et pourtant on forme, pourrait-on dire en conclusion de cette mise en contexte des débats. Les apories de la formation psychanalytique sont contrebalancées par la nécessité de former des analystes et de maintenir vivantes les doctrines et les institutions. Les débats se déplacent alors, du principe même du projet de formation à l'évaluation des systèmes de formation mis en place. Là encore, les principes de pureté originaire, d'extraterritorialité de l'analyse sont au cœur des réflexions : chacune des étapes du cursus de formation est disséquée et débattue à l'aune de son décalage avec des critères proprement psychanalytiques. À l'occasion de ces débats, est à l'œuvre une caractéristique-clé du discours psychanalytique : son *internalisme*[25]. La formation du psychanalyste, pour être appropriée, c'est-à-dire véritablement analytique et non contaminée par l'extra-analytique, doit être conçue *selon des critères psychanalytiques*[26].

Dans la littérature psychanalytique, cet argumentaire est repris inlassablement. Mais dès lors qu'il s'agit de préciser les critères ou les modalités d'application de ce que serait une formation psychanalytique conçue « analytiquement », le discours se fait flou et imprécis. Traversés par ce serpent de mer d'une formation purement « analytique », les débats se cristallisent alternativement sur différents objets relatifs aux différentes étapes qui, depuis 1920, sont les trois mouvements nécessaires de la formation du psychanalyste : l'analyse personnelle, la pratique des cures supervisées, l'enseignement théorique. Les débats qui n'ont cessé d'agiter le milieu analytique ont pour objet la théorisation et la mise en pratique de ces différentes exigences. Ils portent plus spécifiquement sur le rôle que doit jouer l'institution

---

24. J.P. Valabrega, « Les voies de la formation psychanalytique », in *Topique*, n° 1, 1969, p. 51.

25. En sociologie des sciences, l'internalisme — opposé à l'externalisme — considère que la connaissance scientifique, les contenus rationnels relèvent de contraintes internes, c'est-à-dire de contraintes logiques ou de nécessités propres. Le discours des psychanalystes est internaliste dans la mesure où il survalorise les déterminations et les nécessités d'ordre psychanalytique. Il prétend expliquer les logiques du champ psychanalytique à partir de facteurs internes et des spécificités épistémologiques dont il se réclame.

26. Ce qui frappe ici encore, c'est le caractère inédit de cet argument qui semble aller de soi pour ceux qui l'énoncent. Mais après tout, les historiens ne revendiquent pas une formation « historienne », fondée sur les critères historiens issus du savoir historien. Les sociologues n'exigent pas que les étudiants en sociologie soient évalués à partir de critères sociologiques, ou les psychologues à partir de critères psychologiques... C'est, en somme, une forme d'internalisme normatif qui est ici revendiquée.

dans le contrôle et la validation de ces étapes. D'ordinaire, le discours interne conçoit le cursus psychanalytique comme un cursus tripartite, sans nécessairement distinguer les différents enjeux propres aux étapes successives de la formation. Aussi avons-nous considéré, pour y voir plus clair dans les enjeux qui opposent les analystes entre eux, qu'il était nécessaire d'opérer une distinction — rarement faite — entre les quatre moments successifs de la formation : sélectionner, transmettre, valider, habiliter. Cette démarche nous a permis de clarifier les enjeux et de distinguer les différentes dimensions du débat. Ces enjeux concernent :

— la sélection : qui doit sélectionner, à quel moment doit intervenir cette sélection, selon quels critères doit-elle être menée ?

— la progression du candidat : qui doit rendre compte à l'institution de la progression de la formation du candidat, selon quelles modalités ?

— le rôle et le statut des formateurs : qui sont les formateurs, comment sont-ils choisis, quelles sont leurs tâches, quels sont leurs pouvoirs ?

— les validations : qui doit valider les différentes étapes de la formation du candidat, selon quels critères ?

— l'habilitation : qui doit habiliter le candidat, selon quels critères ?

Nous analyserons les débats relatifs à ces questions en suivant les différentes étapes du cursus dit *traditionnel,* leurs enjeux respectifs, les polémiques et les réformes auxquelles elles ont éventuellement donné lieu. Notons au préalable que, malgré le projet initial, l'IPA (International Psychoanalytical Association) n'a jamais constitué une véritable instance centrale de législation et de contrôle, les instances nationales ayant un large degré d'autonomie sur l'organisation et la gestion de leurs institutions. Aussi les groupes nationaux ont-ils mis en place des systèmes de formation qui peuvent parfois être très disparates. Ce qui fait dire à Micheline Enriquez — commentant les résultats d'une enquête mondiale sur la formation menée par Wallerstein en 1978 — « qu'il n'y a dans le monde analytique à peu près d'accord sur rien, du moins en ce qui concerne la formation des futurs analystes, les critères de sélection, l'importance donnée à la théorie[27] ». Si cette observation est exacte, et toujours valable pour qualifier la situation actuelle, il n'en reste pas moins que l'IPA se distingue des groupes indépendants par le fait qu'elle a mis en place un certain nombre de « standards minimums » que toutes les associations membres doivent respecter. En ce sens, on a coutume de parler du *système ipéiste* qui, malgré les diversités, reconnaît des bases communes.

---

27. Micheline Enriquez, « On forme un analyste. Regards sur la psychanalyse en France », in *Nouvelle Revue de psychanalyse,* n° 20, 1979, p. 264.

Sélection

Le modèle ipéiste préconise une sélection à l'entrée en formation. Toute la question étant de savoir à quel moment débute la formation proprement dite — c'est-à-dire la formation menée sous contrôle institutionnel et validée par l'institution — et donc à quel stade du parcours du futur analyste interviennent les procédures de sélection. On peut distinguer deux grandes tendances (souvent associées à deux « modèles », celui d'Eitingon majoritairement répandu au sein de l'IPA et ledit « modèle français », largement influencé par l'école hongroise) : la tendance orthodoxe et traditionnelle, selon laquelle la sélection précède l'entrée en analyse de formation, et une tendance plus libérale qui fait débuter la formation aux cures supervisées et s'efforce, autant que possible, de dégager l'analyse personnelle de toute ingérence institutionnelle. Mais les polémiques sur la sélection et l'entrée en formation sont loin de se limiter à cette opposition, aussi majeure soit-elle. Il est frappant de remarquer que chaque élément, chaque stade, presque chaque modalité d'organisation du cursus est objet de polémique. Aussi, pour ce qui concerne la sélection, la question engage tous les éléments en relation : le candidat ; l'instance chargée de sélectionner ; la méthode de sélection.

Le candidat à la formation

En 1982, Edward D. Joseph, alors président de l'IPA, faisait état dans ses « Remarques préliminaires au Symposium de Broadway » sur la formation du psychanalyste d'une « énorme variation des critères d'admission en ce qui concerne l'acceptation du candidat ». Il note, par exemple, qu'il n'y a pas « d'accord unanime quant à la question de l'âge d'un candidat, autre que l'accord tacite pour qu'il ne soit pas "trop vieux", ni, ce qui est peut-être plus douteux, "trop jeune"[28] ». Pourtant, la question de l'âge n'est pas anodine puisqu'elle est reliée à la formation ou aux activités antérieures du candidat. Rares en effet sont les psychanalystes très jeunes, sans doute inexistants ceux qui commenceraient leur carrière professionnelle par la pratique de la psychanalyse. En règle générale, la psychanalyse est un second métier. Mais sur ce point, il n'existe pas de réglementation consensuelle : certaines institutions exigent du candidat des formations antérieures spécifiques (pendant longtemps, les sociétés états-uniennes ont réservé l'exercice de la psychanalyse aux seuls médecins), ou un certain nombre d'années d'expérience

28. Edward D. Joseph, « Remarques préliminaires au Symposium de Broadway », in Serge Lebovici & Albert J. Solnit, *La Formation du psychanalyste,* Paris, PUF, 1982, p. 12-13.

clinique avant d'entamer un cursus. D'autres se contentent de « recommander », plus ou moins vivement, certains parcours. D'autres enfin ne posent aucune exigence officielle et acceptent d'examiner toute candidature, quel que soit le profil du candidat. Cependant, même dans le cas des institutions les plus ouvertes, on ne peut pas vraiment dire qu'il n'y ait aucun critère de sélection : l'âge en est une bonne illustration, puisqu'aucune société, aussi ouverte soit-elle, ne prendra en formation des candidats sans aucune expérience ou formation, sortant tout juste du bac, par exemple.

Mais, alors qu'il « va de soi » qu'un bachelier est trop jeune pour entrer en formation psychanalytique, les critères qualifiant le candidat approprié sont visiblement très difficilement définissables. Rares d'ailleurs sont ceux qui s'attachent à les décrire avec précision, à l'instar d'André Lussier dans un article de 1969 :

> Ce candidat peut-il être atteint par l'analyse, peut-il se vouer au travail analytique, est-il caractérisé par un respect profond et sans compromission de la personne d'autrui plutôt que par le désir impatient d'imposer aux autres ses propres façons de voir, est-il capable d'écouter patiemment plutôt que de prodiguer ses conseils, est-il attiré par les mystères de la psychologie humaine ? L'on tient à préciser que le critère essentiel de l'aptitude d'un candidat réside dans ses motivations présentes et passées, conscientes et inconscientes, qui l'orienteront vers l'analyse personnelle et la formation psychanalytique[29].

Dans son article consacré à la sélection, Goodman pose la question de méthodologie de sélection appropriée. Il rappelle que tout un courant — qui caractérise, précisons-le, typiquement le modèle français — considère que le « test crucial des aptitudes et de l'analysabilité repose sur l'analyse elle-même[30] », c'est-à-dire sur des critères internes. La sélection à la formation psychanalytique doit se faire selon des critères psychanalytiques, et à l'exclusion de critères extra-analytiques. Les institutions françaises défendent toutes cette position. C'est ainsi que l'on peut comprendre, par exemple, le point d'honneur que met la SPP (Société psychanalytique de Paris) à *ne pas* prendre en compte toute information extérieure sur le candidat. C'est exactement la position opposée que préconise l'Américain Goodman, qui souligne l'importance des entretiens individuels mais également de pratiques

29. A. Lussier, « Évaluation des candidats », *loc. cit.*, p. 104.

30. S. Goodman, « De la sélection », in S. Lebovici & A.J. Solnit (dir.), *La Formation du psychanalyste*, *op. cit.*, p. 179.

de sélection complémentaires telles que l'entretien de groupe, l'autobiographie, les lettres de recommandation, la présentation d'une psychothérapie clinique, les tests psychologiques, etc.

En France donc, on s'accorde plutôt pour affirmer que la sélection du candidat doit se faire selon des données « psychanalytiques ». Si le principe est énoncé, la question de sa réalisation n'est pas résolue pour autant et le plus grand flou règne sur les modes de repérage ou les critères d'évaluation de ces données. L'illustration la plus flagrante de la carence critériologique érigée en principe est ce dialogue — ou plutôt l'échec de dialogue — que nous avons eu avec la secrétaire générale de l'APF en 2000. En voici un extrait[31] :

> — Est-ce que vous diriez qu'au moment de la demande d'admission et de l'évaluation et de l'écoute de cette demande, entrent en compte des considérations qui auraient trait à la personnalité du candidat ? Dans un sens de « personnalité psychologique », psychanalytique...
> — *Bon, vous oscillez là... Je reviens à ma question, au fond, quel est votre objet vraiment ? Parce que d'un côté, il y a des éléments comme ça extrêmement factuels dans vos questions — je veux dire, c'est vraiment par rapport à votre sujet de thèse que je vous pose la question — puisque d'un côté, il y a des éléments extrêmement factuels, et de l'autre côté, vous demandez si la prise en compte d'éléments psychologiques joue. Mais vous vous rendez bien compte quand même que c'est un métier dans lequel l'outil, c'est l'appareil psychique. Alors, à quoi correspond votre question ? Vous voyez, il y a une espèce... comment vous dire cela ? Parce que c'est vraiment important... S'il y a une spécificité de la formation de l'analyste, s'il y en a une, c'est que précisément il se trouve dans la position de devoir utiliser son propre mode de fonctionnement pour exercer son métier.*
> — J'entends bien. Mais ma question portait sur « quels sont les critères »
> — Alors évidemment, ils sont difficilement définissables, c'est ce qu'on me répond souvent, mais dans ce cas, ou on peut en parler ou on ne peut pas en parler du tout. J'ai l'espoir qu'on puisse en parler même s'il y a des difficultés à exprimer ce que c'est — sur les critères qui font qu'on reçoit ce candidat, qu'on essaie d'évaluer sa demande. Et j'imagine que ça se conclut par un refus ou une acceptation, voire par d'autres types de modalité, je ne sais pas. Donc, je m'interroge tout simplement sur les

31. Entretien avec Mme K., secrétaire générale de l'APF, 7 juillet 2000. — Nous avons conservé, dans la transcription de cet entretien, les traces des hésitations et les modes de formulation originaux dans la mesure où ils nous semblent participer à la carence ou au refus critériologique dont il est question.

critères qui président à cette décision. J'essaye d'interroger cela. C'est-à-dire à la fois les critères, comme vous dites, tout à fait concrets (de type les exigences posées *a priori* : vous me répondez que, dans votre cas, il y en a une fondamentale et nécessaire et pas forcément d'autres), et là ma question portait sur la manière dont entrent en compte ou pas — alors j'ai sans doute été maladroite, bien entendu, les caractéristiques et un mode de perception psychanalytique entrent en jeu —mais ma question portait sur le fait de savoir si des candidats qui présenteraient des caractéristiques ou des traits psychiques que vous jugeriez peut-être marginaux, originaux, inappropriés, inadaptés, si ces considérations entrent en compte dans la décision d'admission, ou pas.

— *Vous parlez au regard de quelle échelle de valeur ?*

— C'est une question que je vous pose.

— *Vous, vous êtes en appui sur une échelle de valeur. Je ne sais pas si c'est psychiatrique, je ne sais pas ce que vous appelez "marginal".*

— C'est une question que je vous pose, moi, je ne m'appuie sur aucune échelle... Si vous voulez, je vous pose cette question parce qu'à travers mes lectures, il a été fait état de débats qui ont eu lieu à plusieurs reprises dans l'histoire des débats sur la formation en psychanalyse, sur la question de savoir s'il fallait plutôt mettre l'accent sur l'originalité du candidat, même si ça pouvait comporter des risques (dans le sens où sa personnalité marginale ou originale pouvait le pousser à avoir certains excès) ou de savoir si, au contraire, il ne fallait pas plutôt faire attention à ce type de profils, par exemple, et qu'au moment des sélections, on opérerait des sélections dans ce sens-là. Donc, c'est simplement sur ça que portait ma question.

— *Pour moi, cette opposition-là n'est pas vraiment pertinente.* (Silence.) *Elle n'est pas vraiment pertinente. Il y a des gens marginaux très rigides, il y a des gens très bien intégrés et très créatifs, je ne sais pas comment vous dire, ce n'est pas une opposition. C'est pour ça que je vous demande au regard de quelle échelle de valeurs vous me posez la question. Parce qu'au fond, vous faites comme si c'était un mode de fonctionnement psychanalytique qui était mis dans un coin, et puis de l'autre une structure psychique qui, au fond, conduirait à la possible mise en place de critères d'évaluation.*

— Nous avons des difficultés visiblement à entrer dans ce thème-là, mais ma question portait — puisqu'il m'est souvent répété, quand je pose la question des critères, qu'il y a à la fois le problème de la confidentialité et à la fois le problème du fait que les critères sont difficilement définissables — donc, j'essaye tout simplement d'aborder ces critères-là. Si au moment de — alors, je ne sais pas exactement comment ça se passe à l'APF, je n'ai pas encore accès aux données précises — des entretiens que le candidat a avec les responsables du Comité, quel type d'évaluation, quel type de compétence... ?

— *Est-ce que son analyse est suffisante ? Est-ce qu'il a la possibilité d'être lui-même analyste c'est-à-dire d'avoir à sa disposition ce type de fonctionnement et de le développer ? Je... Il n'y a pas de... Je ne sais pas ce que vous appelez un critère, là.*

— Mais moi, je n'appelle rien du tout, je vous interroge.

— *Vous savez, vous ne pouvez pas simplement renvoyer la balle à votre interlocuteur, parce que vous allez être dans l'obligation d'affiner vos propres questions.*

— Sans doute.

— *Par rapport à votre objet. Ce n'est pas la même chose que de demander quels sont les critères d'évaluation, par exemple, pour un conducteur. Vous voyez ? Il y a un Code de la route, il y a une pratique, qu'est-ce qui se passe entre la passation du Code de la route et la passation de la pratique. C'est pas du tout ça, je veux dire, c'est absolument pas ça.*

— Tout à fait. C'est une des raisons pour lesquelles j'entreprends ces entretiens, parce que précisément il n'y a pas un code, que le but de nos entretiens, c'est d'essayer d'obtenir des témoignages, des informations sur la manière dont peuvent se communiquer ces pratiques. S'agit-il de critères ? S'agit-il d'autre chose ? Puisque l'objectif de ces rencontres entre le candidat et les membres du Comité est d'évaluer sa demande, de lui donner une réponse, selon quels critères ces décisions sont-elles prises ? C'est ma question. Loin de moi l'idée d'imposer des critères qui viendraient de moi puisqu'au contraire, mon objectif est de me renseigner sur ces pratiques.

— (Silence.) *Ce qui est compliqué là c'est... c'est que vous posez des questions... enfin, ce qui rend compliquée la chose, c'est que vous posez des questions comme si c'étaient des questions qui venaient du dehors. Sans... sans aucune représentation... peut-être que je me trompe, mais la question que je me posais, c'est : est-ce que vous avez une représentation de ce que c'est qu'une analyse ?*

— Je pense, oui.

— *Vous en avez une ?*

— Oui, mais la seule chose que je peux répondre pour ma défense à ce propos...

— *Mais c'est une question !*

— Oui, je sais bien, mais je pose forcément les questions du dehors à partir du moment où je fais un travail de sociologie. Que je sois ou pas, par ailleurs, en analyse, que j'aie mes propres représentations de l'ana-

lyse, ça va jouer sans doute dans ma manière d'aborder les thèmes, mais devant vous, au même titre que je vous interroge en tant que secrétaire générale, je suis représentante évidemment de l'extra-analytique. Ce sont des questions de sociologue, si je peux prétendre à ce statut. C'est sûr, moi, j'ai mes propres représentations sur la pratique analytique, j'ai mes propres réponses, mais mon objectif est d'obtenir des réponses et des discussions avec vous. Forcément du dehors. Alors, peut-être que ça n'est pas possible, je ne sais pas. C'est une des questions qui guide mon travail : est-ce que c'est possible ?
— *Par exemple, par rapport à la notion de critères. Qui ne soit pas simplement une nosographie. D'un seul coup, la question c'est : est-ce qu'on va aller dans une évaluation avec en tête une espèce de nosographie psychiatrique, une espèce d'échelle psychopathologique ? Ça n'a pas de sens ! L'objet analytique n'est pas du tout à cet endroit-là. De ce point de vue-là, ce que vous disiez tout à l'heure des gens étranges et créateurs : oui. Mais bon, vous ouvrez Winnicott, et voilà ! Ce sont quand même des grands créateurs qui n'ont jamais considéré que le maintien du cadre était le garant de quoi que ce soit.*

Cet exemple, particulièrement frappant, illustre à la fois la « carence critériologique » qu'évoque Valabrega et la méfiance extrême vis-à-vis d'un interlocuteur externe, forcément suspect et porteur de valeurs et de définitions illégitimes.

Il importe de souligner le caractère exemplaire de ce discours, emblématique *non pas du discours psychanalytique dans son ensemble*, mais de l'une de ses *orientations les plus radicales* dont nous voudrions montrer qu'elle est particulièrement représentée auprès de la communauté psychanalytique française. Car, si l'on suit les propos de la secrétaire générale de l'APF, il semble impensable : 1) de faire reposer la sélection et l'évaluation sur des critères extra-analytiques, 2) de poser la question des critères internes en termes de nosographie et de personnalité psychique, 3) de définir avec précision les critères d'évaluation à l'œuvre. Or, pour ce qui est du premier argument, notons d'emblée qu'il révèle une position particulièrement radicale en comparaison avec les positions d'autres communautés psychanalytiques (membres de l'IPA, l'American Psychoanalytic Association, en particulier). Pour cette dernière, en effet, les critères de sélection reposent en grande partie sur l'évaluation de données objectives et extra-analytiques telles que le parcours académique et professionnel du candidat. Pour ce qui concerne le refus de considérer des critères d'ordre psychopathologique ou relatifs à la personnalité du candidat, là aussi, la surprise qu'exprime notre interlocutrice fait plutôt figure d'exception au regard des très nombreux débats qui se sont tenus sur la question et qui, dans certains pays, sont encore d'actualité[32]. Il est utile de souligner que l'impossibilité ou la difficulté à définir avec précision les critères d'évaluation en vue de la sélection de candidats à la formation psychanalytique (argument 3) n'est, d'une part, pas défendue par toutes les institutions psychanalytiques, et semble, d'autre part, découler logiquement des positions radicales qu'impliquent les deux arguments précédents.

Indications et contre-indications

L'étude de ces débats est tout à fait utile pour replacer les discours actuels dans leur contexte et mettre ainsi en relief leur caractère circonstanciel, malgré les propos de leurs auteurs. Nous apprenons tout d'abord que, dans l'histoire de la psychanalyse (même française) et de l'IPA, l'impossibilité de l'évaluation n'a pas toujours été mise en avant. Et il est des textes dont l'objet comme le ton entrent en parfaite contradiction avec les discours actuels très représentés par le « modèle français », visant à défendre le mystère, la subjectivité, la liberté dans le processus d'évaluation (en opposition avec l'établissement de critères objectifs et mesurables). Au contraire, ces textes-là posent de manière tout à fait claire les prescriptions ou proscriptions à l'exercice de la psychanalyse.

Prenons, par exemple, ces propos, en 1960, de trois grandes figures de la Société psychanalytique de Paris (Nacht, Lebovici et Diatkine) sur les « quelques contre-indications [à l'exercice de la psychanalyse] sur lesquelles tout le monde sera d'accord » :

> Il en est ainsi des maladies mentales ou des névroses graves, cela va de soi. Certaines infirmités physiques peuvent aussi être la cause d'éventuelles difficultés graves dans l'institution de la relation thérapeutique et des identifications qu'elle suppose. Des maladies physiques comme la tuberculose peuvent rendre dangereuse la psychanalyse personnelle. De même, les perversions sexuelles, la psychopathie et le déséquilibre mental sont d'évidentes contre-indications à la psychanalyse didactique[33].

Faut-il le rappeler, jusqu'à peu, certaines sociétés membres de l'IPA proscrivaient l'exercice de la psychanalyse aux homosexuels... Et si l'on s'en tient

32. Voir, par exemple, les analyses d'O.F. Kernberg, « A concerned critique of psychoanalytic education », in *International Journal of Psychoanalysis*, n° 81, 2000, p. 111.

33. S. Nacht, S. Lebovici & R. Diatkine, « L'enseignement de la psychanalyse », in *Revue française de psychanalyse*, n° 24, 1960, p. 230.

aux thématiques traitées dans les récents numéros du bulletin de l'IPA, cette question est visiblement encore d'actualité, assez du moins pour faire l'objet de débats, d'indignations et de prises de position officielles[34]. Les qualités « qualifiantes et disqualifiantes », pour reprendre les propos de l'Américain Stanley Goodman, ne semblent pas particulièrement ambiguës ou impliquer des critères d'évaluation spécialement complexes et spécifiques :

> Toutes les personnes qui ont discuté des problèmes de la sélection ont offert leur propre compilation des caractéristiques qualifiantes et disqualifiantes pour les futurs analystes, compilations tout à fait intéressantes dans l'ensemble. Malgré quelques variantes dans la formulation des inventaires, les points suivants sont explicités ou plutôt implicites : 1) *qualités positives* : intelligence, intégrité, imagination, tempérament introspectif, capacité énergique, curiosité puissante et désir soutenu de comprendre l'esprit, faculté évidente fortement prédictive à travailler analytiquement et à en tirer un plaisir, analysabilité ; 2) *facteurs négatifs* : psychose, psychopathie, perversion (bien qu'à cet égard, il y ait eu quelques réserves à la considérer comme disqualifiante)[35].

Ce qu'il faut retenir ici, c'est l'écart tout à fait significatif entre ceux qui, tout en reconnaissant la complexité de l'établissement des critères de sélection, définissent et appliquent de tels critères sans voir dans cette entreprise quoi que ce soit d'anti-psychanalytique ; et ceux qui revendiquent l'impossibilité de retenir des critères objectifs ou relevant d'autres catégories que les seules catégories analytiques (terminologie psychiatrique, critères académiques, etc.) et considèrent, par là même, impossible de rendre compte de leurs méthodes d'évaluation à tout interlocuteur profane. Les propos de la secrétaire générale de l'APF sont en quelque sorte idéal-typiques de cette seconde position.

Si les débats relatifs aux indications et contre-indications à l'exercice de la psychanalyse sont centrés sur le profil de l'analyste et sur la question de savoir s'il fallait plutôt craindre l'excès de normalité ou l'excès d'originalité, ils n'ont pas seulement pris pour objet la question de la personnalité du

---

34. Ainsi, récemment, a été discutée la question de savoir si « la position de non-discrimination de l'IPA inclut l'orientation sexuelle ». Le président de l'IPA, le Français Daniel Widlöcher, a même jugé utile de s'exprimer officiellement sur le sujet, pour mettre fin à une vive polémique sur le forum de l'Association psychanalytique américaine. Le bulletin de l'IPA de 2001 reprend les différents échanges de lettres à ce propos (*International Psychoanalysis,* t. X, n° 1 et 2, 2001).

35. S. Goodman, « De la sélection », *loc. cit.*, p. 180.

candidat, mais aussi celle de son profil socioprofessionnel. Faut-il, en d'autres termes, privilégier un recrutement professionnel au détriment d'un autre ? Cette polémique est étroitement liée au problème dit *de l'analyse profane*[36] : les psychanalystes doivent-ils être médecins et représenter un type de thérapeutique au sein du champ médical ou doit-on, au contraire, considérer le champ psychanalytique comme un champ autonome et recruter des analystes parmi les non-médecins ? Et même si l'on défend une psychanalyse non réservée aux seuls médecins, doit-on ou non encourager une formation médicale initiale ? Comme le montre Schneider, ce ne sont pas deux mais trois positions qui se confrontent dès 1927 :

> Ceux qui sont totalement opposés à l'analyse pratiquée par les non-médecins (les Américains) ; ceux qui y sont favorables (les Européens), eux-mêmes divisés entre ceux qui y sont favorables sans restriction (Freud, Ferenczi) et ceux qui y sont favorables sous condition (Jones, Eitingon)[37].

Du point de vue de la sélection, cette troisième voie, longtemps appliquée en France par la SPP, par exemple, revient à favoriser les psychiatres et les professionnels du champ de la santé mentale — au « risque d'écarter certains sujets créatifs » selon Lebovici[38]. Selon cette perspective, les médecins, en vertu de leur parcours antérieur, représentent une population plus « normalisée », plus contrôlée. On peut dire en effet qu'ils ont déjà fait l'objet d'une sélection stricte qui, même si elle ne repose pas sur les mêmes critères que la sélection psychanalytique, représente une garantie supplémentaire vis-à-vis de l'institution comme du public.

Au-delà donc du critère professionnel, certaines institutions, en général les institutions ipéistes, ont plutôt défendu une sélection stricte visant surtout à écarter les profils potentiellement dangereux ou indisciplinés. Dans ses « Commentaires », Isay regrette cette tendance conservatrice de l'institution psychanalytique[39]. Une position normative et raisonnable de cette nature

---

36. « La question de l'analyse profane » est un texte publié en 1927 par Freud, alors que le psychanalyste T. Reik fait l'objet d'une plainte pénale pour exercice illégal de la médecine. Dans cet ouvrage, Freud défend la *Laienanalyse* contre ceux qui voudraient réserver l'exercice de la psychanalyse aux seuls médecins.

37. M. Schneider, « La "question" en débat », in S. Freud, *La Question de l'analyse profane*, Paris, Gallimard, 1985, p. 159.

38. Serge Lebovici, « Sur la formation des psychanalystes », in S. Lebovici & A.J. Solnit (dir.), *La Formation du psychanalyste, op. cit.*, p. 137.

39. Cf. R.A. Isay, « Commentaires », in S. Lebovici & A.J. Solnit (dir.), *La Formation du psychanalyste, op. cit.*

finirait, en effet, par écarter systématiquement les candidats les plus « créatifs » (le terme revient fréquemment) ou contestataires. Il est à souligner que cette interrogation, surtout en France, n'est sans doute pas sans lien avec l'épisode lacanien et ses conséquences. Lacan — et, par la suite, le mouvement lacanien — a largement influencé le débat et sans doute contribué à renforcer les positions dans chaque camp. Car « l'épisode Lacan » a imposé une perspective nouvelle : il s'agit d'un psychanalyste dont on peut dire qu'il était particulièrement « original » et « créatif » et dont l'excès de « créativité », associé à des pratiques jugées déviantes, lui ont valu d'être sanctionné par l'IPA. Un certain nombre d'acteurs du champ pensaient alors qu'il valait mieux renoncer à la créativité et au talent de Lacan, mais se préserver de ses excès (on dénonçait ses libertés prises avec les règles du cadre analytique, ses tendances mégalomaniaques et la très grande influence, voire la manipulation, qu'il exerçait sur ses disciples de plus en plus nombreux). L'IPA préféra écarter Lacan, de peur que sa pratique et sa personnalité ne finissent par dénaturer la psychanalyse. Voici donc une bonne illustration du principe de précaution énoncé plus haut. Cependant, malgré ce qu'il appela son « excommunication », Lacan n'en fut pas moins extrêmement influent, et de moins en moins nombreux sont ceux, même au sein de l'IPA, qui lui contestent aujourd'hui toute légitimité, au moins théorique. Après tout, c'est un des grands noms de la psychanalyse du vingtième siècle, il est lu et enseigné dans le monde entier, son influence est incontestable. On comprend alors les préoccupations d'Isay ou encore celles, plus anciennes, de Solnit (rapportées par Lussier) : le mode de sélection, de protection ou de préservation ne conduit-il pas l'IPA à se priver de grands psychanalystes ? D'autant plus que la simple présence du mouvement lacanien offre à ceux qui seraient refoulés par les instances officielles la possibilité de s'affilier à d'autres institutions qui, aujourd'hui, sont, aux yeux de beaucoup, tout aussi légitimes :

> Nous croyons qu'il peut valoir la peine de prendre certains risques en acceptant en formation certains types de candidats doués d'un esprit créateur, même s'ils donnent des signes de condition psychologique frontière, ou s'ils présentent certaines excentricités rappelant même le caractère délinquant, ou encore s'ils présentent certaines déficiences du moi, pourvue qu'ils fassent preuve de créativité et d'un intérêt durable pour la psychanalyse[40].

40. Rapport officiel d'A.J. Solnit, cité in A. Lussier, « Évaluation des candidats », *loc. cit.*, p. 103.

On conçoit aisément que ce soient le plus souvent des lacaniens qui défendent la position inverse, dite *laxiste,* concernant la sélection. Selon ce point de vue, la liberté et la créativité sont préférables au contrôle institutionnel, par nature conservateur et normalisant. La psychanalyse a tout à perdre à maintenir une trop grande rigidité, et les risques que représentent d'éventuels praticiens incompétents sont préférables aux risques de sclérose et de dogmatisme de l'institution.

Impact de la sélection et responsabilité institutionnelle

Un problème rencontré à plusieurs reprises dans la littérature psychanalytique concerne les effets néfastes d'une sélection initiale sur laquelle on ferait reposer l'essentiel, si ce n'est l'ensemble, du processus sélectif. En d'autres termes, la sélection d'entrée, si l'on n'y prend garde, pourrait être hypertrophiée : on y concentrerait tout l'effort sélectif, ce qui reviendrait à rendre presque caduques les procédures d'évaluation opérées dans la suite du cursus et à aggraver les conséquences d'éventuelles erreurs de sélection.

Dans le cas des institutions ayant choisi d'exclure l'analyse personnelle de la formation institutionnelle, le paradoxe est double dans la mesure où l'essentiel de la sélection porte précisément sur l'évaluation de l'analyse du candidat, alors même que tout est fait pour qu'elle ne reste qu'une expérience privée, affranchie de tout enjeu institutionnel[41]...

Autre objet de polémiques : à quel moment sélectionne-t-on ? Car si tout le monde s'accorde à penser que l'analyse personnelle du candidat est une étape essentielle de son parcours formatif, certains estiment qu'il s'agit d'une étape qui doit rester privée et hors institution, d'autres, au contraire, considèrent que l'importance de l'analyse du candidat justifie qu'elle soit effectuée selon des normes institutionnellement définies. Cette dernière conception — celle, classique, du modèle d'Eitingon — fut vivement critiquée, notamment par les tenants du « modèle français », au titre qu'elle conduisait à pervertir en quelque sorte le processus analytique en en manipulant les enjeux. En témoignent ces propos d'André Green :

> Si l'analyse personnelle est manipulée, c'est-à-dire s'il y a présélection où l'on vous déclare analyste avant votre première séance, si le contrôle institutionnel se fait dès le départ et que vous avez le droit de vous asseoir dans un fauteuil au bout de six mois ou d'un an

41. Cf. J.L. Donnet, « Cursus et hiérarchie », *loc. cit.*, p. 119.

> d'analyse : désastre ! Vous êtes analyste, votre pratique analytique entretient vos résistances au cours de l'analyse personnelle supposée se poursuivre[42].

Une fois accepté, le candidat peut en effet avoir le sentiment d'être reconnu et presque habilité par l'institution. Un tel état d'esprit modifie considérablement les conditions dans lesquelles il va entreprendre son analyse personnelle : celle-ci, comme le fait remarquer Lussier, peut alors devenir « un accident nécessaire, un fardeau accessoire et, le plus souvent, le candidat est impatient de voir venir le moment de recevoir un diplôme qui permettra — enfin — de mettre un terme à l'analyse[43] ». Ce qui est, bien entendu, un obstacle à l'avènement d'un authentique processus analytique.

Au cœur des problèmes de formation se trouve donc la question centrale de la conception de l'analyse du candidat : s'agit-il d'une analyse personnelle ou d'une analyse de formation ? D'une analyse thérapeutique ou d'une analyse didactique ? Comme tous les problèmes de formation, cette question engage les définitions mêmes de la cure psychanalytique, puisque, selon le point de vue défendu, on considérera ou non qu'il n'y a qu'un seul type d'analyse, forcément personnelle, ou qu'au contraire analyse thérapeutique et analyse de formation sont deux types d'analyse différents.

Analyse personnelle et analyse didactique

Nous l'avons vu, l'analyse personnelle du candidat est posée très tôt comme principe fondamental pour prétendre exercer la psychanalyse. Tout le monde s'accorde à penser, à l'instar de Lavie, que « toute formation qui ne se fonderait pas sur l'analyse personnelle du candidat n'aurait psychanalytiquement aucun sens[44] ». Elle est nécessaire et essentielle dans la mesure où rien ne remplace l'expérience personnelle du divan, seule susceptible de faire prendre la mesure des mécanismes inconscients. Traditionnellement, cette analyse, dès lors qu'elle a une visée formatrice, devient didactique, se distinguant de l'analyse personnelle par ses objectifs (carrière professionnelle) mais aussi en raison du fait que cette analyse a vocation à être l'objet d'une évaluation. C'est ce qu'indiquait Freud lui-même lorsqu'il écrivait, à propos de l'analyse de formation :

---

42. A. Green, entretien, in P. Froté, *Cent ans après, op. cit.*, p. 165.

43. A. Lussier, « Évaluation des candidats », *loc. cit.*, p. 98.

44. J.C. Lavie, entretien, in P. Froté, *Cent ans après, op. cit.*, p. 82.

> Son objectif essentiel est de permettre à l'enseignant de formuler un jugement sur la possibilité pour le candidat d'être accepté en formation. Elle a réussi lorsqu'elle donne à l'étudiant la ferme conviction que l'inconscient existe, lorsqu'elle lui permet, à l'occasion de l'émergence d'un matériel refoulé, de percevoir en lui-même ce qu'un autre considérerait comme incroyable, et lorsqu'elle lui montre à lui-même, le premier exemple d'une technique qui ne trouve son efficience que dans le travail analytique[45].

Mais l'usage du terme *didactique* ainsi que la théorisation de ce type de cure a fait l'objet d'innombrables débats et fut à l'origine de nombreux conflits. En fait, il semblerait que l'objet du débat ne porte pas tant sur la question de savoir si l'analyse de formation doit différer de l'analyse thérapeutique, car de fait elle diffère, comme le rappellent Natch, Lebovici et Diatkine :

> Avant même que l'analyse ne commence, le candidat à l'analyse didactique se trouve dans une situation opposée à celle du patient ordinaire : 1) Il a des connaissances théoriques plus ou moins étendues sur la psychanalyse. 2) Son analyse a été spontanément décidée, il l'a personnellement voulue. 3) Il a choisi librement son analyste selon ses propres tendances, soit d'après ce qu'il sait ou croit savoir de sa personnalité, soit d'après ce qu'il connaît de lui directement ou à travers ses publications. 4) La fin, supposée heureuse de l'analyse, implique pour lui, dans l'avenir, des relations professionnelles et sociales avec son analyste[46].

Il s'agit plutôt de savoir si le fait que ce soit une analyse de formation doit être décidé avant, pendant ou après l'analyse. Si l'on décide en amont — si donc on sélectionne des candidats que l'on autorise à entreprendre une analyse didactique —, l'enjeu de l'analyse est d'emblée modifié et l'on peut considérer alors qu'il existe deux types d'analyse. Si l'on décide en aval — à l'issue du travail analytique ou une fois celui-ci suffisamment entamé —, l'analyse ne devient une expérience de formation qu'après-coup, et rien ne distingue *a priori* une analyse personnelle d'une analyse didactique. Nous l'avons déjà indiqué à plusieurs reprises, cette deuxième conception consiste à préserver autant que possible la pureté de l'analyse du candidat.

Nicole Beauchamp nous rappelle que ces deux « courants antagonistes qui accompagnent deux modèles de formation » ne datent pas d'aujourd'hui puisqu'ils remontent aux années vingt, à l'occasion du débat sur l'analyse

45. S. Freud, « L'analyse avec fin et l'analyse sans fin », *loc. cit.*, p. 113.

46. S. Nacht *et al.*, « L'enseignement de la psychanalyse », *loc. cit.*, p. 231.

profane. À cette époque, « aux standards de Berlin, s'oppose la conception de l'école hongroise : à l'instar de Ferenczi, aucune distinction n'est faite entre analyse "thérapeutique" et analyse du futur analyste. Du coup, l'analyse ne peut être dite *didactique* qu'après-coup, d'avoir produit un analyste[47] ». Son analyse a l'intérêt de pointer le fait que, contrairement aux terminologies utilisées actuellement, il ne s'agit pas d'un affrontement récent entre le modèle traditionnel d'Eitingon et le modèle français. Elle montre, au contraire, ce que le modèle « français » doit à l'école hongroise et combien, par la même occasion, il méconnaît, ou feint de méconnaître, cette filiation. Un grand nombre de psychanalystes actuels datent en effet la mise en question de l'analyse didactique aux critiques de Lacan et à leurs retombées. Il est vrai cependant que cette conception a reçu un écho particulièrement important en France, à tel point que la défense d'une analyse du candidat séparée du cursus y est désormais la position dominante. Même les institutions appartenant à l'IPA (la SPP et l'APF) appliquent ce principe, alors que l'analyse didactique reste majoritaire au sein de l'internationale. En témoignent ces propos de Lussier, membre de la SPP, et ceux de Laplanche, membre de l'APF :

> L'analyse personnelle est une affaire privée : pas de rapporteur. L'institution ne doit avoir aucun droit de regard sur ce processus, quitte à admettre un psychopathe une fois tous les vingt ans (Lussier)[48].

> Sans nier qu'une « formation appropriée » reste indispensable pour le futur analyste, nous maintenons délibérément en-dehors d'elle, en-dehors de toute fin professionnelle et idéologique comme de tout contrôle institutionnel, ce qui ne peut être qu'un processus extraterritorial : l'analyse personnelle (Laplanche)[49].

Venons-en à présent aux arguments justifiant que l'analyse du candidat soit « préservée ». On retrouve naturellement un bon nombre d'arguments relatifs aux paradoxes évoqués précédemment.

— La didactique étant finalisée, elle entre en contradiction avec l'analyse. C'est ce que rappelle Castoriadis lorsqu'il écrit :

---

47. Nicole Beauchamp, « Sésame, ouvre-toi ? Je veux sortir (une mise en perspective historique », in *Che vuoi ?*, n° 15, 2001, p. 21.

48. A. Lussier, « Notre idéologie de la formation », in *Revue française de psychanalyse*, n° LVI, 1992, p. 487.

49. J. Laplanche, « La didactique : une psychanalyse sur commande », in *TRANS-Revue de psychanalyse*, n° 3, 1993, p. 83.

> Tout se passe, quelles que soient les précautions verbales prises, comme si le sujet recevait par avance une réponse affirmative quant à la fin et telle fin spécifiée de son analyse, comme s'il se trouvait investi par son analyse de la quasi-certitude qu'il sera analyste ; comme s'il rencontrait, avant que l'analyse ne commence, un garant réel à la fois d'une réponse à sa demande d'être analyste et de sa future fonction réelle[50].

— Centrer la formation du candidat sur son analyse revient à exercer un contrôle sur cette dernière, ce qui est contradictoire avec son fondement.

— Le poids et les normes de l'institution déresponsabilisent le candidat :

> À partir de la réglementation de la didactique par les « autorités » de Berlin, ce qui est attendu de l'analyste en formation n'est plus qu'il apporte sa contribution à la chose freudienne, mais qu'il ait lui-même appris quelque chose au cours de sa formation. Une formation sans choix possible ni du didacticien, ni de la durée de la didactique, ni du moment du passage à la pratique. « On » veut pour lui [...] avant même qu'il le veuille. La responsabilité est tout autant esquivée que l'est le désir, qu'il suffit au candidat de placer au niveau de l'institution et de ses représentants pour en attendre le salut par un apprentissage[51].

— L'analyse didactique altère le processus analytique dans la mesure où un certain nombre de ses règles ne peuvent pas être respectées, comme le résume Benassy :

> Or si nous considérons maintenant l'analyse dite didactique, nous voyons que seules sont respectées les règles de situation et d'incitation à verbaliser. Quant à la motivation, elle est claire, c'est l'identification à l'analyste. [...] La règle d'abstinence ne peut être respectée, puisque cette satisfaction d'identification ne peut être refusée mais seulement éloignée. La règle de tout dire est, pour le patient, incompatible avec une situation où, en quelque sorte, son avenir professionnel dépend de son analyste. On peut même se demander si son corollaire, l'analyste peut tout entendre, est respecté puisque l'analyste est, en fait, responsable du sort des futurs malades du patient. Les contacts extra-analytiques sont acceptés puisque non seulement le patient peut lire

---

50. Cornelius Castoriadis, « La psychanalyse, projet et élucidation », in *Topique*, n° 18, 1977, p. 45.

51. M. Safouan *et al.*, *Malaise dans la psychanalyse*, *op. cit.*, p. 82.

> les travaux de son analyste, ce qui n'est pas grave, mais il peut, il doit quelquefois assister à des conférences, des séminaires de son analyste et d'autres analystes, ce qui provoque des transferts latéraux et dissimule transferts positifs et négatifs[52].

Elle trahit aussi le principe essentiel de confidentialité :

> Si l'analyste a un droit de regard sur ce que vous faites en rapportant au comité de formation : « Oui, non ou peut-être » : désastre ! Il n'y a plus de confidentialité[53].

— Elle encourage l'identification à l'analyste et repose même sur l'idée qu'elle puisse être un critère valable de fin d'analyse. Cet effet néfaste de l'analyse didactique est condamné par Lacan en 1956, condamnation souvent reprise depuis.

— En partie pour cette raison, l'analyse didactique comporte des risques d'endoctrinement du candidat et favorise les mécanismes de reproduction et de dogmatismes théoriques et pratiques. Ces problèmes ont été fréquemment évoqués et débattus :

> Je rencontre également un intérêt croissant par rapport à la question de l'endoctrinement du patient par les théories de l'analyste, et pour la prise de conscience du fait que les patients, et ceci fait partie des développements de transfert, ont tendance à parler la langue de l'analyste, et que ceci favorise des reconstructions intellectualisées du passé, tout en alimentant les résistances de caractère[54].

Ou encore, à propos de l'influence du didacticien :

> Cette classe privilégiée d'analystes, les didacticiens, a causé beaucoup de tort à la psychanalyse. [...] Le fait d'être en analyse avec un membre appartenant à l'élite ne peut qu'alimenter la croyance inconsciente, de la part de son patient, en un pouvoir magique exceptionnel, le pouvoir phallique, dont son analyste « exceptionnel » aurait été investi, comme s'il avait reçu l'onction[55].

---

52. M. Benassy, « Psychanalyses didactiques et expériences religieuses »in *Revue française de psychanalyse,* n° 29, 1965, p. 38.

53. A. Green, entretien, in P. Froté, *Cent ans après, op. cit.,* p. 165.

54. O.F. Kernberg, « La situation actuelle de la psychanalyse », in *Revue française de psychanalyse,* n° LVI, 1992, p. 497.

55. A. Lussier, « Notre idéologie de la formation », *loc. cit.,* p. 488.

Rôle et pouvoir de l'analyste du candidat

Les réflexions sur l'analyse didactique ont amené à interroger le rôle et le pouvoir de l'analyste du candidat. Celui-ci doit-il avoir un pouvoir d'évaluation ? Là encore, les opinions sont partagées car il est sans doute un de ceux qui connaissent le mieux le candidat, mais la position de juge est incompatible avec son rôle d'analyste. Les années soixante et soixante-dix ont vu fleurir les écrits préconisant, comme le fit Valabrega, la séparation des pouvoirs, séparation du « «pouvoir analyser» et du « pouvoir habiliter» », selon ses termes[56]. Toutes les sociétés psychanalytiques en France ont fini, pour atténuer les effets de la dépendance dans laquelle se trouve le candidat par rapport à son analyste, par retirer tout pouvoir de validation à l'analyste dans le cursus du candidat, celui-ci ne faisant jamais partie des diverses instances chargées d'évaluer ou de se prononcer sur l'état d'avancement du candidat. Kernberg, à l'occasion d'un état des lieux, notait qu'au sein de l'IPA la suppression du rôle de rapporteur de l'analyste du candidat est désormais acquise presque partout[57]. Mais ces modifications sont le fruit d'évolutions au cours des dix dernières années, alors que les sociétés françaises ont accompli ce virage plus tôt.

Le titre de didacticien

Si la question du rôle de l'analyste est aujourd'hui tranchée, une polémique tout à fait actuelle concerne, en revanche, le titre de didacticien. En effet, même dans les sociétés qui ont finalement éliminé la didactique, les didacticiens sont, dans une certaine mesure, encore présents. En réalité, tout dépend de ce que l'on entend précisément par *didacticiens.* Si *didacticiens* désigne uniquement l'analyste qui mène des analyses didactiques, le didacticien — en tant que catégorie spécialisée d'analystes de candidats — disparaît effectivement avec la suppression de l'analyse didactique. En revanche, la catégorie de « didacticiens » au sens large continue d'exister si l'on entend par là une catégorie d'analystes qui, de par leur grade et leur expérience, accèdent à un statut privilégié et ont le monopole des tâches de formation (ce qui correspond à la terminologie internationale de *training analyst* qui, en général, assume les trois tâches d'analyste de formation, de superviseur et de directeur de séminaire). Aussi, dans la plupart des sociétés analytiques reconnues par l'IPA (à l'exception notable, nous le verrons, de l'APF), l'analyse d'un candidat fera l'objet d'une évaluation à la condition qu'elle soit menée par un *training analyst* (jusqu'il y a quelques années, un « membre titulaire » de la Société psychanalytique de Paris). Cette

---

56. Cf. J.P. Valabrega, « Les voies de la formation psychanalytique », *loc. cit.*, p. 63.

57. Cf. O.F. Kernberg, « A concerned critique of psychoanalytic education », *loc. cit.*, p. 101.

règle est justifiée par le fait qu'il est préférable que les candidats soient confiés aux meilleurs analystes. Ce principe est cependant controversé.

Pour certains, comme pour Jean-Paul Valabrega, co-fondateur du Quatrième Groupe, cette mesure encourage un « suivisme institutionnel » regrettable :

> Ces sociétés [affiliées à l'IPA], en effet, ne « reconnaissent une analyse didactique » que sous la condition d'avoir été faite chez un « didacticien » membre de la société concernée. De sorte que le candidat se trouve contraint d'avance à « choisir » une appartenance au moment où il commence son analyse. S'il choisit un analyste *extra muros,* ce choix premier, dont on devrait savoir pourtant tout ce qu'il comporte de données suspensives et aléatoires, va grever d'une hypothétique indébilité toute la carrière du candidat en lui interdisant par avance d'appartenir ultérieurement à telle société qu'il pourrait, cette fois-ci en connaissance de cause, souhaiter de choisir[58].

Dans *International Psychoanalysis* (le bulletin de l'IPA), en 2000, Michels résume les débats actuels au sein de l'organisation internationale. Il distingue deux positions : ceux qui considèrent que l'analyse personnelle du candidat doit être préservée de toute interférence institutionnelle et que, par conséquent, l'institution ne peut édicter de règles concernant l'analyste du candidat ; ceux, à l'inverse, qui estiment que l'institution doit évaluer, sélectionner et former ses membres les plus expérimentés et respectés à conduire des analyses didactiques, et qu'une telle responsabilité ne doit revenir qu'à une « élite » professionnelle[59]. Entre ces deux pôles, existe bien entendu une grande variété de positions.

L'évaluation de l'analyse du candidat

Dernier objet de discorde, l'évaluation de l'analyse du candidat est, là encore, une des étapes délicates du cursus de formation. Sur les deux questions essentielles que sont « qui doit évaluer ? » et « selon quels critères ? », les avis sont discordants.

La question des critères et des méthodes d'évaluation est sans doute l'une des plus problématique. Nacht, Lebovici et Diatkine relèvent que « les résultats de l'analyse didactique sont particulièrement difficiles à apprécier ». Ils indiquent néanmoins :

---

58. J.P. Valabrega, « Les voies de la formation psychanalytique », *loc. cit.*, p. 53.

59. Cf. R. Michels, « Training analysts and the psychoanalytic community », in *International Psychoanalysis*, n° 9, 2000.

> Lorsqu'il existe des difficultés ou des troubles névrotiques mineurs, leur disparition constitue un point de départ nécessaire. Mais lorsqu'on se trouve en présence de structures caractérielles bien compensées, on doit être particulièrement exigeant : il importe que le candidat ait pu revivre un certain nombre d'expériences infantiles qui jouent un rôle dans son comportement transférentiel, en dépit des difficultés que crée, comme on l'a vu, la situation propre à la psychanalyse didactique. Son Moi doit se trouver assoupli et capable d'une certaine habileté émotionnelle. Malheureusement, l'appréciation exacte des qualités du Moi est souvent rendue difficile par la richesse de l'expérience purement intellectuelle, qui risque de masquer l'insuffisance de l'expérience affective de la relation analytique[60].

Rappelons également les propos, cités plus haut, de la secrétaire générale de l'APF, et sa réticence à définir avec précision ce que l'on attend de l'analyse personnelle d'un futur analyste. Ce type d'appréciation va dans le sens d'une difficulté à mettre au point des critères objectivables d'évaluation de l'analyse et se caractérise par une attitude très précautionneuse et une méfiance vis-à-vis de règles établies et non questionnées. Mais ce n'est pas une voix unanime, comme l'illustre cette version des faits :

> Toutes les sociétés membres de la FEP[61] pensent qu'il est possible d'utiliser des critères analytiques pour s'assurer que le candidat est assez engagé dans l'analyse pour commencer son cursus. Des entretiens psychanalytiques multiples avec celui-ci, l'écoute seconde de ces entretiens par un petit groupe d'analystes, dans un secret rigoureusement respecté, permettent d'évaluer, avec un minimum de risques d'erreurs, si l'analyse personnelle du candidat est suffisamment avancée pour qu'il puisse se risquer à entreprendre lui-même des cures sous supervision. Toutes pensent aussi qu'une telle évaluation n'est pas préjudiciable à l'analyse du candidat, alors que celle-ci se poursuit. [...] Une telle conception de la cure se prête sans inconvénient à une procédure d'évaluation qui s'efforce d'apprécier l'*insight* acquis par le candidat, ses possibilités d'écouter ses propres associations, l'atténuation de son masochisme moral, son indépendance à l'égard de ses identifications et bien d'autres caractéristiques objectivables encore[62].

60. S. Nacht *et al.*, « L'enseignement de la psychanalyse », *loc. cit.*, p. 234.

61. Fédération européenne de Psychanalyse, appartenant à l'IPA.

62. S. Decobert & G. Diatkine, « La formation », in G. Diatkine *et al.*, *La Psychanalyse et l'Europe de 1993*, *op. cit.*, p. 73.

Signalons néanmoins que, dans le paysage français, des propos si assurés restent rares.

Élément central de la formation du psychanalyste, l'analyse du candidat est, de l'avis de tous, indispensable. Or il n'y a d'accord à peu près sur rien : quand cette analyse doit-elle être menée ? Par qui ? À qui s'adresse-t-elle ? Doit-elle être conçue de manière spécifique ? Comment et par qui doit-elle être évaluée ? Sur chacun de ces points, la communauté psychanalytique a développé des modèles opposés et continue de s'interroger et de débattre[63]. C'est l'un des aspects les plus significatifs de la « carence critériologique » en matière de formation.

Contrôles et supervisions

La pratique du contrôle consiste en un « accompagnement » de l'analyste novice dans les premiers pas de sa pratique. Lorsque le candidat effectue ses premières cures, il rend compte de son travail auprès d'un « contrôleur » ou d'un « superviseur », à raison en général d'une rencontre par semaine. Le contrôle est le deuxième pilier du modèle classique de formation et est unanimement perçu comme nécessaire. Pour autant, tout comme l'analyse personnelle, l'analyse contrôlée est objet de polémiques, les débats portant sur la fonction du contrôle et sur les modalités de son application. Là encore, les différentes conceptions voient s'opposer un modèle qui met au centre l'institution, ses responsabilités, son dialogue avec l'extérieur, et un modèle pour lequel la priorité est l'autonomie et la liberté du candidat en formation. Les procédures visant à accentuer le contrôle de l'institution sur le candidat ont, le plus souvent, été critiquées (d'où la critique du terme *contrôle* lui-même). Ces débats sont anciens, puisque c'est l'école hongroise — et en particulier les écrits de Vilma Kovacs — qui s'est, la première, opposée au modèle d'Eitingon et à sa conception du contrôle. L'une des ambiguïtés de la pratique des cures supervisées est qu'elle vise à remplir deux objectifs qui sont perçus comme incompatibles par le versant « idéaliste » de la doctrine psychanalytique : enseigner (une technique — avec toutes les précautions qu'appelle ce terme) et contrôler (un apprenti). Selon les priorités accordées à ces deux fonctions, on peut distinguer deux conceptions du contrôle[64].

---

63. Il semble qu'aujourd'hui, mais cela est récent, la tendance soit de s'aligner sur le modèle français et de privilégier de plus en plus une analyse personnelle préservée des ingérences institutionnelles. C'est un mouvement qui s'amorce en tout cas au sein de certaines sociétés.

64. Cf. N. Beauchamp, « Sésame, ouvre-toi ? », *loc. cit.*

Le contrôle-enseignement : transmettre

La pratique des supervisions, individuelles ou collectives, doit en effet permettre au candidat de s'essayer au métier de psychanalyste, tout en rendant compte, auprès d'un pair plus expérimenté, de ses avancées et de ses difficultés. Ce dernier, en maître face à son apprenti, s'efforce de transmettre son expérience, sa technique, son savoir du métier. Pour reprendre les termes de Nacht, Lebovici et Diatkine :

> [Le contrôle] est un enseignement, dans la mesure où le jeune analyste peut confronter son expérience naissante avec les réactions d'un autre. Il en tirera une manière de faire qui lui restera personnelle, mais qui devra beaucoup aux images qu'il se fait de ses divers contrôleurs. Ainsi pourra-t-il dépasser ce qui lui reste de dépendance à l'égard de son propre psychanalyste[65].

L'accent est mis ici sur l'apprentissage d'une technique et l'initiation d'un novice. Cette conception du contrôle a donné lieu principalement à deux types de critiques :

1) Le contrôleur, de par son rôle de maître, risque d'imposer à son élève des manières de faire et de penser, et d'entraver ainsi le libre développement du candidat, l'émergence de son style propre. C'est une des raisons pour lesquelles, comme le rappelle Favreau, les institutions imposent ou conseillent *plusieurs* contrôles[66].

2) Une deuxième critique provient d'une conception abordée précédemment, selon laquelle « l'analyse n'est pas une technique en soi ; sa direction dépend essentiellement du contre-transfert de l'analyste. Le contrôleur est donc celui qui permet à l'analyste, devant tel cas clinique, d'analyser son désir d'être analyste[67]. » Cette perspective, dont on peut retracer la filiation par l'école hongroise — de Kovacs à Balint —, est reprise en particulier dans l'orientation lacanienne[68]. Elle met l'accent sur les réactions, les difficultés, les émotions de l'analyste. Le contrôle a davantage pour objet de « continuer, sous une autre forme, l'analyse » que d'enseigner des manières de faire. Les critiques adressées aux standards de l'IPA dans les années soixante poursuivent cette filiation, ouvrant la voie à une nouvelle conception du contrôle et de l'habilitation, centrée par exemple sur ce que Lacan a appelé le « désir

65. S. Nacht *et al.*, « L'enseignement de la psychanalyse », *loc. cit.*, p. 236.

66. Cf. J. Favreau, « La formation des psychanalystes », *loc. cit.*

67. M. Safouan *et al.*, *Malaise dans la psychanalyse*, *op. cit.*, p. 57.

68. *Ibid.*, p. 57.

de l'analyste ». C'est cette brèche qui conduira Lacan à énoncer que « l'analyste ne s'autorise que de lui-même[69] ».

Le contrôle-contrôle : accompagner et surveiller

Centrer les cures supervisées sur le contrôle de l'analyste, ou de l'analyse qu'il poursuit, revient, selon Favreau, à « surveiller le débutant dans ses premières relations avec ses patients et à juger s'il est nuisible, neutre ou bénéfique, pour finir par lui donner plus ou moins rapidement un satisfecit ou le renvoyer à son analyste[70] ». Comme le rappellent de nombreux auteurs, ce point de vue est celui des institutions qui tiennent à assumer une responsabilité vis-à-vis de la société. Le contrôle est alors l'étape de « mise à l'épreuve » du candidat et sert d'examen de passage auprès de l'institution analytique et, corrélativement, du monde extérieur. Elle correspond à la position dominante officielle de l'IPA. Elle a été critiquée précisément en raison de l'excès de « contrôle » de la part de l'institution, de son caractère aliénant pour le candidat. Valabrega rapporte « une sorte de proverbe » qui, dit-il, a cours dans le milieu : « Analyse contrôlée, analyse ratée. » Les objections, donc, ne manquent pas. Conrad Stein, par exemple, tient à préciser :

> Les tenants du contrôle institutionnalisé en tant que formation (ou en tant que méthode de transmission de la psychanalyse) croient assumer une responsabilité vis-à-vis de la société en offrant une garantie aux personnes qui, sans le savoir, s'engagent dans une cure avec un psychanalyste débutant, alors qu'en réalité ils les exposent parfois à s'engager avec un candidat qui n'est même pas sûr d'avoir envie de prendre des patients (qui les prend pour apprendre) et, très souvent, à s'engager avec quelqu'un dont la liberté d'écoute sera obérée par le souci d'avoir à rendre compte[71].

Concernant à présent les modalités d'application, nous ne serons pas étonnés de retrouver, comme pour la didactique, des arguments de déconstruction et d'invalidation de chaque norme régulatrice des analyses supervisées.

À propos de l'*admission au contrôle*, on a critiqué l'intervention de l'institution dans la décision d'admission aux supervisions. En effet, nous avons vu que la validation de l'analyse personnelle, ou l'autorisation de commencer à

69. J. Lacan, « Proposition du 9 octobre 1967 », *loc. cit.*, p. 76.

70. J. Favreau, « La formation des psychanalystes », *loc. cit.*, p. 60.

71. Conrad Stein, « Notes relatives au statut scientifique et au statut social de la psychanalyse », in *Études freudiennes*, n° 5-6, 1972, p. 99.

pratiquer, ne pouvait dépendre de l'analyste du candidat. Encore un paradoxe insoluble : l'analyste est le mieux placé pour porter ce type de jugement, mais ce n'est précisément pas à lui que peut être confié ce pouvoir ! C'est donc l'institution (la plupart du temps représentée par des commissions ou des comités *ad hoc*) qui se charge de ce passage, ce qui est perçu par certains comme anti-psychanalytique, puisque devraient régner la liberté et la responsabilité du candidat. Dans la version radicale lacanienne, la critique de l'ingérence de l'institution repose sur le fait que l'analyste ne devrait s'autoriser que de lui-même. Comme le rappellent d'anciens disciples de Lacan :

> Ce principe de s'autoriser de soi-même peut être interprété ainsi : demander un contrôle est le signe évident que ce principe n'est pas réalisé et donc que l'analyse didactique n'est pas vraiment terminée. Celui qui a terminé son analyse didactique s'autorise de lui-même à occuper une place d'analyste et n'a donc pas l'innocence de demander un contrôle[72].

Les *rôle et statut du superviseur* ont fait, et font toujours, l'objet de débats sans fin. Jusqu'aujourd'hui, et dans la lignée des écrits de Kovacs, certains considèrent que le contrôle n'est finalement qu'une demande d'analyse déguisée et que, par conséquent, personne n'est mieux qualifié que l'analyste lui-même pour remplir la tâche du contrôleur. Les tenants de la position adverse rétorquent qu'une des fonctions du contrôle est précisément d'aider le jeune analyste à se dégager de ses identifications à son analyste. Si l'analyste et le contrôleur ne sont qu'une seule et même personne, si donc l'analyste représente le seul modèle dont dispose l'apprenti analyste, cette logique identificatoire risque d'être particulièrement aliénante[73]. La question revient à se demander si le contrôleur doit se comporter en « deuxième analyste ayant loisir d'interpréter » ou si son rôle consiste en une « véritable prise en charge de l'analyse menée par le contrôlé[74] », c'est-à-dire s'il est, d'une certaine manière, responsable de l'analyse qu'il supervise. Par ailleurs, comme pour le didacticien, les avis diffèrent sur la question de son statut et de son mode de recrutement : corps spécialisé et rigoureusement sélectionné, au risque d'alimenter les enjeux de pouvoir dus à ces nivellements hiérarchiques, ou liberté laissée au candidat de choisir son contrôleur ?

---

72. M. Safouan *et al.*, *Malaise dans la psychanalyse*, *op. cit.*, p. 58.

73. On retrouve des réflexions très intéressantes autour de ces questions dans le n° 31 des *Études freudiennes* (mai 1989) consacré au contrôle et où sont exposés et discutés les points de vue de psychanalystes issus de diverses institutions.

74. J.L. Donnet, « Cursus et hiérarchie », *loc. cit.*, p. 227.

Outre les questions techniques relatives à l'organisation des supervisions (durée minimale, fréquence, cadre des séances), les avis divergent également sur le *type de patients à prendre en contrôle*. Là encore, l'enjeu concerne le pouvoir de réglementation et de contrôle de la corporation : l'institution doit-elle imposer des « profils » de patients ou laisser ce choix au candidat, « au gré de son désir et de l'offre du marché », pour reprendre les termes d'Enriquez[75] ?

Enfin, et en addition à tous ces points polémiques, *la validation des contrôles* pose de nombreux problèmes. La question des critères légitimes est bien sûr posée, mais surtout est soulevé le paradoxe suivant : comment refuser à un candidat la validation de son contrôle (lui reconnaître son habilitation à pratiquer, en quelque sorte), alors que, de fait, ce candidat *pratique* et mène une cure ? Que ferait l'institution en confiant un patient à un analyste et en déclarant ce même analyste inapte au bout de quelques années ? On conçoit que le choix de non-validation soit une décision particulièrement difficile à assumer. Ce point, en particulier, est peu évoqué dans la littérature, ou de façon officielle, mais il occupe les esprits. En réalité, nombreux sont les analystes qui reconnaissent que la profession souffre d'un manque de patients, ou de départs prématurés de ces derniers. On sait en effet que les psychothérapies de tout poil offrent bien souvent une alternative plus alléchante, en raison de leur rapidité et de leur coût moins élevé. Cette configuration du marché rend difficile le respect des normes classiques de validation d'un contrôle : trouver un patient n'est pas aisé en soi, il devient problématique d'imposer un éventail de pathologies des deux sexes (selon l'idéal des standards de l'IPA), de la même manière qu'il devient difficile d'imposer aux patients une analyse classique, sur le divan, à raison de plusieurs séances par semaine et pendant de nombreuses années. Dans certains cas, l'exigence minimale d'un contrôle de deux ou trois ans est même difficile à remplir : les patients s'en vont avant.

Dernier élément qui reste, quant à lui, tabou dans les discours officiels : le coût d'une formation psychanalytique, et plus particulièrement des contrôles. Les contrôleurs étant le plus souvent des psychanalystes expérimentés et reconnus (soit par définition, lorsqu'existe le statut de didacticien, soit de fait par la logique des choix opérés), les tarifs des séances de contrôle sont particulièrement élevés. Une jeune analyste que nous avons interviewée s'insurge contre ces pratiques :

> Je pense que la formation est un problème fondamental et je ne regrette absolument pas de dire que je conseille aux jeunes de boycotter les

75. M. Enriquez, « On forme un analyste », *loc. cit.*, p. 279.

analystes qui vous demandent, pendant dix ans, de vous soumettre à un truc pervers. Parce que lorsque, pendant dix ans, vous avez payé vos séances 400 francs en liquide, comment voulez-vous qu'un jour, une fois que vous arrivez et que vous avez été reconnu par vos pairs... Vous allez reproduire le système[76] !

Séminaires et enseignements théoriques

La question de l'enseignement théorique de la psychanalyse est sans doute l'une des questions les moins polémiques, et cela non parce qu'elle serait plus consensuelle, mais en raison du fait qu'elle est perçue comme relativement secondaire par rapport aux précédentes. Car si, comme l'écrit Zaltzman, « le penser analytique s'acquiert et ne s'acquiert que *in vivo*[77] », l'apprentissage de la théorie importe moins que l'expérience de la pratique analytique. Au fond, et c'est l'avis majoritairement rencontré, être passé par l'analyse et pratiquer l'analyse est plus important dans la formation d'un analyste que le bagage théorique accumulé. C'est en tout cas l'évolution que l'on peut noter, à la suite des observations de Donnet[78]. Cela ne signifie pas que l'enseignement théorique soit négligé, mais que son contenu, son mode de transmission et de validation ne font pas l'objet de conflits majeurs. Et bien souvent, la part qui revient à l'évaluation des acquis théoriques est minime dans le mode de validation du cursus. Aussi la forme de l'enseignement théorique est-elle, somme toute, assez traditionnelle — dans certaines écoles françaises, on demande au candidat de soutenir un mémoire —, ce qui n'est pas stigmatisé comme contradictoire avec « l'esprit de l'analyse », alors que les références académiques sont habituellement refusées. Pour le reste, les discussions portent essentiellement sur deux points :

1) Le contenu des programmes d'enseignement et plus particulièrement le choix des auteurs étudiés : on a reproché aux sociétés ipéistes leur dogmatisme et leur manque d'ouverture, notamment envers les auteurs non orthodoxes (comme Lacan en France, qui était rayé des programmes d'étude officiels). De la même manière, on a critiqué le sectarisme de certaines institutions lacaniennes qui centraient l'essentiel, si ce n'est l'ensemble de leur enseignement théorique, sur le commentaire et l'exégèse des textes du maître, ou qui allaient jusqu'à chercher ce qui, chez Freud, était déjà du Lacan...

---

76. Entretien avec Mme R., psychanalyste non affiliée, de filiation plutôt orthodoxe, auteur de nombreux textes critiques de l'institution psychanalytique orthodoxe, décembre 2001.

77. N. Zaltzman, « Apprendre : passer du contre au pour », in *Topique*, n° 60, 1996, p. 435.

78. Cf. J.L. Donnet, « Cursus et hiérarchie », *loc. cit.*, p. 128-129.

2) La part qui doit être réservée à l'enseignement de disciplines externes : bien entendu, il est rare que l'on recommande de proscrire une ouverture aux autres savoirs, mais certains auteurs voient d'un mauvais œil la présence, dans le cursus de formation, de paradigmes opposés ou concurrents, comme les neurosciences ou même, selon certains, les sciences sociales. Il va sans dire que cette position est celle d'une extraterritorialité intellectuelle et scientifique de la psychanalyse, que ses enjeux dépassent la stricte formation et relèvent de la défense de la discipline, de négociations et de stratégies pour le maintien de son positionnement face à des disciplines concurrentes.

La fin du cursus correspond au temps de l'habilitation du candidat. Cette « reconnaissance » institutionnelle a davantage une valeur de label professionnel, permettant d'afficher un surplus de légitimité auprès du public, qu'une fonction d'autorisation d'exercice. *Les spécificités de la formation analytique sont telles, en effet, que l'exercice du métier fait lui-même partie de l'apprentissage.* Pour le cas des sociétés reconnues par l'IPA, le candidat s'engage, au début de sa formation, à ne pas pratiquer la psychanalyse sans y être autorisé par l'institution. Aussi, comme l'analyse Girard, « lié par l'engagement de ne pas pratiquer de psychanalyse mais astreint à débuter des contrôles, le candidat est donc autorisé par les textes à une pratique provisoire[79] ». L'institution se trouve donc contrainte à laisser pratiquer les apprentis, et la notion même d'habilitation s'en trouve modifiée : habiliter un analyste qui exerce depuis des années a quelque chose d'artificiel, voire d'absurde. En ce sens, et à un niveau d'organisation interne, l'habilitation correspond de manière générale plutôt à la distribution d'un titre. Aussi la fin du cursus d'un candidat correspond-elle souvent à sa titularisation auprès de la société d'analyse. En d'autres termes, l'habilitation ne confère pas un droit d'exercice, mais permet de faire usage d'un titre et de gravir les échelons hiérarchiques. Elle procure en cela des bénéfices de nature variée selon les organisations : surplus de pouvoir au sein de l'institution, responsabilités didactiques, capitaux symboliques et économiques accompagnant le statut de didacticien, etc. Pour ces raisons, l'habilitation, au même titre que la validation de chacun des stades du cursus, se trouve au cœur des négociations entre l'infra et l'extra-analytique.

Pour résumer nos propos, l'on peut dire que trois grands problèmes sont au cœur de la formation psychanalytique :

---

79. C. Girard, « Histoire de la formation dans la Société psychanalytique de Paris », in *Revue internationale d'histoire de la psychanalyse*, n° 2, 1989, p. 320.

1) Le problème de la sélection des candidats : quand doit-elle intervenir ? Comment faire en sorte qu'elle repose sur des critères analytiques et non extra-analytiques ? Comment éviter les effets de dogmatisme et de contrôle institutionnel ?

2) Le problème de l'analyse didactique : comment protéger l'analyse des candidats d'interférences extra-analytiques ? Comment s'assurer, par ailleurs, qu'ils poursuivent un véritable travail analytique avant d'exercer ?

3) Le problème de l'habilitation à pratiquer et, plus généralement, du pouvoir de l'institution : comment éviter que le pouvoir d'habiliter n'engage des enjeux politiques étrangers à la pratique analytique, tout en ne réduisant pas à néant le rôle de l'institution, qui est précisément de garantir la compétence de ses membres ?

Tableau récapitulatif des différentes composantes de la formation analytique et de leurs enjeux.

	Nécessités	Problèmes	Enjeux
Sélection	Garantie pour le public Protéger l'institution	Modèle libéral, mais responsable Modèle strict, mais conservateur, dogmatique et peu créatif	Contre-indications ? Pré-sélection ou post-sélection ? Critères de sélection (internes + externes ou internes)
Analyse didactique	Expérience du divan irremplaçable Nécessité de normaliser les critères minimaux de cette expérience (durée, type d'analyste, type d'analyse...)	Analyse finalisée Ingérence institutionnelle Endoctrinement	Suppression ou non de l'analyse didactique Définition de critères minimaux Évaluation de l'analyse Rôle et titre de didacticien
Supervision	Expérience du terrain : on devient analyste en analysant Expérience d'un analyste confirmé Contrôle de l'institution sur des pratiques novices	Supervision institutionnalisée : l'institution décide pour le candidat L'écoute est altérée	Normaliser les exigences ? (nombre de supervisions, titre de superviseur, type de patients...) Rôle et statut de superviseur Évaluation des supervisions
Habilitation	Garantie Légitimité à exercer	Ingérience institutionnelle comme obstacle à la responsabilité individuelle Enjeux politiques	Qui habilite, selon quelle procédure ? Comment ne pas habiliter ?

Nous avons vu que, dans les perceptions que les acteurs du champ ont de ces pratiques, s'affrontent en général deux logiques contradictoires : une logique de contrôle correspondant à la responsabilité de l'institution psychanalytique envers la société et une logique strictement interne visant à respecter les critères psychanalytiques et à les appliquer pour appréhender et évaluer la progression du candidat. C'est cette question qui constitue le « paradoxe » de la formation psychanalytique : une exigence aussi impérative qu'irréalisable de protéger le candidat d'interférences extra-analytiques qui compromettraient son expérience de formation.

C'est en raison de cette exigence que la formation est régulièrement perçue comme insuffisante, inadaptée, et se retrouve systématiquement au cœur des polémiques et des conflits. À tel point qu'on a souvent souligné que l'histoire de la psychanalyse se confondait avec l'histoire des querelles relatives à la formation. Ajoutons que cette question caractérise pour beaucoup le « modèle français » en opposition avec le « modèle d'Eitingon ». Les questions de pureté intra-analytique, d'extraterritorialité, de critères strictement psychanalytiques — en somme, ce que l'on peut qualifier de *perspective idéaliste* — ne semblent pas concerner au même titre les psychanalystes américains, par exemple, tout comme de nombreux psychanalystes appartenant à l'IPA. La question qui se pose à nous est alors celle de cette perspective idéaliste : s'agit-il d'une perspective française ? Comment peut-on en comprendre le sens et les enjeux ? Comment comprendre l'influence que cette perspective semble gagner aujourd'hui là où elle était traditionnellement absente, notamment au cœur de l'IPA ? Les derniers numéros d'*International Psychoanalysis* témoignent du fait que, même au sein du bastion du modèle classique, on assiste à une remise en question du modèle d'Eitingon, et ce sont ces mêmes arguments idéalistes qui sont repris pour l'interroger.

Afin de poursuivre cette interrogation, il convient de faire un détour :

— par l'histoire des conceptions sur la formation, chez Freud lui-même et dans les premiers modèles institutionnels mis en place dans les années vingt ;

— par l'histoire de la psychanalyse en France, des conflits et des scissions qui l'ont marquée.

Nous verrons ainsi que l'exigence idéaliste, dans ses aspects les plus radicaux, n'est pas présente chez Freud, comme elle ne l'est pas au sein de l'IPA qui s'est construite sur un modèle pragmatique, commandant plutôt que la raison pratique l'emporte sur la perspective idéaliste. Nous nous interrogerons ensuite sur les modalités d'apparition et de diffusion d'un discours plus radical et plus idéaliste, communément associé à celui de Lacan, et sur la façon dont il a fini par imprimer sa marque sur ce que tous — acteurs internes comme externes — considèrent comme une psychanalyse *à la française*.

3 LA FORMATION DANS L'HISTOIRE DE LA PSYCHANALYSE

Officiellement[80], l'institutionnalisation de la psychanalyse commence en 1910, avec la création de l'International Psychoanalytical Association (IPA) lors du congrès de Nuremberg :

> J'avais jugé nécessaire, *raconte Freud*, d'adopter la forme d'une association officielle, afin de prévenir les abus qui pourraient se commettre au nom de la psychanalyse, une fois qu'elle serait devenue populaire. Il fallait qu'il y eût un centre ayant le pouvoir de déclarer : toutes ces absurdités n'ont rien à voir avec l'analyse, elles ne sont pas de la psychanalyse. Les groupes locaux dont devait se composer l'association internationale auraient eu pour mission d'enseigner la manière de pratiquer la psychanalyse et de former les médecins, en se portant pour ainsi dire garants de leur compétence. Je désirais également voir s'établir entre les partisans de la psychanalyse des relations d'amitié et de soutien mutuel, par réaction contre l'anathème que la science officielle faisait peser sur la psychanalyse et contre le boycottage des médecins pratiquant l'analyse et des établissements dans lesquels elle était pratiquée. C'est cela, et pas autre chose, que je voulais réaliser par la fondation de l'Association psychanalytique internationale[81].

Les projets de Freud seront quelque peu contrecarrés par les péripéties de ses conflits — théoriques et personnels — avec certains de ses disciples, avec la démission en 1911 d'Adler, en 1912 de Stekel et en 1914 de Jung. En raison de ces conflits, Freud appuiera la proposition de Jones de créer en 1912 un « comité secret », composé de la garde rapprochée du maître, qui contrôlera de fait, mais en secret, la politique de l'IPA pendant quinze ans. Six « élus » composent cette union sacrée, scellée par un anneau d'or distribué à chacun par Freud : Ernest Jones, Karl Abraham, Hanns Sachs, Otto Rank, Sandor Ferenczi, Max Eitingon. Pour l'anecdote, Phyllis Grosskurth nous apprend

80. Traditionnellement, les psychanalystes historiens ont coutume de faire remonter cette institutionnalisation à la Société psychologique du Mercredi, créée en 1902, qui fut le premier cercle de l'histoire du mouvement psychanalytique.

81. S. Freud, « Contribution à l'histoire du mouvement psychanalytique », *loc. cit.*, p. 122.

que plus tard, en 1920, Freud ira même jusqu'à proposer que les six membres élus échangent régulièrement des lettres circulaires hebdomadaires secrètes, des *Rundbriefe,* que chacun écrirait le même jour[82]. C'est dire le romantisme avec lequel il envisageait cette alliance secrète et ses missions. L'objectif du comité était de veiller sur l'avenir de la psychanalyse et de la préserver des déviations susceptibles de la menacer. Le noyau des fidèles s'engagerait à préserver les principes fondamentaux de la théorie psychanalytique : l'inconscient, la sexualité infantile, le complexe d'Œdipe. Mais, comme le soulignent Roudinesco et Plon, « après avoir été un laboratoire imaginaire d'un impossible idéal de pureté doctrinale, et surtout un lieu de pouvoir parallèle à celui de la direction de l'International Psychoanalysis Association, le Comité fut à son tour traversé par les conflits qu'il prétendait éviter[83] » et fut dissout en 1927. De l'avis de nombreux commentateurs, cet épisode, ce type de politique du secret et de défense d'une ligne orthodoxe, ainsi que ce type de pouvoir oligarchique, marqueront longtemps le mode de fonctionnement de l'IPA. Quoi qu'il en soit, dès 1910 donc, se pose indirectement la question « d'enseigner la manière de pratiquer la psychanalyse et de former les médecins ». Voyons en quels termes sont menées les premières réflexions sur la formation du psychanalyste.

L'analyse didactique et le modèle d'Eitingon

L'importance de l'analyse personnelle pour qui voudrait manier la technique psychanalytique est tout d'abord abordée par Freud sous la forme de l'« auto-analyse[84] ». C'est Jung qui, le premier, aurait eu l'idée d'une analyse didactique, c'est-à-dire de « traiter les élèves comme des patients » et de les soumettre à une analyse auprès d'un analyste confirmé. Cette exigence d'une psychanalyse personnelle comme préalable à tout exercice de la psychanalyse sera ardemment défendue par Sandor Ferenczi, qui œuvrera pour une psychanalyse didactique approfondie, selon le principe qu'il ne doit pas y avoir de différence entre une analyse didactique et une analyse thérapeutique. Elle sera adoptée en 1925 par l'IPA et rendue obligatoire dans le cadre de la formation. Le terme même d'*analyse didactique* est employé à partir de 1922. Roudinesco et Plon rappellent cependant que, dans un premier temps, aucune règle n'était établie :

---

82. Cf. Phyllis Grosskurth, *Freud, l'anneau secret,* Paris, PUF, 1995.

83. E. Roudinesco & M. Plon, *Dictionnaire de la psychanalyse, op. cit.,* p. 185.

84. Cf. Sigmund Freud, « Conseils aux médecins sur le traitement analytique » [1912], in *La Technique psychanalytique,* Paris, PUF, 1997, p. 67.

> Freud et ses disciples n'hésitèrent pas à prendre en analyse les proches (amis, amants, maîtresses) ou les membres d'une même famille (femmes, enfants, neveux) et à mêler étroitement les relations amoureuses et professionnelles. C'est ainsi que Jung devint l'amant de Sabina Spielrein, que Freud analysa sa propre fille et se trouva impliqué dans un incroyable imbroglio avec Ruth Mack-Brunswick, que Sandor Ferenczi fut l'analyste de sa femme et de la fille de celle-ci, dont il tomba amoureux, et qu'Erich Fromm devint le thérapeute de la fille de Karen Horney dont il avait été le compagnon[85].

Ces pratiques, le succès grandissant de la psychanalyse et la multiplication des sociétés dans de nombreux pays, ainsi que l'anticipation qu'en l'absence future du maître rien ne saurait remplacer son rôle de passeur, sont autant de facteurs qui vont poser la question d'une uniformisation et d'une réglementation des modes de transmission, et de sa prise en charge par une institution légitimement organisée à ces fins.

En 1920 sont créés la Polyclinique de Berlin et l'Institut de Berlin, premier institut de psychanalyse, qui servira de modèle à tous les autres instituts créés par la suite dans le cadre de l'IPA. Eitingon, qui présidait la commission de l'enseignement de l'Institut, fut le premier à instituer les trois étapes du cursus de formation analytique : analyse didactique, analyse de contrôle, enseignement théorique. En 1925, lors du congrès de Bad-Hombourg, Eitingon propose d'homogénéiser la formation des analystes entres les différents pays et, pour ce faire, de créer une organisation internationale d'enseignement avec une réglementation unifiée de la formation. C'est ce modèle, communément nommé *modèle d'Eitingon*, qui sera adopté par l'IPA. Eitingon met très clairement l'accent sur le fait que la formation doit désormais s'organiser autour de trois étapes essentielles :

1) l'analyse didactique, qui est certes la condition *sine qua non* pour devenir psychanalyste, mais qui ne suffit pas. Eitingon précise que rien ne distingue l'analyse didactique de l'analyse thérapeutique, si ce n'est « une finalité supplémentaire qui s'ajoute à l'analyse thérapeutique, à savoir que celui qui se soumet à l'analyse didactique est censé apprendre quelque chose[86] » ;

2) la formation théorique, qui est « relativement simple » et ne pose aucun problème particulier ;

---

85. E. Roudinesco & M. Plon, *Dictionnaire de la psychanalyse, op. cit.*, p. 37.

86. Allocution de Max Eitingon au IXe Congrès psychanalytique international, débat préliminaire sur les questions d'enseignement, septembre 1925, cité in M. Safouan *et al.*, *Malaise dans la pyschanalyse, op. cit.*, p. 109.

3) l'analyse sous contrôle. Eitingon insiste sur cette étape, qu'il juge indispensable. Sa conception du contrôle est celle d'une...

> ... sorte d'atelier de psychanalyse, où il serait en relation de manière étroite et durable avec un psychanalyste expérimenté et œuvrant de façon autonome, qui lui prodiguerait son enseignement et le ferait travailler comme le ferait un maître avec son assistant, je serais tenté de dire un artisan avec son ouvrier, je ne trouve pas de meilleure comparaison en pensant au temps et à la somme d'efforts qu'exige le travail du thérapeute, à l'instar de ces nobles métiers d'antan que le laboratoire moderne, l'université moderne, l'usine moderne ont fait disparaître[87].

Dans le modèle d'Eitingon, le contrôleur et le didacticien sont deux individus distincts remplissant deux tâches formatives distinctes : il est en effet « préférable pour le débutant de ne pas avoir affaire à une seule personnalité d'analyste[88] ». Tous deux sont rapporteurs, c'est-à-dire que tous deux procèdent à l'évaluation du candidat.

La motion de Hombourg est adoptée et le Comité international de formation est créé. Pour Élisabeth Roudinesco, cette date marque le début de la standardisation de la psychanalyse — bien qu'il y ait, dans cette appréciation, un jugement révélateur de l'orientation idéaliste de l'historienne : d'aucuns pourrait voir dans le projet d'Eitingon une normalisation salutaire, Roudinesco dénonce à demi-mots — par le terme *standardisation* — les débuts d'une trahison de la psychanalyse.

En 1932, la formation durait environ trois ans. Excepté le fait que la durée de la formation se soit généralement allongée, les règles adoptées dans les années trente sont, pour la plupart, celles qui sont à l'œuvre aujourd'hui au sein de l'IPA, avec des variations régionales, comme le rappelle Kupermann :

> La durée minimum d'une analyse est de cinq ans, à raison de quatre séances par semaine, quarante-cinq minutes la séance... ce qui fait une moyenne de 800 heures d'analyse pour obtenir le « diplôme » d'analyste. À partir de cette date, le candidat était soumis à des entrevues de sélection et, une fois admis, il était acheminé vers une analyse personnelle pour laquelle l'analyste était choisi par l'institut de formation. Celui-ci, avec l'analyste, décidait le moment où il pourrait participer à d'autres activités de formation — étude théorique et contrôle — et la

---

87. Allocution de Max Eitingon, *loc. cit.*, p. 111.

88. *Ibid.*, p. 113.

> fin de l'analyse. Le candidat s'engageait, par écrit, à ne pas se dénommer psychanalyste avant que la société psychanalytique ne l'eût reconnu comme tel[89].

Ce sont là les bases des standards de l'IPA. Les années qui suivent seront plutôt marquées par le bras de fer entre l'Europe et les États-Unis, et la confirmation du pouvoir et de l'influence de ces derniers au sein du mouvement international. En 1932, en raison des vifs conflits avec les Américains sur la question de l'analyse profane, on leur concédera au congrès de Wiesbaden que les critères de sélection échappent désormais au contrôle de l'IPA et relèvent des sociétés locales. Ce mouvement sera poursuivi au congrès de Marienbad, en 1936, qui verra une plus grande autonomie encore accordée aux États-Unis, par le biais de la puissante American Psychoanalytic Association (APA) qui « annonce qu'ils opposeront leur veto à toute résolution qui concernerait les enjeux américains[90] ». En 1938, l'APsaA met au point ses propres règles concernant la formation des psychanalystes. Le poids des États-Unis ne fera que grandir au sein de l'IPA, notamment à partir de l'après-Seconde Guerre mondiale, alors qu'en raison des fortes vagues d'immigration provoquées par le nazisme, les Américains deviendront numériquement majoritaires : selon Kurzweil[91], on passe de 92 membres de l'APA en 1932 à 273 en 1946. En 1952, 64 % des membres de l'IPA sont américains.

Freud

Quant à Freud, nous avons vu qu'il soutient Eitingon, membre du comité secret. En 1926, le « procès Reik » ouvre le théâtre des grands débats sur l'analyse profane. Proche collaborateur de Freud, Reik pratique la psychanalyse à Vienne sans être médecin. Il est accusé de charlatanisme par l'un de ses patients et, au cours de la procédure intentée contre lui, il se voit interdire l'exercice de la psychanalyse. Cet événement cristallise les débats entre ceux qui considèrent que la psychanalyse doit être exercée par des médecins et ceux qui, à l'instar de Freud, pensent qu'elle doit rester « laïque » : Freud prend ouvertement position en faveur de Reik et défend avec ténacité la *Laienanalyse* en publiant en 1927 « La question de l'analyse profane ». Il y

89. D. Kupermann, « De la transmission de la psychanalyse et des institutions psychanalytiques », http ://www.etatsgeneraux-psychanalyse.net/archives/texte82.html

90. E. Kurzweil, *The Freudians. A Comparative Perspective,* New Haven-Londres, Yale University Press, 1989, p. 53.

91. *Ibid.*, p. 54.

rappelle notamment que le fait d'être médecin n'apporte aucune garantie quant à la bonne conduite d'une cure psychanalytique. Les débats sur l'analyse profane conduiront l'IPA a accorder à l'Association américaine, de plus en plus puissante, une autonomie en matière de formation et de recrutement. Aussi, l'Association américaine de Psychanalyse continuera d'interdire la formation, et donc l'exercice de la psychanalyse, aux non-médecins. En France, en revanche, on est particulièrement attaché à l'héritage freudien de l'analyse profane, érigée en principe fondamental.

Son combat pour une analyse profane renforce chez Freud l'idée d'une formation spécifiquement psychanalytique centrée sur l'analyse personnelle, et il insistera toute sa vie sur cette exigence. Il va même jusqu'à formuler une proposition qui restera célèbre :

> Chaque analyste devrait périodiquement, par exemple tous les cinq ans, se constituer à nouveau objet de l'analyse, sans avoir honte de cette démarche. Cela signifierait donc que l'analyse personnelle, elle aussi, et pas seulement l'analyse thérapeutique pratiquée sur le malade, cesserait d'être une tâche ayant une fin pour devenir une tâche sans fin[92].

Pour ce qui est du contrôle et de ses modalités, il s'exprime peu sur le sujet mais en partage le principe. Il rappelle, dans plusieurs de ses écrits, le fonctionnement des instituts et en légitime ainsi les principes de fonctionnement. Quant à l'enseignement théorique que devraient suivre les candidats, Freud le conçoit selon un idéal des plus utopiques. C'est en tout cas, parmi ses vœux en matière de formation, celui qui, assurément, s'est le moins réalisé :

> Si, ce qui aujourd'hui encore peut paraître fantastique, on avait à fonder une école supérieure de psychanalyse, il faudrait y enseigner bien des choses qu'enseigne également la Faculté de médecine : à côté de la psychologie des profondeurs qui resterait toujours la partie principale, une introduction à la biologie, dans des proportions aussi grandes que possible la science de la vie sexuelle, une initiation aux tableaux cliniques de la psychiatrie. Par ailleurs, l'enseignement analytique engloberait aussi des spécialités qui sont étrangères au médecin et qu'il ne rencontre pas dans son activité professionnelle : histoire de la civilisation, mythologie, psychologie des religions et littérature. Sans une bonne orientation en ces domaines, l'analyste reste sans comprendre une grande partie du matériel qui s'offre à lui[93].

---

92. Sigmund Freud, *La Question de l'analyse profane* [1926], Paris, Gallimard, 1985, p. 265.

93. *Ibid.*, p. 133.

Nous pouvons tirer trois conclusions de ce retour sur les premières conceptions de la formation psychanalytique. En premier lieu, nous avons vu que, dans la littérature, française en particulier, l'Institut de Berlin est le plus souvent assimilé à une structure rigide, dogmatique et autoritaire, et le modèle d'Eitingon est plutôt évoqué de manière péjorative. Ce sont, en particulier, les relectures lacaniennes qui sont les plus sévères vis-à-vis de l'expérience berlinoise et des idées eitingoniennes[94]. Disons que, de manière générale, le modèle d'Eitingon est, aux yeux des Français, synonyme de bureaucratisation et de rigidité, comme en témoignent les appréciations de l'historienne et psychanalyste Élisabeth Roudinesco évoqués plus haut.

Ce qui est vrai, c'est que le modèle berlinois sera contesté, en particulier entre 1920 et 1937, par l'école hongroise qui avance une conception différente du contrôle. Il faut souligner que les débats vont porter essentiellement sur la question du contrôle, et non sur le principe même d'une réglementation, d'une normalisation de la formation, ce à quoi le modèle d'Eitingon est aujourd'hui péjorativement associé par ceux qui en critiquent la rigidité. En d'autres termes, il ne semble pas que, jusqu'à la Seconde Guerre mondiale, ait été présente l'idée d'une psychanalyse affranchie des normes et des règlements, menacée par des logiques institutionnelles dangereuses.

En France, l'histoire officielle tend à perpétuer le mythe d'une pureté originelle de la psychanalyse que son organisation, son institutionnalisation, sa réglementation viennent pervertir. Il n'est pas certain que l'on retrouve, aux États-Unis par exemple, la même rhétorique que celle déployée par Roudinesco qui parle d'une « idée hannibalienne d'une irréductibilité de la doctrine à l'institutionnalisation » chez Freud ou lorsqu'elle soutient que « la législation de la formation neutralisait l'effet subversif de la découverte freudienne[95] ». Comme le remarque l'Américaine Sherry Turkle :

> Nulle part la question de savoir si la psychanalyse en tant que « subversive » peut survivre à sa diffusion dans la société n'a été aussi largement débattue [qu'en France]. Et nulle part la question de savoir si la psychanalyse souffre d'une contradiction profonde et peut-être intrinsèque n'a été posée aussi clairement[96].

94. Voir par exemple M. Safouan *et al.*, *Malaise dans la psychanalyse*, *op. cit.*

95. E. Roudinesco, *Histoire de la psychanalyse en France*, I, *1885-1939*, Paris, Fayard, 1994, p. 167 et 169.

96. Sherry Turkle, *La France freudienne*, Paris, Grasset, 1982, p. 31.

Or nous voyons ici que cette problématique, du moins dans la forme que nous lui connaissons aujourd'hui à travers la thématique récurrente de l'extraterritorialité ou de ce que nous avons appelé la *perspective idéaliste,* n'est présente ni chez Freud, ni chez ses premiers disciples. Pour eux, l'institutionnalisation et la réglementation de la formation sont des nécessités, aussi bien du point de vue interne qu'externe, et c'est bien plus l'uniformisation des conceptions entre les différentes institutions locales qui pose problème, que la corruption de la psychanalyse par des logiques institutionnelles et extra-analytiques.

Le vote de 1925 en témoigne, l'institutionnalisation semble perçue par une large majorité comme une nécessité, à la fois dans le développement de la discipline et dans les rapports qu'elle entretient avec un public auquel elle se doit d'apporter un minimum de garanties. Aussi, la plupart des éléments constitutifs du *paradoxe de la formation* ainsi que les logiques qu'ils mettent en œuvre — extraterritorialité, pureté intra-analytique — ne sont pas présents tels quels chez Freud et chez les premiers psychanalystes. L'impossibilité de la formation psychanalytique n'est pas théorisée, la question des critères strictement psychanalytiques opposés à des critères externes n'apparaît pas, les impasses de l'évaluation ne font pas l'objet de réflexion particulière. De cela, nous tirons deux conclusions :

— contrairement à ce que prétend un point de vue interne récurrent, si ce n'est systématique, les impasses de la formation ne sont pas constitutives de la psychanalyse. S'il s'agissait de contradictions intrinsèques, elles seraient apparues dès les premiers temps. On peut alors contourner l'argument interne consistant à renvoyer la spécificité et l'extraterritorialité de la psychanalyse à des causes incontestables : ses propriétés intrinsèques ;

— dans la même perspective, si ces arguments ne sont pas présents dans les débuts de la psychanalyse, c'est qu'ils ont une histoire et qu'ils peuvent être contextualisés et analysés à la lumière de ce contexte. La question sera alors de comprendre quand et comment ces discours apparaissent et se diffusent jusqu'à devenir dominants, et à quels enjeux on peut les rattacher.

Précisons, avant de poursuivre, que notre propos n'est pas de contester l'idée qu'un certain nombre de caractéristiques de la psychanalyse rendraient spécifique et plus difficile la mise en place d'un système de formation approprié. Bien au contraire, nous concevons fort bien que cette question existe et soit légitime. Nous nous attachons cependant à questionner le postulat internaliste d'un tel discours, le postulat revendiquant une autonomie et une singularité épistémologique au nom desquelles la psychanalyse ne relèverait pas de logiques et de déterminations externes. Nous admettons parfaitement que la psychanalyse, de par son objet, son type de pratique et son exigence de réflexivité, implique un décentrement par rapport à un certain nombre de critères académiques. Mais peut-on dire pour autant que la formation psychanalytique est antinomique ? Que toute tentative de définition de critères d'évaluation, d'appréciation d'un parcours formatif est vouée à subir l'échec ou à trahir l'esprit de l'analyse ? Ce que nous nous efforçons d'interroger, c'est la radicalité d'un discours interne qui repose sur des postulats très lourds, qui mobilise des logiques argumentatives visant à refuser qu'il soit contesté et qui revendique, du même coup, un statut d'exception, épistémologique aussi bien que professionnel, qui n'est pas sans effets.

CHAPITRE III

LE MODÈLE FRANÇAIS

L'analyse des débats sur la formation nous a permis de prendre la mesure du caractère spécifique et radical des conceptions françaises. Ce chapitre s'attache à comprendre les fondements et les caractéristiques du "modèle français" en matière de formation et de gestion institutionnelle. Nous retraçons l'histoire des institutions psychanalytiques françaises, marquée par des phénomènes de scission et de division. À l'aune d'une comparaison avec d'autres pays, nous prenons la mesure du « radicalisme » français et de ses implications.

1 HISTOIRES ET INSTITUTIONS

> Je ne prétends pas qu'en France les analystes soient mieux formés ou moins déformés qu'ailleurs. Mais il est incontestable que la réflexion sur les problèmes que pose à la psychanalyse tout projet didactique, toute imposition du titre, a été menée avec une certaine rigueur. Avec la passion la plus vive en tout cas, puisque ce sont des discours sur la formation, et non sur la théorie, qui ont suscité naguère et suscitent aujourd'hui éloignements, ruptures et scissions[1].

Nous allons aborder, dans la partie qui suit, l'histoire des principales institutions psychanalytiques françaises[2]. Signalons que ce chapitre historique

1. J.B. Pontalis, « Le métier à tisser », in *Nouvelle Revue de psychanalyse,* n° 20, 1979, p. 6-7.

2. Nous renvoyons, pour faciliter l'orientation parmi les multiples associations citées, au répertoire des institutions psychanalytiques en fin d'ouvrage.

ne vise pas uniquement à reproduire une chronologie des principaux épisodes ayant marqué la psychanalyse française, mais entend éclairer les discours des psychanalystes français sur eux-mêmes. L'histoire à laquelle nous avons accès à travers les sources disponibles est principalement une histoire interne, dont nous savons qu'elle n'est pas toujours exempte d'interprétations plus ou moins orientées. Ce chapitre est donc aussi l'occasion de confronter les récits et les analyses internes et de construire un panorama historique à partir de cette *lecture analytique des histoires internes*. En d'autres termes, il s'agit de restituer les épisodes de cette histoire, mais aussi et simultanément d'interroger la façon dont elle est produite, d'être attentif aux orientations dominantes qu'elle emprunte, aux discours produits à cette occasion et à leurs effets.

Outre le panorama historique, nous avons choisi de présenter cinq associations psychanalytiques contemporaines. Nous ne pouvions, en effet, prendre en compte la totalité des institutions existantes et il était inévitable de restreindre le champ d'analyse. Car la communauté psychanalytique française est marquée par son morcellement et sa structure éclatée en de multiples institutions de tailles variées. Jusqu'en 1981, ces institutions étaient au nombre de quatre : la Société psychanalytique de Paris (SPP), l'Association psychanalytique de France (APF), le Quatrième Groupe (OPLF) et l'école de Lacan : l'École freudienne de Paris (EFP). Mais après la dissolution de son école et la disparition de Lacan en 1981, la communauté des lacaniens s'est divisée, se scindant en de nombreux groupes autour de différents disciples du maître. Depuis, on parle de « nébuleuse lacanienne » pour qualifier ce paysage institutionnel, à tel point qu'il est difficile de recenser avec exactitude le nombre d'institutions existantes (certaines de taille très réduite). Il est néanmoins généralement estimé selon une fourchette allant de quinze à vingt[3]. Nous avons choisi, pour notre part, de focaliser notre attention sur cinq associations, cet échantillon nous semblant représentatif de la configuration institutionnelle et doctrinale de la psychanalyse en France. Nous avons sélectionné ces groupes en fonction de leur importance dans le champ et de la variété des modèles qu'ils incarnent.

La Société psychanalytique de Paris (SPP) est la plus ancienne des institutions psychanalytiques et représente — avec l'Association psychanalytique de France (APF) — l'orthodoxie, en particulier en matière de structure institutionnelle et de système de formation. Toutes deux appartiennent à l'instance

3. Dans leur *Dictionnaire de la psychanalyse*, Roudinesco et Plon recensent seize associations lacaniennes.

internationale créée du vivant de Freud — l'International Psychoanalytical Association (IPA) — et habilitée à reconnaître les institutions qui, à travers le monde, se conforment aux standards qu'elle édicte. La SPP est très importante numériquement, tandis que l'APF est une association de taille réduite mais jouit du prestige que lui confèrent les noms illustres de ses membres.

Le Quatrième Groupe, dit aussi Organisation psychanalytique de Langue française (OPLF), est un groupe de taille plus restreinte, mais d'importance dans le paysage institutionnel : il est le quatrième né des groupes psychanalytiques (après la SPP, l'APF et l'EFP de Lacan) et entend se distinguer par un projet de formation original. Il se veut indépendant des deux grandes tendances qui divisent le champ psychanalytique français, le freudisme de l'IPA d'un côté (SPP et APF) et le lacanisme de l'autre.

L'École de la Cause freudienne (ECF) est l'institution lacanienne « légitimiste ». Créée par Lacan lui-même, elle est dirigée par son gendre et héritier testamentaire, Jacques-Alain Miller. Elle est à l'origine d'une implantation massive du lacanisme à travers le monde et de la création, en 1998, de l'Association mondiale de Psychanalyse (AMP) destinée à être au monde lacanien ce qu'est l'IPA dans l'univers « orthodoxe ».

L'Association lacanienne internationale (ALI), enfin, incarne un autre type d'institution lacanienne. Très importante numériquement et solidement implantée, elle se démarque de l'ECF dont elle se veut une alternative moins politique. Afin de refléter la configuration du paysage lacanien scindé entre l'ECF et le « millérisme » (en référence à Jacques-Alain Miller) et les groupes lacaniens opposés à Miller, il était nécessaire de faire figurer une association lacanienne représentative de cette « alternative ».

Précisons enfin qu'en accord avec la vision dominante prévalant dans le milieu psychanalytique français, nous n'avons pas intégré à notre corpus les psychanalystes jungiens[4]. En effet, ces derniers n'ont pas été intégrés à la communauté psychanalytique en France : ils ont traditionnellement (sauf à titre individuel) été exclus du mouvement psychanalytique officiel et ne sont pas pris en compte lorsqu'il s'agit de recenser les membres de la communauté.

---

4. Psychanalystes se réclamant de Carl Gustav Jung (1875-1961), disciple et proche de Freud jusqu'en 1913, date à laquelle les deux hommes rompent autour, entre autres, de désaccords profonds sur la théorie de la libido et la place de la sexualité dans la théorie psychanalytique. Jung est désavoué par Freud et quitte progressivement le mouvement psychanalytique officiel pour organiser son propre mouvement, qu'il nomme *psychologie analytique*.

La position dominante tient que Jung s'est exclu de la psychanalyse en faisant subir à la théorie freudienne des infléchissements qui touchaient à ses bases les plus essentielles (ce n'est que récemment, en particulier autour des pressions suscitées par les projets de réglementation des psychothérapies, que les jungiens se voient, dans certains cas, associés aux psychanalystes).

Venons-en à présent à une présentation analytique des principaux épisodes ayant marqué l'histoire de la psychanalyse française et la construction du « modèle français » de formation. Au préalable, et afin de bénéficier d'une vue synthétique, voici un schéma des quatre grandes scissions ayant marqué le mouvement psychanalytique français.

La scission de 1953

La Société psychanalytique de Paris (SPP) est créée en 1926. À cette date, elle compte douze membres. Elle connaît une expansion régulière et un premier institut voit le jour en 1934, sur le modèle de l'Institut de Berlin. Mais la Seconde Guerre mondiale interrompt les activités de l'association et, au sortir de la guerre, il faut reprendre le projet de l'Institut. Celui-ci, inauguré en 1954, sera au cœur de la première scission du mouvement psychanalytique français. C'est en effet autour des projets de réglementations de cet institut que se cristalliseront les conflits entre les différentes tendances de la SPP, qui donneront lieu à la démission d'un certain nombre de membres et à la création, en 1953, de la Société française de Psychanalyse (SFP).

La scission de 1953 a fait couler beaucoup d'encre, et continue d'être l'objet d'analyses et d'interprétations diverses de la part des membres de la communauté analytique, historiens ou non. En général, les analyses internes au champ tendent à mettre l'accent sur les conflits de personnalités et sur des conceptions opposées de l'analyse, voire de « l'éthique » de la psychanalyse. Les divergences doctrinales ont certainement joué un rôle, mais il faut aussi porter l'attention sur le contexte de cette scission et sur les enjeux politiques et institutionnels qui ont pu la déterminer. Rappelons certains éléments de ce contexte[5].

Tout d'abord, les événements qui vont conduire à la scission se situent dans une période de reconstruction. La SPP, qui a perdu un certain nombre de membres éminents émigrés aux États-Unis, doit se réorganiser, reprendre

5. Voir en particulier A. de Mijolla, « Les scissions dans le mouvement psychanalytique français de 1953 à 1964 », in *Topique*, n° 57, 1995.

ses activités et se renforcer. L'après-guerre est également marqué par une progression dans le recrutement des psychanalystes, en tout cas dans les demandes de formation, notamment de la part des médecins. Enfin et surtout, nous sommes dans une période marquée par les enjeux de réglementations de la profession. Rappelons que la création de la licence de psychologie n'est vieille que de quelques années (1947). Par ailleurs, la communauté psychanalytique vient d'être secouée par une affaire de taille : le procès Clark Williams. Celui-ci a mis en cause une psychanalyste américaine exerçant en France, Mme Clark Williams, accusée par l'ordre des médecins d'exercice illégal de la médecine. Ce procès, qui n'est pas sans rappeler un autre précédent historique, le procès Reik — au cours duquel Freud lui-même avait pris la plume pour exposer sa conception de l'exercice de la psychanalyse et défendre l'analyse « profane » contre l'exercice réservé aux médecins — se soldera finalement par l'acquittement de l'accusée. Ce n'est pas une mince affaire car sont abordées, à cette occasion, de grandes questions délicates relatives aux conditions d'exercice de la psychanalyse, à ses rattachements institutionnels, à ses modes de contrôle et à ses marges d'autonomie. Ce sont là des questions centrales, qui n'ont pas été tranchées aujourd'hui, mais dont on comprendra que les éventuelles résolutions orientent de façon déterminante le destin de la communauté analytique.

En 1952 donc, lors du procès Clark, sont en jeu plusieurs problèmes, dont le plus manifeste est celui du statut de la pratique psychanalytique vis-à-vis de la pratique médicale. Juridiquement, à cette date, la pratique de la psychanalyse est légale à condition d'avoir été prescrite par un médecin, soit que l'analyste qui mène la cure soit lui-même médecin, soit qu'un médecin ait préalablement posé un diagnostic autorisant un psychanalyste à pratiquer. C'est en ce sens que Mme Clark Williams est accusée d'exercice illégal de la médecine : elle n'est pas médecin — elle est psychologue — et elle mène des cures sur des enfants sans le contrôle d'un médecin. La question des relations entre psychanalyse et médecine va mobiliser toute l'institution.

La plupart des psychanalystes ne sont pas favorables à une psychanalyse sous tutelle du corps médical, mais les conceptions divergent concernant les différentes modalités de l'autonomie de la psychanalyse. Rappelons que ces divergences sont récurrentes dans l'histoire de la psychanalyse, en France comme ailleurs, et c'est bien souvent sur elles que se sont édifiés les différents modèles institutionnels et/ou culturels d'implantation de la psychanalyse. Certains sont d'avis que la psychanalyse acquière son autonomie sous la houlette de la médecine et de l'Université. Reconnue par ces nobles institutions, elle gagnera en prestige et en crédibilité, bénéficiera des structures fortement établies de la discipline-mère et se développera comme champ autonome du domaine médical. La référence médicale sert à la fois d'instance légitimante de la pratique et de modèle d'organisation professionnelle (historiquement, c'est le modèle qu'ont choisi les États-Unis : selon cette conception, les psychanalystes praticiens doivent être médecins). D'autres défendent plutôt une conception de la psychanalyse comme sous-discipline de la psychologie et envisagent la pénétration de la psychanalyse dans l'institution académique par cette affiliation-là. Ceux-là s'opposent à un recrutement exclusivement médical et défendent une analyse dite *laïque*. Pour les uns comme pour les autres, la psychanalyse doit obtenir d'être reconnue officiellement, cette professionnalisation passant par l'application des normativités disciplinaires relatives au corps, médical ou psychologique, de tutelle. Aussi, ces psychanalystes n'envisagent pas d'écarter la psychanalyse des normes professionnelles et organisationnelles, en matière de formation comme d'habilitation et d'exercice. En d'autres termes, à ce stade, il ne s'agit pas, nous semble-t-il, de revendiquer une quelconque « extraterritorialité » de la psychanalyse, mais de défendre l'originalité et l'indépendance des psychanalystes face notamment à l'institution médicale, sans pour autant s'écarter d'une normativité de rigueur dans tout processus de professionnalisation. À ce titre, comme le rappelle Claude Girard, la création de l'Institut de psychanalyse de Paris est à mettre en perspective avec ces enjeux que l'on pourrait qualifier de professionnalisation : « L'urgence d'une formation spécifique offrant des garanties de sélection et de professionnalisme soutint la démarche de ceux qui fondèrent l'Institut[6]. »

De l'avis de commentateurs variés, la crise qui aboutira à la scission de 1953 se noue dans les conflits relatifs à la création de l'Institut. Pour beaucoup, comme Mijolla, il s'agit d'une lutte pour le contrôle de l'Institut. Cette lutte oppose principalement trois protagonistes : Sacha Nacht, Daniel Lagache et Jacques Lacan. Tous trois sont titulaires et ils incarnent chacun une conception du mode de formation psychanalytique et, par conséquent, un modèle de l'Institut. Le conflit qui, dans un premier temps, n'oppose que les dirigeants de la SPP va gagner une audience plus large lors de ce que l'on a appelé la « révolte » des élèves, dont les positions influenceront le cours du conflit.

Comme le rappelle Jacques-Alain Miller[7], en 1952, Nacht fait adopter par la SPP le règlement du futur institut et les noms de ses responsables. Il prône

6. C. Girard, « Histoire de la formation », *loc. cit.*, p. 315.

7. Cf. Jacques-Alain Miller (éd.), *La Scission de 1953. La communauté psychanalytique en France,* Paris, Navarin, 1990.

un institut établi sur le modèle médical, son ambition affirmée étant d'obtenir la reconnaissance officielle d'un diplôme de psychanalyste, réservé aux médecins. Il souhaite, selon les termes de Mijolla, « que la formation s'intègre à plus ou moins long terme dans un cursus médical où il espère avoir une place honorifique[8] ».

Dans un premier temps, les oppositions qui vont se manifester portent sur le modèle de formation des psychanalystes : Nacht défend un institut médical, Lagache (avec d'autres) s'oppose à cette vision et prône un enseignement plus universitaire, « un "Institut libre" [...] et susceptible de se développer dans les structures universitaires de Paris et de province, donc de s'intégrer dans le moule de l'enseignement public français[9] ». Lacan, dans une sorte de troisième voie, propose un institut « plutôt médical » mais ouvert aux non-médecins. Les trois personnalités s'affrontent.

Avec l'ouverture de l'Institut, en mars 1953, la crise gagne les élèves. Ces derniers protestent contre le règlement adopté et les nouvelles mesures qu'il contient, perçues comme contraignantes et infantilisantes (précisons que nombre d'entre eux se trouvent sur le divan de Lacan) :

> Tout était prévu, même la durée et le rythme des séances, voire la durée de l'analyse, le programme obligatoire d'enseignement théorique, sous forme de conférences magistrales, les frais d'études d'ailleurs exorbitants, bref tout, sauf que peut-être l'expérience ainsi conçue ne produirait pas obligatoirement un analyste[10].

Avec l'entrée en scène des élèves, la crise prend une autre tournure, et c'est l'autoritarisme de Nacht lui-même, tout autant que du modèle qu'il défend, qui est mis en cause par ses opposants. Ce qui fera d'ailleurs dire à Lagache, lorsqu'il aura à commenter les événements ayant conduit à sa démission et à la création de la SFP, que le motif de rupture tient au « climat autoritaire » qui règne dans la société ou dans l'Institut, et que la nouvelle société vise précisément à éliminer cet autoritarisme[11]. Position qu'il réaffirme quelques mois plus tard lorsque, tout en insistant sur le fait que la scission ne résulte en aucun cas de divergences relatives aux « principes fondamentaux de la psychanalyse », il soutient qu'il « existe une opposition qui ne paraît pas

8. A. de Mijolla, « Les scissions dans le mouvement psychanalytique français », *loc. cit.*, p. 273.

9. *Ibid.*, p. 273.

10. Jenny Aubry, alors élève à l'Institut, « Où les chemins divergent », in *Ornicar ?* n° 9, 1977, p. 41.

11. Communiqué officiel de la SFP, 18 juin 1953, in J.A. Miller, *La Scission de 1953, op. cit.*, p. 95.

réductible dans la manière de concevoir le rôle de l'autorité et le style des rapports humains dans une organisation sociale, en particulier dans une société de psychanalyse et un institut de psychanalyse[12] ».

Les acteurs et/ou les commentateurs de l'épisode donnent des interprétations divergentes de l'origine des oppositions. À l'un des pôles, on a la version de Lagache d'un conflit de personnes, voire de personnalités ou de styles : il insiste, remarquons-le, à plusieurs reprises sur ce point et réaffirme que la scission n'eut pas pour origine des oppositions théoriques ou doctrinales (on peut certes comprendre cet argument en le référant aux enjeux de son contexte : convaincre les autorités de l'IPA de reconnaître rapidement le groupe des démissionnaires et, pour cela, l'argument selon lequel la conception de la psychanalyse n'est pas en cause sert à écarter tout soupçon de dissidence doctrinale profonde). À l'opposé se situe la version de Smirnoff, par exemple, de « deux conceptions de l'analyse qui s'affrontent[13] ». Toujours est-il que le conflit s'accentue entre deux camps antagonistes : celui de Nacht d'un côté, et celui des « libéraux » de l'autre. En juin 1953, Lacan, président de la SPP, démissionne de la présidence. C'est alors que Lagache lit une lettre de démission signée avec lui par Juliette Favez-Boutonier et Françoise Dolto, et annonce la création d'une nouvelle Société française de Psychanalyse. Lacan les rejoint aussitôt.

Une fois entérinée la scission, les deux associations incarneront deux orientations différentes : la SPP, alors dominée par Nacht, sera assimilée pendant longtemps par ceux qui l'ont quittée ou ont été formé ailleurs, à une institution bureaucratique, traditionaliste, conservatrice et rigide en matière de formation. La nouvelle SFP incarnera, quant à elle, le renouveau, l'ouverture, l'audace, tout en continuant de respecter les normes internationales.

De la Société française de Psychanalyse à la scission de 1964

De l'avis général, les fondateurs de la SFP n'avaient pas envisagé un instant que la conséquence de leur geste scissionniste puisse être leur exclusion de l'organisation internationale. Rapidement, en effet, les dirigeants entreprirent les négociations avec l'IPA en vue d'en faire reconnaître la nouvelle société. Cette reconnaissance ne devait poser aucune difficulté. Il en fut

12. Daniel Lagache, « Affiliation de la Société française de Psychanalyse à l'Association internationale de Psychanalyse », *Mémorandum par Daniel Lagache, président de la Société française de Psychanalyse,* in J.A. Miller, *La Scission de 1953, op. cit.*, p. 102.

13. V. Smirnoff, « De Vienne à Paris », in *Nouvelle Revue de psychanalyse,* n° 20, 1979, p. 49.

autrement, et les démarches entreprises par la SFP durèrent finalement... dix ans, pour aboutir à une nouvelle scission en 1964.

Il faut noter, tout d'abord, que la nouvelle société s'est fondée autour des deux figures influentes qu'étaient alors Lagache et Lacan, mais que Lacan occupe une position particulière : tous les analystes dits de la troisième génération[14], à l'exception de Granoff, sont en analyse avec lui. Il s'agit de la jeune génération montante, donc des futurs « cadres » de demain. Il va de soi que l'influence de Lacan sur cette génération est décisive, à un niveau doctrinal comme à un niveau politique. Et c'est en effet Lacan qui va être l'élément principal des longues négociations menées pendant dix ans avec l'IPA.

Sa position au sein de l'institution est donc, de fait, atypique en raison de son ascendant sur les élèves, et c'est l'une des raisons pour lesquelles les négociations avec l'IPA vont être si âpres et si longues. La cause principale de l'hostilité de l'IPA et de sa réticence à reconnaître la SFP réside dans les pratiques, jugées déviantes, de Lacan et de Françoise Dolto. Ce sont ces deux personnalités, et uniquement elles, qui présentent un obstacle majeur à l'affiliation de la nouvelle société. Car, comme l'écrit Lagache, la SFP n'a aucunement l'intention de dévier des standards ipéistes. La question, semble-t-il, ne se pose même pas. Les statuts qu'elle adopte et les normes en matière de formation sont fidèles aux principes de l'IPA et la SFP n'affiche aucune infidélité institutionnelle.

Lacan et Dolto posent donc problème. Que leur reproche-t-on ? Dolto est jugée trop « charismatique » par l'IPA qui redoute d'éventuelles déviances liées à ce charisme : on craint sa trop grande influence sur les nombreux élèves qu'elle forme et son peu d'égard vis-à-vis des normes de l'analyse didactique. À Lacan, on reproche en particulier ses innovations techniques : ses séances à durée variable font grand bruit. Depuis quelque temps, en effet, Lacan a adopté une méthode particulière : les séances ne sont plus réglées sur une durée fixe et invariable de quarante-cinq minutes, comme le préconisent les standards en vigueur, mais leur durée varie en fonction des interruptions ou des « scansions » décidées par Lacan, afin de faire ressortir les éléments essentiels du dire du patient. En principe, la durée est *variable* — elle peut donc être plus ou moins longue que la durée classique —, dans les faits cependant, les séances sont bien plus souvent plus courtes que plus longues, comme le signale Gérard Pommier :

---

14. Dider Anzieu, Moustapha Safouan, J.-B. Pontalis, Jean Laplanche, Daniel Widlöcher, Jean-Claude Lavie, Victor Smirnoff, Robert Pujol, Piera Aulagnier, Jean-Louis Lang, Guy Rosolato, Serge Leclaire, Wladimir Granoff et François Perrier.

> Dire que les séances étaient courtes est peu dire, elles étaient fulgurantes, certaines fois pas plus d'une minute. Je me souviens qu'il est arrivé que trois séances me soient nécessaires pour raconter un seul rêve, spécialement important, et que j'ai travaillé avec une intensité que n'aurait sans doute jamais permise une séance dite standard[15].

Certains prétendent que cette innovation technique sert d'alibi pour permettre à Lacan de prendre en analyse un plus grand nombre de patients. Mathématiquement, en effet, réduire le temps des séances permet d'en augmenter le nombre :

> À partir de là : fins professionnelles, idéaux du mouvement analytique du groupe et du leader, propagation de la doctrine et de la pratique orthodoxes, etc., tout s'enchaîne... y compris la « séance courte ». Freud n'affirme-t-il pas qu'il fait des analyses courtes (quelques mois) afin de pouvoir « étendre son influence » à davantage de disciples ? Le calcul est simple : cinq minutes au lieu de quarante-cinq, ou cinq mis au lieu de quarante-cinq, le gain est le même : on a « formé » neuf fois plus de propagateurs de la foi[16].

Effectivement, comme le rappelle Pierre Guin, « Lacan assume vingt analyses didactiques en 1959, trente en 1962, auxquelles il faut ajouter les contrôles et les patients privés[17] ». C'est considérable, et cette pratique est perçue comme douteuse voire dangereuse par certains : on condamne la mainmise d'un seul homme sur les analystes en formation et l'on redoute les conséquences de cette hégémonie.

Ainsi, Lacan inquiète la direction de l'IPA. Cependant, tient-on à préciser, ce n'est pas la qualité de l'enseignement de Lacan qui est mise en cause (à cette époque, il fait figure de théoricien talentueux et novateur, il est souvent sollicité et ses communications sont très remarquées), mais ses pratiques en tant que didacticien. On ne peut en effet tolérer que des candidats soient formés par des pratiques non orthodoxes. Comme l'explique Turquet, l'un des membres du second comité mandaté par l'IPA pour examiner la candidature de la SFP, il ne s'agit pas d'éliminer le penseur, mais le didacticien :

---

15. Gérard Pommier, cité par E. Roudinesco, *Histoire de la psychanalyse en France*, II, *op. cit.*, p. 429.

16. J. Laplanche, « Une révolution sans cesse occultée », in *Revue internationale d'histoire de la psychanalyse*, n° 2, 1989, p. 396.

17. Pierre Guin, « La scission de 1963 », in *Cliniques méditerranéennes*, n° 49-50, 1996, p. 54.

> Pour le comité en juillet 1963, il y avait trois objections insurmontables à Lacan : 1) Une analyse didactique n'est pas destinée à endoctriner. Or Lacan s'en sert délibérément dans ce but. 2) Pour une analyse didactique, certaines normes ont été établies pour éviter l'exploitation de l'analysant. Lacan ne reconnaît pas ces normes de base et, malgré certaines promesses, refuse de les connaître et de les appliquer. En violant ces normes de base, il soulève la suspicion d'exploiter les candidats matériellement et psychiquement. 3) Malgré des promesses répétées, Lacan n'a jamais pu nous convaincre de sa sincérité[18].

C'est pourquoi la position de l'IPA, via les commissions mandatées sur place, consiste à rejeter la demande d'affiliation de la SFP à l'IPA et à exiger que Lacan n'entreprenne plus d'analyses didactiques. Différentes commissions d'enquête se succèdent. L'affiliation est chaque fois refusée. Lors du congrès d'Édimbourg, en août 1961, l'exécutif adresse au groupe une série de recommandations visant à normaliser les pratiques techniques et éthiques des Français. Voici retranscrites quatre de ces dix-neuf recommandations :

> 1) Toute analyse didactique doit être menée au rythme minimum de quatre séances par semaine. Les séances doivent durer au moins quarante-cinq minutes.
> 13a) Que les docteurs Dolto et Lacan prennent progressivement leurs distances avec le programme de formation et qu'on ne leur adresse pas de nouveaux cas d'analyse didactique ou de contrôle.
> 13b) Que toute modification dans le statut des candidats des docteurs Dolto et Lacan, actuellement en analyse ou en contrôle, soit discutée avec le Comité consultatif avant toute initiative à leur égard.
> 13c) Que leurs analyses et leurs contrôles en cours se déroulent conformément à toutes les autres présentes recommandations[19].

À ce stade, la SFP, par la voix de sa présidente, se déclare prête à accepter les principes de ces recommandations mais refuse celles qui relèvent d'une mise en cause de personnes. La SFP accepte le statut de « Groupe d'études sous le parrainage de l'IPA ». Les négociations se poursuivent. Trois personnalités, des proches de Lacan — Leclaire, Granoff et Perrier, formant ce qui fut appelé la « troïka » — joueront un rôle majeur dans les négociations entreprises entre les deux institutions. Leurs efforts sont appréciés, mais n'aboutissent pas aux

---

18. Lettre de Turquet à Lagache, 3 novembre 1964, in Archives W. Granoff, citée par E. Roudinesco, *Histoire de la psychanalyse en France,* II, *op. cit.,* p. 623.

19. P. Guin, « La scission de 1963 », *loc. cit.,* p. 55.

résultats escomptés puisque Turquet observe en 1962, à propos du cas Lacan, qu'« il y a, au sein de la Société, un désir de l'exclure sans l'exclure ». Si le long travail de négociation de la troïka est reconnu et apprécié à sa juste valeur, Turquet reste sceptique sur certaines pratiques françaises et il note, par exemple, que « les Français étudient le texte de Freud comme au Moyen Âge les clercs, et qu'ils ignorent le transfert négatif[20] ».

Les enquêtes vont donc se succéder et elles laisseront une lourde trace, douloureuse pour beaucoup, en raison des procédures d'enquête qui sont mises en place et qui transgressent, de fait, les codes de confidentialité d'usage. En effet, les différentes commissions mandatées par l'IPA auront pour tâche d'interroger les acteurs de la SFP : membres titulaires, mais aussi candidats ou jeunes analystes. On interrogera en particulier les analystes étant passés ou étant encore sur le divan de Lacan : on leur demandera de décrire leurs expériences, mais aussi — tâche délicate et ambiguë — d'évaluer la pratique de Lacan. À cette occasion, certains seront donc conduits à critiquer la technique des séances courtes, par exemple, ou encore l'amalgame entretenu entre l'analyse et l'enseignement (le Séminaire). La plupart de ces témoignages sont restés secrets, mais cet épisode a provoqué un malaise certain dont il est difficile de mesurer les effets. Il est parfois demeuré tabou, d'ailleurs, comme le fait remarquer Quinodoz[21] : rares sont ceux qui ont donné leur version des événements, surtout parmi les futurs responsables de l'Association psychanalytique de France (APF), c'est-à-dire, nous allons le voir, ceux qui choisirent de ne pas défendre Lacan à tout prix.

En août 1963, une directive est adressée à la SFP (qui a le statut de Groupe d'études) sous forme de menace : rien n'a été fait à propos de Lacan, et si les recommandations ne sont pas appliquées, le maintien du parrainage du groupe d'études est compromis. Voici les termes de cette directive :

> Les mesures suivantes sont indispensables au maintien de la reconnaissance du groupe d'études :
> — Tous les membres, membres associés, stagiaires et candidats de la SFP devront être informés que le Dr Lacan n'est plus désormais reconnu comme analyste didacticien. Cette notification devra être effective le 31 octobre 1963 au plus tard.

---

20. Rapport secret de Turquet à l'exécutif au congrès de Stockholm en 1962, cité par par E. Roudinesco, *Histoire de la psychanalyse en France*, II, *op. cit.*, p. 350.

21. Cf. J.M. Quinodoz, « Société française de Psychanalyse », in A. de Mijolla (dir.), *Dictionnaire international de la psychanalyse*, Paris, Calmann-Lévy, 2002, p. 1591.

> — Tous les candidats en formation avec le Dr Lacan sont priés d'informer la Commission des études s'ils désirent ou non poursuivre leur formation, étant entendu qu'il sera exigé d'eux une tranche supplémentaire d'analyse didactique avec un analyste agréé par la Commission des études. Cette notification devra être effective le 31 décembre 1963 au plus tard[22].

Par ce texte, Lacan est donc radié de la liste des didacticiens. Si cette radiation n'est pas décidée par la SFP, l'affiliation sera à nouveau refusée et le statut de Groupe remis en question. On le voit, l'alternative se resserre : c'est pour ou contre Lacan. Ce dernier, profondément blessé par la procédure, qualifiera l'événement d'excommunication, comparant son sort à celui de Spinoza. Cet événement marque la séparation des lacaniens et des ipéistes et, dès lors, ils ne cesseront d'afficher leurs oppositions et leurs inimitiés, les uns faisant désormais figure d'ennemis jurés des autres.

Suite à la directive d'août, la rupture prend forme : le 13 octobre, une « motion d'ordre », signée par Juliette Favez-Boutonier, Georges Favez, Daniel Lagache et Wladimir Granoff, stipule que « le Dr J. Lacan ne figure plus sur la liste des membres titulaires habilités à l'analyse didactique et aux contrôles à dater de ce jour ». La motion provoque une crise qui polarise le conflit. Parallèlement, le « mouvement lacanien » s'autonomise et prend corps le 11 décembre 1963 avec la création du GEP (Groupe d'Étude de la Psychanalyse) ; le camp adverse est rassemblé autour de Lagache. Les deux clans se disputent le sigle SFP. L'IPA hâte la rupture en modifiant les statuts : le Groupe d'études est remplacé par un nouveau French Study Group (FSG) en mai 1964. Lagache quitte le Bureau de la SFP pour présider ce nouveau groupe. Le 26 mai 1964, en secret, le FSG prend le nom d'Association psychanalytique de France (APF). Le 21 juin 1964, Lacan proclame la création de l'École française de Psychanalyse, qui deviendra rapidement l'École freudienne de Paris (EFP). La dissolution juridique de la SFP est prononcée en janvier 1965. Au congrès d'Amsterdam, en juillet 1965, l'APF obtient son affiliation.

À partir de cette date, le « mouvement lacanien » se distingue, prend une existence institutionnelle propre et poursuit un cheminement désormais distinct du reste de la communauté psychanalytique. Alors que les organisations ipéistes ne connaîtront plus de nouvelles scissions, le mouvement lacanien sera marqué par de multiples ruptures — Roudinesco parle d'un

22. P. Guin, « La scission de 1963 », *loc. cit.*, p. 60.

« scissionnisme récurrent[23] » — donnant lieu à une configuration institutionnelle instable et morcelée.

Avec cette deuxième scission, c'est aussi ce que beaucoup considèrent comme « l'âge d'or » de la psychanalyse française qui prend fin. La décennie, marquée par les travaux de la SFP, a représenté une ère de renouveau et de collaboration entre les personnalités les plus novatrices de la psychanalyse française. Parmi les événements institutionnels marquants de la SFP, signalons la création en 1956 de la revue *La Psychanalyse* et l'organisation du colloque de Royaumont en 1961. Cette période est souvent évoquée en termes très élogieux. Pour François Perrier :

> De 1954 à 1963 s'écoule ainsi en France la période la plus féconde de la psychanalyse, celle qui a servi le temps et la société. [...] Pour la bonne raison qu'il existait de vraies rivalités, entre de vrais psychanalystes qui respectaient rigoureusement les critères de formation, car leur vœu était d'adhérer à l'Internationale[24].

C'est aussi l'avis de Nicole Beauchamp :

> Son [la SFP] aventure est marquée à la fois par une effervescence théorique qui en fait l'un des moments les plus féconds et les plus passionnants de l'histoire de la psychanalyse. [...] Pendant dix ans, portée par la passion de l'analyse, la recherche de son identité et la poursuite d'une reconnaissance impossible, la SFP connaît une sorte d'âge d'or de la psychanalyse, semblable à celui de la Vienne au début du siècle[25].

L'École freudienne de Paris et la troisième scission

En 1964, Lacan fonde donc une nouvelle école. Son discours de fondation restera célèbre et sa première phrase prend valeur de maxime :

> Je fonde — aussi seul que je l'ai toujours été dans ma relation à la cause psychanalytique — l'École française de Psychanalyse, dont j'assurerai, pour les quatre ans à venir dont rien dans le présent ne m'interdit de répondre, personnellement la direction[26].

---

23. E. Roudinesco, *Histoire de la psychanalyse en France,* II, *op. cit.,* p. 555.

24. François Perrier, *Voyages extraordinaires en Translacanie,* Paris, Lieu commun, 1985, p. 40-41.

25. N. Beauchamp, « Cursus et formation », *loc. cit.,* p. 80.

26. J. Lacan, « Acte de fondation. 21 juin 1964 », in *Autres Écrits,* Paris, Seuil, 2001, p. 229.

« Seul » contient ici deux significations : la solitude d'un Lacan qui se sent trahi ; mais aussi le règne monarchique qu'il inaugure, « seul » renvoyant alors à « seul à gouverner ». Aussi cette proposition institue-t-elle le *mouvement* lacanien (ceux qui suivent Lacan) au moment où il se retrouve en marge du mouvement officiel, autant que l'*institution* autocratique lacanienne.

Le terme *école* n'est, lui non plus, pas anodin, il se réfère à la tradition grecque et manifeste la volonté de Lacan de fonder une nouvelle forme d'institution psychanalytique. L'école n'est ni une association ni une société. Il souhaite mettre sur pied une forme d'organisation inédite qui diffère tant sur le fond que sur la forme du modèle ipéiste. L'école qu'il fonde opère en effet deux changements majeurs par rapport aux institutions antérieures : elle assouplit considérablement les règles de formation et s'ouvre aux non-psychanalystes. Trois catégories de membres sont créées :

1) Les « analystes de l'École » (AE) — qui sont initialement tous les anciens titulaires et membres associés venus de la SFP — ont pour tâche « l'élaboration doctrinale de la psychanalyse didactique ». En principe, ce titre ne doit pas correspondre à un statut hiérarchique, mais le fait qu'y aient été promus d'anciens « gradés » entretient la confusion. Finalement, le titre d'AE a de fait été assimilé à une position de prestige et de pouvoir. C'est un « jury d'agrément » qui étudie la demande d'un postulant au titre d'analyste de l'École.

2) Les « analystes membres de l'école » (AME) sont directement nommés par le « jury d'accueil » qui, en accordant ce titre, garantit « la capacité professionnelle » du candidat. Cette garantie n'a pas valeur d'habilitation à exercer car « le psychanalyste ne s'autorise que de lui-même. [...] Ceci n'exclut pas que l'École garantisse qu'un analyste relève de sa formation[27]. »

3) Les « analystes praticiens » (AP) sont ceux qui déclarent leur pratique analytique sans pour autant être « garantis » par l'École. Leurs noms figurent dans l'annuaire des membres de l'École.

Signalons qu'il est également possible d'être membre de l'École sans être psychanalyste. Lacan introduit en outre le fonctionnement d'un travail collectif sous forme de groupes de travail nommés des *cartels* :

> Pour l'exécution du travail, nous adopterons le principe d'une élaboration soutenue dans un petit groupe. Chacun d'eux [...] se composera de trois personnes au moins, de cinq au plus, autre est la juste mesure. Plus une chargée de la sélection, de la discussion et de l'issue à réserver au

27. J. Lacan, « Proposition du 9 octobre 1967 », *loc. cit.*, p. 76.

> travail de chacun. Après un certain temps de fonctionnement, les éléments d'un groupe se verront proposer de permuter dans un autre[28].

Enfin, l'École se divise en trois sections : section de psychanalyse pure (psychanalyse didactique) ; section de psychanalyse appliquée (thérapeutique et clinique médicale) ; section de recensement du champ freudien (théorisation et recherche).

On le voit, dans le fonctionnement de l'École de Lacan, toute procédure traditionnelle de sélection est écartée : l'analyse didactique du candidat n'est pas normée (libre choix de l'analyste, de la durée des séances comme de l'analyse, etc.), l'accès à la pratique n'est pas contrôlé. Aussi le cursus lacanien est-il qualifié « d'auto-sélecteur » par Jean-Luc Donnet, en opposition au modèle américain. Auto-sélecteur dans la mesure où il se caractérise par l'absence de contrôle de la part de l'institution sur le candidat. Le sujet décide de lui-même le passage des différentes étapes et choisit d'en parler ou non avec des interlocuteurs de son choix. Aucune obligation extérieure, aucune sanction officielle ne viennent encadrer ce parcours. L'école coopte ses membres selon des critères de simple agrément et peut même comporter, nous l'avons vu, des analystes non pratiquants[29].

Cette grande ouverture permet d'attirer un grand nombre de praticiens et d'élèves, et notamment ceux qui sont habituellement exclus ou peu tolérés dans les institutions traditionnelles. Aussi l'EFP va-t-elle recruter une grande partie de ses membres parmi les universitaires et les chercheurs, notamment en philosophie et en sciences humaines. Une politique expansionniste particulièrement payante puisque si, à ses débuts, l'EFP comptait une centaine de membres, en 1980, au moment de la dissolution, elle atteindra plus de six cents membres.

Autre innovation majeure en matière de formation : Lacan propose que toute procédure traditionnelle d'habilitation soit remplacée par une expérience inédite qui a pour vocation d'être la seule et la première à interroger, *selon des critères psychanalytiques*, ce qu'a de spécifique le parcours d'un apprenti analyste, c'est-à-dire le passage de la condition d'analysant à celle d'analyste. C'est la procédure dite de la « passe » élaborée dans la « Proposition du 9 octobre 1967 sur le psychanalyste de l'École ».

Bien que théoriquement conçue en ces termes, la passe n'est pas qu'une expérience à visée théorique, elle a partie liée avec des enjeux institutionnels forts,

---

28. Jacques Lacan, « Acte de fondation. 21 juin 1964 », *loc. cit.*, p. 229.

29. Cf. J.L. Donnet, « Cursus et hiérarchie », *loc. cit.*, p. 137-139.

et cette dimension ne peut être niée, aussi pures soient les intentions de départ. Car si elle n'est pas une procédure de formation ou d'habilitation, la passe vise en tout cas à rendre compte de la « formation » psychanalytique d'un candidat et, dans cette perspective, à lui attribuer ou non le titre d'AE, c'est-à-dire à entériner, à *valider* ce « passage ». Car tous ne « passent » pas, bien au contraire. Il s'agit donc, d'une certaine manière, de sanctionner le parcours d'un candidat : ce dernier étant, au bout du compte, accepté ou refusé par un jury.

Concrètement, il s'agit d'une procédure au cours de laquelle un *passant* (un analysant) témoigne auprès de deux *passeurs* (qui sont aussi des analysants) de son analyse. Il rend compte, en termes lacaniens, de son *désir* de devenir analyste, de ce passage de l'analysant à l'analyste. Pour reprendre la formule de Philippe Julien, dans la passe, « vous passez de "ma psychanalyse" à "la psychanalyse"[30] ». Ce témoignage est conçu de telle sorte qu'il est indirectement transmis, par la médiation des passeurs, dont c'est précisément le rôle de se faire les relais du témoignage en question. Concrètement, les passeurs, qui ont été tirés au sort et sont inconnus du passant, rapporteront à un jury dit d'*agrément* ce qu'ils auront entendu de ce passage. Ce jury est lui-même composé de membres ayant déjà reçu le titre d'AE.

La procédure est adoptée, mais rapidement elle trouve ses détracteurs. Guy Rosolato quitte l'EFP et rejoint l'APF ; peu après, Piera Aulagnier, François Perrier et Jean-Paul Valabrega démissionnent à leur tour et fondent le Quatrième Groupe : c'est la troisième scission. Huit ans plus tard, en 1977, le suicide de Juliette Labin, quelque temps après qu'on lui a communiqué qu'elle n'est pas reçue à l'épreuve de la passe, alimente la crise. L'affaire suscite de nombreuses réactions. Celle de Roudinesco, par exemple, qui écrit une lettre dans laquelle elle proclame que « Juliette Labin est une suicidée de la passe. [...] La passe est une machine infernale et l'outil implacable d'un délire[31] ». Celle de Jeanne Favret-Saada, en 1977, qui, choquée par la violence qu'induit la passe, choisit de quitter l'EFP et rend l'affaire publique en publiant sa lettre de démission dans *Les Temps modernes*. C'est dans ce contexte qu'en 1978, concluant les nombreux témoignages allant dans ce sens lors des Journées d'études sur la passe de Deauville, Lacan constatera finalement lui-même : « Bien entendu, c'est un échec complet, cette passe[32]. »

---

30. Philippe Julien, « Témoignages sur la SFP et l'EFP », in *Che vuoi ?* n° 15, 2001, p. 85.

31. E. Roudinesco, lettre du 14 mars 1977, in *Histoire de la psychanalyse en France*, II, *op. cit.*, p. 638.

32. Jacques Lacan, « Discours de clôture des assises de l'École freudienne de Paris sur l'expérience de la passe », in *Lettres de l'École freudienne*, n° 23, 1978, p. 181.

Ce qui frappe dans cet épisode, c'est le décalage entre l'intention et l'ambition de la passe telle qu'elle est pensée par Lacan, et sa réalité institutionnelle. Et surtout, le fait que cette réalité institutionnelle ne semble pas avoir été anticipée. Car si le projet de Lacan repose sur une conception idéale d'une pure expérience, d'un passage cueilli dans son essence, il échoue à neutraliser les enjeux et les effets sociaux de la procédure, d'autant plus sans doute qu'il prétend les maintenir à l'écart. Or la passe est autant un rituel de passage qu'un mode de nomination et, à ce titre, elle reproduit les enjeux de reconnaissance et d'ascension hiérarchique propres à toute institution. Peut-être même les accentue-t-elle par l'idéalisation qui est faite de ce passage, censé représenter la théorisation pure de l'*être* psychanalyste, le moment suprême en quelque sorte, et qui fascine tant Lacan, dont tout le monde attend la reconnaissance. L'enjeu de la passe ne peut pas ne pas être perçu comme crucial et investi de façon extrême car il est à la fois :

— ce qui distingue les vrais analystes des analystes de base (il va sans dire qu'on fait pâle figure, même si l'on exerce, tant que l'on est un simple analyste face à un passant étant passé, qui donc sait et a su témoigner) ;

— ce qui fascine Lacan, qui est passionné par cette question et en attend beaucoup sur un plan théorique ;

— et ce qui, inévitablement, confère du pouvoir. Dans les faits, on ne peut ignorer que les AE jouissent d'un surplus de prestige et de considération qui accroît leur audience, leurs demandes d'analyses (didactiques et de contrôle), leur autorité intellectuelle. Ce qui contribue du même coup à leur garantir des positions dominantes dans le champ.

On retrouve de façon tout à fait exemplaire, dans le cas de la passe, la tendance à concevoir l'intra-analytique comme une entité, une sphère idéale, épurée, extra-territoriale. À travers le déni systématique qui est apporté à ses composantes extra-analytiques et notamment sociales, est agissante l'idéologie selon laquelle l'analyse, pure en son essence, est constamment menacée et pervertie par l'extra-analytique. Selon cette rhétorique, la passe est pure, mais ce qui en signe l'échec, c'est l'institution, qui vient la souiller et en dénaturer l'enjeu et le déroulement.

D'ailleurs, malgré ce constat d'échec, un certain nombre d'institutions lacaniennes continueront d'appliquer — telle quelle ou dans une version modifiée, selon les cas — la procédure. Nombreux sont en effet les psychanalystes lacaniens qui considèrent, en conformité avec l'idéologie mentionnée, que ce n'est pas la procédure de la passe en tant que telle qui fut un échec, mais les modalités de son application institutionnelle. Aussi s'efforce-t-on de réadapter la procédure de façon à en préserver l'intention, nécessairement bonne en principe.

Quoi qu'il en soit, et pour revenir sur les questions de formation, on voit que la conception lacanienne de la formation va à contre-courant du modèle traditionnel standardisé par l'IPA :

1) Elle abolit la distinction classiquement admise entre analyse thérapeutique et analyse didactique, en tout cas en tant qu'étape suscitant le processus de formation. Pour Lacan, une psychanalyse n'est didactique que dans l'après-coup, rétroactivement. Il souligne qu'on ne peut *déclarer* une analyse didactique (en raison des effets anti-analytiques qu'un tel projet comporte) mais qu'une analyse *s'avère* ou non didactique selon qu'elle suscite ou non le désir d'être analyste. C'est ce qui fait dire à Lacan que l'analyse didactique est l'analyse par excellence, qu'elle est l'analyse « pure ». C'est dire, en d'autres termes, que toute analyse véritable devrait, théoriquement, se conclure par le fameux passage : l'analysant devenant lui-même analyste. Un certain nombre de commentateurs, dénonçant par là-même les effets pervers de cette théorie, ont relevé qu'en défendant un tel point de vue, Lacan, loin d'abolir l'analyse didactique, la réifie : c'est le cas, en particulier, de P. Aulagnier, de J. Laplanche ou de J.P. Valabrega[33].

2) Elle décharge l'institution des pouvoirs de sélection et d'habilitation qui lui sont habituellement conférés pour faire endosser cette responsabilité au postulant analyste lui-même. C'est le sens de sa célèbre proposition au cœur de tant de polémiques : « Le psychanalyste ne s'autorise que de lui-même. » Cette phrase, énoncée dans la proposition du 9 octobre 1967, constitue un principe fondateur de l'École.

Pour résumer, avec Nicole Beauchamp :

> La « psychanalyse pure » est donc celle qui a produit un analyste, d'avoir fait émerger dans la cure ce que Lacan nomme *désir de l'analyste* ; le désir de l'analyste est ce qui donne sa légitimité à « l'autorisation » que l'analyste se donne[34].

Crise et dissolution

En 1978, est donc prononcé l'échec de la passe. À la même période, Lacan commence à souffrir de troubles neurologiques graves, affectant notamment sa parole (il est atteint d'une aphasie partielle) : pour la première fois, en 1978,

---

33. Cf. P. Aulagnier, « Comment peut-on ne pas être persan ? », in *L'Inconscient*, n° 8, 1968. J. Laplanche, « Lacan anti-didacticien ?! », in *Journal des psychologues*, n° 125, 1995. J.P. Valabrega, « La psychanalyse savante », in *L'Inconscient*, n° 8, 1969.

34. N. Beauchamp, « Sésame, ouvre-toi ? », *loc. cit.*, p. 29.

lors d'un séminaire, il reste muet. Cet épisode marque fortement les esprits. L'EFP elle-même vit une crise institutionnelle de plus en plus importante. Autour de 1968 a été créé à Vincennes un département de psychanalyse sous l'égide de Serge Leclaire, disciple de Lacan. Mais rapidement, Lacan s'attache à torpiller l'expérience de Leclaire, le contraint à démissionner et prend le contrôle par l'intermédiaire de Miller qu'il nomme responsable du département. Cette prise de pouvoir dictatoriale suscite la fureur des enseignants de Vincennes — dont un certain nombre se voit éliminé au moment de cette restructuration arbitraire — et certains lacaniens se révoltent contre les méthodes de Lacan. Alimentés par la crise du département de Vincennes, les problèmes politiques et les conflits sont en effet loin d'être absents, malgré les ambitions de départ. Comme l'analyse par exemple Donnet :

> L'École freudienne s'est vite organisée, sous couvert de libéralisme, en vaste entreprise d'expansion et de pouvoir. Il est frappant de constater que le lacanisme vivait sur une « dénonciation » des institutions non lacaniennes. [...] Dans le même temps, les pratiques au sein de l'École freudienne ont été particulièrement occultées et manipulatrices, sous le couvert d'un anti-bureaucratisme conforme à la vérité de l'analyse[35].

En d'autres termes, Lacan n'a pas pu empêcher que se produise du social, de l'institutionnel, du politique, là où il comptait l'évacuer pour préserver l'analytique pur. Le titre d'AE, nous l'avons vu, était ainsi inévitablement perçu comme une « nomination » et réintroduisait une hiérarchie puissante entre les différents types de membres. De même, Lacan ne pouvait annuler les effets de son propre statut de chef d'école et de maître, et se trouvait en position de toute-puissance, omniprésent, influant en permanence sur toutes les décisions (même lorsqu'il ne le faisait pas directement, de manière indirecte parce qu'on voulait lui plaire ou s'assurer ses faveurs). Le pouvoir exorbitant de Lacan dans sa propre école et ses conséquences finirent par multiplier les fissures au sein de l'EFP et menèrent à l'affrontement de plus en plus violent de courants opposés.

Alors que le climat devenait haineux et désespéré, Lacan finit par dissoudre son école, le 5 janvier 1980. Ce geste radical et anti-démocratique provoqua un immense désarroi auprès de nombreux disciples, et le lacanisme connut dans les semaines qui suivirent les pires moments de son histoire. Les affrontements et les haines qui se développèrent alors sont, dans certains cas, encore opérantes plus de vingt ans plus tard.

---

35. J.L. Donnet, entretien, in P. Froté, *Cent ans après*, *op. cit.*, p. 362.

Un certain nombre de membres de l'EFP — parmi lesquels, en particulier, Michel de Certeau, Michèle Montrelay et Claude Rabant — refusent de concéder à Lacan le pouvoir de décider seul du destin de l'EFP et sont à l'origine d'une assignation en référé avec demande de nomination d'un administrateur judiciaire adressée à Lacan (ce qui sera refusé par le tribunal). De son côté, le courant « millérien » riposte contre les opposants à la dissolution en créant, en mars 1980, un bulletin temporaire intitulé *Delenda,* visant à activer le travail de la dissolution et à identifier et à dénoncer les traîtres à Lacan. Ce bulletin sera l'occasion de pratiques de dénonciation et d'un déchaînement de haines, et constituera un événement particulièrement traumatique dans l'histoire du lacanisme. Les auteurs du référé échouent dans leur bataille contre la dissolution et celle-ci est décidée le 27 septembre 1980, alors qu'a été créée parallèlement la nouvelle école de Lacan, la Cause freudienne (21 février 1980). Mais le climat s'est fait excessivement violent et les ruptures sont irréparables. Certains, à l'instar de Melman, dénoncent les manœuvres millériennes et les conditions dans lesquelles s'est effectuée la dissolution : ils prétendent qu'on a manipulé Lacan, malade, et que la lettre de dissolution est apocryphe (la question de savoir qui a été l'auteur des textes de dissolution et de création de ce qui deviendra l'ECF reste controversée encore aujourd'hui).

C'est dans ce contexte qu'ont lieu les premières défections de disciples de Lacan qui, écœurés par les manœuvres politiques qui les désavouent, fonderont de nouveaux groupes : l'Association freudienne ou AF (Charles Melman) et le Centre de Formation et de Recherches psychanalytiques ou CFRP (Octave Mannoni, Maud Mannoni et Patrick Guyomard) en 1982. Début 1981, la Cause freudienne est rebaptisée École de la Cause freudienne ». Le 9 septembre 1981, Lacan s'éteint.

Des combats fratricides entre disciples du grand maître, c'est donc le courant millérien qui sortit vainqueur. Jacques-Alain Miller est toujours actuellement le chef de file de l'École de la Cause freudienne, fondée par Jacques Lacan.

Cinq associations actuelles

L'OPLF, le « tiers lieu freudien[36] »

Le Quatrième Groupe, ou Organisation psychanalytique de Langue française (OPLF) se présente comme « une alternative n'impliquant de soumission ni

36. Cf. « Le Cahier bleu », in *Topique*, n° 1, 1969.

au contrôle de l'API ni à l'institution lacanienne[37] ». Les fondateurs du Quatrième Groupe sont Piera Aulagnier, François Perrier et Jean-Paul Valabrega, rejoints rapidement par un petit groupe de collègues. Il s'agit d'anciens de l'EPF, déçus par la tournure que prennent certaines innovations lacaniennes, et plus particulièrement par la théorie de la scansion (en cela qu'elle permet de justifier les séances courtes) et par la théorie de la passe. Ils considèrent ces pratiques comme des dérives institutionnelles de l'École lacanienne. Ils dénoncent en particulier les risques d'aliénation, envers le maître et l'institution, contenus dans le mode de gestion lacanien. D'un autre côté, ils sont également hostiles au modèle de l'IPA, jugé trop bureaucratique. Pour Moreigne, la naissance du Quatrième Groupe a duré trois ans et deux mois : elle commence avec les critiques en réaction à la proposition du 7 octobre 1967 et s'officialise avec la création, en 1969, du groupe lui-même[38]. Le Quatrième Groupe s'organisera également autour d'une nouvelle revue, *Topique*.

En rupture avec eux, le Quatrième Groupe ne peut s'organiser sur les modèles ipéiste et lacanien, et il se doit de constituer une alternative aux règlements institutionnels existants. Celle-ci consiste essentiellement en deux aspects majeurs :

— le refus de toute hiérarchie et la création d'une seule catégorie de membres au sein du groupe. Au Quatrième Groupe, on est soit « membre », soit « participant[39] », mais tous les membres partagent les mêmes responsabilités vis-à-vis de l'institution et de la transmission de la psychanalyse ;

— une innovation en matière de formation psychanalytique à travers la théorie de « l'analyse quatrième » et sa mise en place.

Lui-même membre de cette institution, Daniel Zaoui prétend que le Quatrième Groupe fut la première institution à supprimer l'analyse didactique[40]. Dans l'organisation de l'OPLF, en effet, l'organisation n'intervient à aucun niveau dans l'analyse personnelle du futur candidat (le choix de l'analyste est libre, la présélection est abandonnée). Pour reprendre les termes du *Cahier bleu*, qui expose les principes d'organisation de l'institu-

37. Cf. S. de Mijola-Mellor, « Alienator ou les enjeux théoriques de la troisième scission dans le mouvement psychanalytique en France », in *Cliniques méditerranéennes*, n° 49-50, 1996, p. 82.

38. Cf. J.P. Moreigne, « À propos de l'histoire du IVe Groupe. Institution du doute, aporie de la formation ? », in *Revue internationale d'histoire de la psychanalyse*, n° 2, 1989.

39. Jusqu'en 1985, la terminologie distingue les « cotisants » des « contribuants ».

40. Cf. Daniel Zaoui, « La formation des psychanalystes au IVe Groupe », in *Che vuoi ?* n° 15, 2001, p. 109.

tion, le Groupe procède à une « mise au secret de la cure ». Cette mesure vise à protéger l'analyse des effets de l'institution mais aussi à contrer la position lacanienne qui, nous l'avons vu, fait de l'analyse didactique l'analyse « pure ». Aussi, rappelle Zaoui, les membres du Quatrième Groupe préfèrent-ils la notion de *processus* à celle de *cursus* balisé :

> En effet, l'une des caractéristiques de notre formation, puis éventuellement de l'engagement dans l'institution pouvant aboutir à une demande d'habilitation, consiste dans le fait que le candidat mène les différentes étapes de son parcours à son rythme personnel. [...] Dans ce sens, le processuel prime sur l'institutionnel[41].

La formation à proprement parler commence avec le contrôle qui, au sein de l'OPLF, a pour nom « analyse quatrième ». Le candidat doit également participer à des réunions dites *sessions inter-analytiques* au cours desquelles il propose à la discussion un problème théorico-clinique. Dans l'esprit du *Cahier,* ces sessions « ont pour fonction de remplacer, lors des étapes d'un cursus, l'instance traditionnelle des commissions ou jurys nommés à des missions d'expertise par un groupe analytique[42] ». À l'issue de ce parcours, il peut demander à être reconnu membre du Groupe, statut qui lui est conféré au cours d'une « session habilitante ».

L'OPLF, préconisant la règle du « minimum institutionnel », fait reposer son fonctionnement non pas sur un règlement intérieur mais, selon l'euphémisme choisi, sur un certain nombre de « dispositions » dans une perspective pragmatique (ce sont les propos de Moreigne[43]). Le *Cahier bleu* publié dans les premiers numéros de *Topique* énonce les principes et les modalités de fonctionnement du groupe. Il sera modifié à trois reprises : en 1983, en 1985 et en 1999. Comme le rappelle Zaoui :

> Un des réquisits consiste en ce que se tienne, périodiquement, une session qui réunit les membres et les participants du IVe Groupe — dite *session institutionnelle* — et qui a pour objet de faire un point critique sur les éventuelles dérives que nous pouvons constater dans notre fonctionnement institutionnel par rapport à nos principes de base, d'en prendre la mesure et de proposer les modalités qui permettent de les corriger[44].

41. Daniel Zaoui, « Le Quatrième Groupe. Présentation », www. quatrieme-groupe.org /presentation2.htm

42. « Cahier bleu », in *Topique,* n° 1, 1969, p. 18.

43. Cf. J.P. Moreigne, « À propos de l'histoire du IVe Groupe », *loc. cit.*, p. 388.

44. D. Zaoui, « Le Quatrième Groupe. Présentation », *loc. cit.*

Selon l'aveu des responsables eux-mêmes, les modifications des années quatre-vingt furent motivées par les préoccupations suscitées par la très faible croissance de l'institution depuis sa création :

> Un simple regard sur les listes existantes depuis 1969 montre que la dizaine de psychanalystes présents lors de la fondation n'avait été rejointe que par huit psychanalystes membres de 1970 à 1976, un peu plus de 1975 à 1982, ce qui est à l'origine des premières grandes reformulations du *Cahier bleu* en 1983 et 1985 (Préambule de 1999).

Au début des années quatre-vingt-dix, l'effectif du Quatrième Groupe aura doublé, pour compter aujourd'hui 47 membres et 220 participants.

Comment fonctionne le processus de formation dans le Quatrième Groupe ? En général, la formation commence après six ou sept ans d'analyse, Zaoui parle d'une moyenne de dix à quinze ans pour être habilité. Elle repose essentiellement sur la théorie originale développée par le Quatrième Groupe de l'« analyse quatrième ».

Le concept et le terme d'« analyse quatrième » ne sont introduits dans le texte qu'en 1983 à l'occasion des modifications apportées au *Cahier bleu*. L'analyse quatrième y est alors définie comme « une théorie du contrôle, de la situation de supervision — théorie jamais esquissée jusque là — et prenant en compte l'ensemble complet des figures et personnes qui y interviennent, ainsi que leurs interactions visibles ou cachées[45] ». Concrètement, l'analyse quatrième telle qu'elle est amplement conceptualisée par l'un des fondateurs de l'OPLF, Jean-Paul Valabrega, consiste à prendre en compte les quatre protagonistes, ce qui n'est traditionnellement pas fait dans la situation de « contrôle ». Ces quatre protagonistes sont : un patient et son analyste (2), l'analyste de cet analyste (3), le contrôleur (4). En filiation avec l'école de Budapest, Valabrega tient à rendre central le concept de contre-transfert et à être particulièrement attentif aux multiples identifications de l'analyste en contrôle. Pour Valabrega, comme pour V. Kovacs :

> La seule façon de parler de son analyse, c'est à propos d'un tiers objet. Et la situation tout indiquée pour entendre quelque chose là-dessus, elle existe : c'est ce qu'on appelle le contrôle[46].

Aussi le Quatrième Groupe se caractérise-t-il par une réflexion très poussée sur la question de la formation de l'analyste et des enjeux de pouvoir et

---

45. Cf. « L'analyse quatrième et la session inter-analytique », in *Topique*, n° 32, 1983.

46. J.P. Valabrega, « Après la proposition du 9 octobre », in *Analytica*, n° 7, 1978, p. 47.

d'abus de pouvoir qui sont susceptibles de s'y manifester. Les élaborations théoriques sont, au cours de l'histoire du groupe, largement nourries et débattues, mais l'on peut s'étonner du fait qu'elles soient finalement peu reprises par l'extérieur analytique, qui semble bien souvent ignorer ou feindre d'ignorer ces contributions.

Par ailleurs, les changements apportés lors de la refonte de 1983 concernent essentiellement l'accent porté sur deux marqueurs identitaires du groupe : son pluralisme, d'une part, et la responsabilité de ses membres, d'autres part. Les auteurs du texte notent en effet que l'attention portée aux méfaits de l'autoritarisme, aux abus de pouvoir, avait conduit jusqu'alors à négliger quelque peu les prises de responsabilité. C'est pourquoi le texte de 1983 s'attache à « corriger certaines imprécisions » et à affirmer des « exigences minimales » qui n'étaient jusque-là pas précisées. En matière de « conditions préalables à la formation », tout d'abord, sont requises une culture générale, une culture et une formation spécialisées, une expérience clinique (médecine, psychiatrie ou psychologie clinique) et une expérience analytique personnelle. En effet, comme le rappelle Zaoui :

> Il paraît peu imaginable qu'un psychanalyste ne puisse faire un diagnostic différentiel entre névrose et psychose dès lors qu'il va prendre en charge un patient pendant la durée d'une cure, [...] même si le diagnostic de la nosographie psychanalytique ne se pose pas de la même façon que celui de la nosographie psychiatrique[47]. »

Sont également définies des « exigences minimales » requises pour tout candidat à l'habilitation :

> 1) *A minima* deux analyses quatrièmes, dont l'une au moins faite avec un cotisant du IVe Groupe.
> 2) Un minimum de deux à trois sessions inter-analytiques.

Il est intéressant de remarquer la façon dont la question de la responsabilité est mise en avant, le terme lui-même étant omniprésent dans le texte. À la lecture du document, on comprend que la thématique de la responsabilité sert de marqueur identitaire aux membres du Quatrième Groupe, qui revendiquent ainsi implicitement leur démarquage avec les lacaniens. L'analyste en formation est encouragé, dans le texte, à entreprendre des consultations auprès des représentants de l'institution (membres cotisants), bien que l'on rappelle que ces derniers n'ont aucun pouvoir d'arbitrage sur la décision du

47. D. Zaoui, « La formation des psychanalystes au IVe Groupe », *loc. cit.*, p. 15.

futur analyste. L'accent est mis sur la responsabilité des consultés : « À l'irresponsabilité collective, anonyme, le IVe Groupe a substitué le principe de la responsabilité individuelle de chacun de ses membres[48]. » Cette prise de position et l'attention portée à la responsabilité des psychanalystes s'interprètent comme une critique à peine voilée des dérives du lacanisme autant que des lourdeurs institutionnelles ipéistes. Né de sa volonté de présenter une alternative aux courants existants, l'OPLF n'aura de cesse de redéfinir son identité en opposition à l'IPA, certes, mais aussi et surtout au lacanisme, dont le texte dénonce les excès et aberrations de tout genre : un certain mépris du savoir, une gestion antinomique de la psychanalyse à l'Université, etc.

> L'importance d'une culture générale étendue et approfondie (autrefois dénommée *les humanités*) devrait être superflue à rappeler. Elle se justifie néanmoins *par la circulation et la diffusion bruyante de certaines thèses ou doctrines — hélas d'origine analytique — tendant à jeter la suspicion et le discrédit sur la connaissance elle-même, ou sur le savoir.* Il est donc devenu nécessaire de déclarer que les analystes du IVe Groupe réfutent et refusent catégoriquement ces conceptions, parce qu'elles ont pour seul fondement une argumentation sophistique, et pour but inavoué la séduction d'un large public crédule[49].

> Mieux encore, il existe au sein de l'Université des chaires de psychanalyse occupées par des analystes (parfois assistés de non-analystes). Ces chaires décernent des diplômes de psychanalyse et des titres de doctorat en psychanalyse. On garde le mutisme sur la contradiction insurmontable entre le fait de délivrer aux étudiants des certificats en capacité de psychanalyse d'un côté, tout en affirmant d'autre part que ces maîtrises, grades et doctorats ne confèrent à leur titulaire aucun titre, ni aucune compétence à la pratique analytique À l'inverse, les analystes du IVe Groupe estiment que les paradoxes inhérents à la nature, l'objet, l'essence de la psychanalyse, et par conséquent aussi les paradoxes de son enseignement, doivent être constamment soulignés, mis en évidence, et qu'ils doivent être individuellement vécus par tout candidat ou analyste en formation, afin que chacun puisse adopter les réponses, les orientations et les choix qui lui conviennent[50].

48. « Formation et habilitation », in *Topique,* n° 32, 1983.

49. *Ibid.* (souligné par nous).

50. Commentaires sur le département de psychanalyse de l'Université de Paris VIII, dirigé par Jacques-Alain Miller, in « Formation et habilitation », *loc. cit.*

Bien qu'originellement issu de l'école lacanienne, de manière générale et au fil du temps, le Quatrième Groupe a fini par se rapprocher davantage des institutions orthodoxes (SPP et SPF) que des groupes lacaniens, dont certaines dérives sont jugées inacceptables.

Deuxième élément participant de la volonté de marquage identitaire, le texte de 1983 souligne l'importance du « pluralisme » du Quatrième Groupe :

> D — Pour ses deux ou trois sessions inter-analytiques, le candidat aura à choisir des cotisants différents : travail pluraliste. [...] S'il n'est pas possible, en effet, à un candidat d'avoir pris contact et travaillé au cours de sa formation avec la totalité des cotisants, il est par contre nécessaire et satisfaisant qu'une connaissance et une reconnaissance mutuelle suffisamment large aient progressivement pris place avant l'habilitation elle-même. [...]
> E — Par ces mesures, on entend aussi s'opposer à toute pratique comme à toute tentation d'adhésion « politique » dans le Groupe. Et ceci tant de la part du candidat que du côté des cotisants[51].

En 1985, sera ajoutée la mention suivante : « Le IVe Groupe admet pleinement la diversité des provenances, études et orientations[52]. » Cet argumentaire passe aussi par un positionnement critique :

> Formation et communications pluralistes permettent de parer aux effets les plus aliénants de l'identification — non pas secondaire mais tertiaire — à l'analyste. Identification dont certains esprits égarés sont allés jusqu'à soutenir qu'elle était la fin idéale de l'« analyse didactique » ; mais dont l'expérience montre qu'elle est au contraire stérilisante et aberrante[53].

L'étude de ces travaux et réflexions théoriques montre en outre que le Quatrième Groupe est sans doute la société qui produit le plus de textes officiels sur les risques d'endoctrinement, d'aliénation, sur le « suivisme d'appartenance » (l'expression est de Valabrega), sur les effets pervers des institutions. À s'en tenir à ces textes, et donc d'une certaine manière à cette vitrine, l'OPLF passerait volontiers pour un groupe particulièrement ouvert, responsable, soucieux de contrer les effets pervers d'une dérive doctrinale lacanienne et

51. « Formation et habilitation », *loc. cit.*

52. « Quatrième Groupe. Principes et modalités de fonctionnement », http://quatriemegroupe.org, 1985.

53. « L'analyse quatrième et la session inter-analytique », in *Topique*, n° 32, 1983.

d'un discours strictement internaliste. Un contre-exemple, en somme, aux vues des discours dominants dans les mêmes années. Notons tout de même, à la suite de Roudinesco, les ambiguïtés des rapports de ce groupe au lacanisme : l'historienne souligne ainsi qu'au moins jusqu'aux années quatre-vingt, « on peut trouver partout la trace de cette appartenance au lacanisme dans les articles ou les textes émanant des membres du Groupe[54] ». Oscillation parfois inconfortable entre filiation théorique et rupture organisationnelle, institutionnelle et, sur certains points, doctrinale. Il est, bien entendu, difficile d'évaluer la réalité de cette « ouverture » de principe proclamée par les textes : il semblerait que le Quatrième Groupe ait joui de cette réputation d'ouverture et de pluralisme (c'est moins le cas maintenant, semble-t-il). De la même manière, si les demandes de formation provenaient, il y a quelques années, voire décennies, de divans lacaniens, il y aurait aujourd'hui un peu plus de divans internes et une provenance plutôt ipéiste (SPP, APF), qui pourrait faire penser que l'OPLF a acquis une légitimité qui l'éloigne en fin de compte de la référence lacanienne, comme nous l'avons signalé plus haut.

L'APF, une ipéiste révolutionnaire ? Respectabilité et opacité

Issue de l'épisode agité de la scission de 1964, l'Association psychanalytique de France est créée en juillet 1964 et très vite intégrée à l'IPA. Aussi l'APF est-elle irrémédiablement marquée par ce choix originel : l'appartenance à l'internationale et le refus de Lacan :

> Aller vers l'Association psychanalytique de France, pendant les années critiques du début, constituait une double démarche. On allait, d'une part, ne pas se donner un maître, ne pas devenir disciple de Lacan, et d'autre part, on pouvait penser qu'éventuellement on allait vers Freud, pas aussi mort et embaumé que dans l'autre société non lacanienne. Car le vif de la démarche, polémique d'une part, fondatrice de l'autre, faisait croire que, là, Freud allait vivre au moins un peu. Cette démarche était un compromis[55].

Pour les lacaniens, les fondateurs de l'APF sont des traîtres, pour les autres, ils sont rentrés dans le rang. Mais, nous le verrons, la rhétorique récurrente dans les textes émanant des grandes figures de l'APF tend à refuser cette interprétation historique : ce qui est constamment revendiqué, c'est une identité spécifique, autre. Tout comme l'OPLF, l'APF refuse de se définir par

---

54. E. Roudinesco, *Histoire de la psychanalyse en France*, II, *op. cit.*, p. 481.

55. W. Granoff, « La question du maître », in *Filiations*, Paris, Éditions de Minuit, 1975, p. 247.

défaut et redouble d'effort pour justifier ses spécificités. Lagache déclarait par exemple, en 1965 :

> Ce n'est pas seulement l'IPA qui a reconnu l'Association, c'est l'Association qui a reconnu l'IPA et conclu avec elle un pacte d'honneur. Son ambition est de devenir une des meilleures associations psychanalytiques du monde, peut-être un jour la meilleure[56].

Ou encore, ces propos de Smirnoff :

> L'APF, groupe structuré autour d'un projet commun, n'avait pas vocation de marginalité : nous tenions à être reconnus en tant que société analytique par nos pairs, c'est-à-dire devenir une société composante de l'IPA, mais une société qui garderait cependant son indépendance et son originalité. [...] Sans le vouloir peut-être, l'IPA nous avait permis d'échapper à une domination qui devenait de plus en plus lourde : il ne nous semblait pas souhaitable que la SFP devînt un domaine gardé, réservé aux « lacaniens ». Lacan certes, mais pas uniquement Lacan ! [...] C'était une façon de préserver notre identité. Du temps de la SFP, nous nous reconnaissions dans une identité vacillant entre, d'une part, la turbulence de Lacan et de ses myrmidons, et, de l'autre, les eaux plus tranquilles de Lagache. [...] Aujourd'hui encore, nous affirmons notre identité dans la diversité de nos options, ce qui déroute, semble-t-il, nos jeunes collègues. La bipolarité de jadis a été effacée au profit de la pluralité actuelle, mais nous sommes restés fidèles à notre refus d'inféodation[57].

L'une des caractéristiques de ce groupe est la constance de son faible effectif. En 1964, l'APF ne compte que 26 personnes. En 2002, elle compte seulement 31 membres titulaires (dont 29 en exercice à l'institut de formation) et 37 membres sociétaires. Elle est sans arrêt, au cours de son histoire, menacée d'extinction en raison de ce faible effectif et d'une population vieillissante, très faiblement renouvelée. En 1989, Jean-Claude Arfouilloux s'en alarmait en ces termes :

> L'institution est peu attractive ; on n'y fait pas carrière. Le cursus est trop sélectif, trop étalé dans le temps. On cherche à obtenir sa validation,

---

56. D. Lagache, cité par Jean-Claude Arfouilloux, « La formation dans la Société française de Psychanalyse et dans l'Association psychanalytique de France. Histoire d'un malaise dans la culture analytique », in *Revue internationale d'histoire de la psychanalyse,* n° 2, 1989, p. 357.

57. V. Smirnoff, cité par J.C. Arfouilloux, « La formation dans la SFP et dans l'APF », *loc. cit.*, p. 358.

> comme celle d'un diplôme autorisant une pratique professionnelle, mais on ne va pas au-delà. On diffère sans cesse le moment de l'intégration dans la communauté, avec les prises de responsabilité qui en découlent dans les tâches de gestion et d'enseignement[58].

Cette institution se présente elle-même à travers trois caractéristiques majeures : 1) un regard critique envers Lacan et le lacanisme (en particulier en matière de formation) ; 2) une ouverture vers les sciences humaines et une composition plus « universitaire » que la SPP ; 3) une élaboration originale en matière de formation, voire, selon certains, un modèle de formation « révolutionnaire » ou « subversif » au sein même de l'internationale[59].

1) Concernant le rapport au lacanisme, Laplanche soutient que la période de négociations a eu pour effet la prise de conscience, chez certains élèves de Lacan, de l'importance des séances courtes et du brassage entre l'analyse individuelle et l'enseignement (le Séminaire) :

> Le fait que Lacan n'était pas disposé à renoncer, en quoi que ce soit, à ces « pratiques » était, soudain, révélateur de leur importance. Ainsi, ce qui à nos yeux (à mes yeux) naïfs avait pu passer pour accessoire (les particularités d'un homme et d'une pratique) était devenu l'enjeu majeur. La conception même du processus analytique y était en cause : analyse du patient et surtout analyse du « candidat »[60].

Née notamment d'un désaveu des pratiques lacaniennes, l'APF, comme l'OPLF, se veut méfiante à l'égard des pouvoirs et de leurs abus. À la fois inspirée par l'apport lacanien (à travers les anciens de la SFP et les anciens analysés de Lacan) et critique envers les déviances jugées inacceptables (la pratique des séances courtes, notamment), l'APF oscille en permanence entre une image de respectabilité et de légitimité et, en opposition à la grande sœur SPP, une image de pluralisme, d'ouverture, de « poil à gratter » de la psychanalyse officielle. En témoignent ces propos de Lang dans son article de présentation de l'APF dans le *Dictionnaire international de la psychanalyse* :

> Liberté d'expression dans le discours scientifique, sans souci particulier d'orthodoxie étroite, refus de tout dogmatisme et de toute autorité

58. J.C. Arfouilloux, « La formation dans la SFP et dans l'APF », *loc. cit.*, p. 364.

59. Cette image que l'association a d'elle-même est à nuancer : il est peu probable que l'IPA considère l'APF comme une association fondamentalement révolutionnaire et subversive, la meilleure preuve est que c'est un membre de l'APF qui est actuellement à la tête de la l'Association internationale (Daniel Widlöcher).

60. J. Laplanche, « Une révolution sans cesse occultée », loc. cit., p. 394.

> « magistrale » ; [...] régulière remise en question des position « classiques » parfois quelque peu figée de la psychanalyse[61].

2) La composition « universitaire » de l'APF est à ramener à la filiation lagachienne, et en particulier aux filières psychologiques. L'APF est depuis de nombreuses années fortement implantée à Paris VII, mais pas uniquement, puisque, comme le rappelle Roudinesco, « les fondateurs de l'APF se partagent les meilleurs territoires éditoriaux, universitaires et hospitaliers de la France freudienne[62] ». Cette forte implantation dans des structures-clés, ainsi que le prestige d'un grand nombre de ses membres, contribue à faire de l'APF une société reconnue et respectée, malgré son caractère de « club privé » et sa « gérontocratie avancée ». Ce sont pourtant ces menaces récurrentes qui conduiront l'association à mettre au point une grande réforme de la formation en 1972, puisque, encore selon Roudinesco, « en 1972, le fantôme de la mort lente plane sur la société la plus érudite, la plus distinguée et la plus élitiste de France[63] ».

3) La réforme de 1972 trouve son origine dans un projet que Jean Laplanche avait préalablement élaboré et soumis en 1969, en pleine tourmente, mais qui avait alors été rejeté. En 1971, il est repris par Pontalis, et adopté cette fois. Pour comprendre l'importance de la réforme, il faut rappeler que jusqu'aux années soixante-dix, l'APF fonctionnait selon les standards ipéistes classiques, admettant le principe d'une sélection préalable à l'admission à la formation, elle-même constituée d'une analyse didactique de deux ans au moins, de cures sous contrôle et d'un enseignement dispensé par l'Institut de Psychanalyse de Paris. Le système adopté consiste à séparer l'analyse personnelle de la formation théorico-pratique, c'est-à-dire à la préserver de toute ingérence institutionnelle. Nous avons vu que ce principe avait déjà opéré dans deux autres des quatre institutions psychanalytiques françaises : l'EFP et l'OPLF. Ainsi, l'analyse didactique est supprimée, de même que sont supprimées les « visites préalables » visant à une sélection à l'entrée en analyse. Aussi la formation, et la sélection, ne commencent-elles qu'au moment de l'admission aux contrôles. Enfin, dernière innovation qui distingue l'APF de sa cousine ipéiste la SPP : la pratique dite du « tout divan ». Non seulement sont supprimés l'analyse didactique, et donc la liste et le titre de didacticien, mais il est décidé que le candidat à la formation peut être entendu même s'il provient d'une autre institution, c'est-à-dire même s'il a

---

61. A. de Mijolla (dir.), *Dictionnaire international de psychanalyse, op. cit.*, p. 139.

62. E. Roudinesco, *Histoire de la psychanalyse en France*, II, *op. cit.*, p. 628.

63. E. Roudinesco, *Histoire de la psychanalyse en France*, II, *op. cit.*, p. 619.

été analysé par un analyste provenant d'un autre groupe. Les membres de l'APF insistent sur ce point et sur le fait que, contrairement aux pratiques plus ou moins officielles de la SPP, on a *réellement supprimé le statut de didacticien*, on ne demande pas aux candidats de « refaire une tranche » avec un titulaire[64]. Et la règle du « tout divan » implique que soient acceptés même des divans « non ipéistes », ce qui en soi est en infraction avec les normes de l'IPA[65]. Selon Jean Laplanche :

> L'inspiration de toutes ces règles tient en un seul mot : assurer au maximum l'extraterritorialité de la pratique analytique, et, au premier chef de l'analyse de celui qui se propose de devenir lui-même analyste[66].

Mais de telles innovations visaient sans doute aussi et en même temps à encourager un recrutement élargi et à assurer la survie de l'APF. Ce ne sera pas suffisant, selon Roudinesco, dans la mesure où ce système...

> ... a l'inconvénient, à cause des statuts insuffisamment démocratiques, d'infantiliser les thérapeutes en les maintenant à l'état d'élèves jusqu'à un âge très avancé. Il est donc inapte à enrayer le processus de gérontocratie qui frappe l'APF depuis ses origines, [et en fin de compte], face à la gérontocratie des uns et à la bureaucratie des autres, les jeunes préfèrent choisir des divans de la mouvance lacanienne : EFP et OPLF[67].

Dans l'esprit des acteurs qui furent à l'origine de ces changements, comme des membres actuels de l'APF, la réforme est au cœur de ce qui forge l'identité et l'orientation de l'association. Mieux encore, elle est pour certains la manifestation même de son caractère subversif, voire révolutionnaire. C'est en tout cas la lecture de Laplanche qui soutient que la suppression de la didactique :

---

64. Entretien avec Jean Laplanche, membre titulaire de l'Association psychanalytique de France, 28 novembre 2001. Voir également « Formation et cursus à l'Association psychanalytique de France », in *Che vuoi ?*, n° 15, 2001, p. 103.

65. En raison de la grande difficulté à accéder aux informations relatives à cette association, il ne nous a pas été donné d'évaluer la représentativité de ce principe dans les pratiques réelles. Notons simplement ce qu'en dit l'Américain Kernberg : « C'est un faux secret (ou un mythe ?) à Paris que, pour être accepté comme candidat par la plus petite et la plus élitiste des sociétés, l'APF, c'est un avantage incontestable d'être en analyse avec l'un des superviseurs de cette société » (« A concerned critique of psychoanalytic education », *loc. cit.*, p. 106, traduit par nous).

66. J. Laplanche, « Une révolution sans cesse occultée », *loc. cit.*, p. 397.

67. E. Roudinesco, *Histoire de la psychanalyse en France*, II, *op. cit.*, p. 632.

— est le propre de l'APF car Lacan, non seulement ne l'a pas supprimée, mais en est même venu à la réifier[68] ;

— est totalement subversive au sein de l'IPA et à ce titre souvent occultée « aussi bien par les autres que par nous-mêmes ». Laplanche ajoute :

> En résumé, sur un point, fondamental s'il en est, la conception de l'analyse, nous voilà donc, au sein de l'IPA et du mouvement psychanalytique tout entier, parfaitement opposés à la pratique et à l'idéologie universellement régnantes. Mais, au nom d'une méconnaissance parfaitement entretenue par tous... tout le monde l'ignore. Il faut bien avouer que, si cela se savait VRAIMENT, il faudrait sinon nous exclure (pratique fort rare), du moins dire pourquoi on ne nous exclut pas[69] ! »

Une manière d'affirmer que si l'APF a rejoint l'IPA et quitté Lacan, elle ne s'est pas pour autant subordonnée aux méthodes de l'IPA.

L'APF, société select, composée d'un grand nombre de figures prestigieuses de la psychanalyse française[70], fortement implantée dans le paysage intellectuel français, souffrirait donc de deux maux majeurs : sa « gérontocratie avancée » et son caractère de « club privé », pour reprendre les termes de Roudinesco. Nous avons évoqué sa composition vieillissante et faiblement renouvelée, un mot à présent du « club privé ». Nous avons, pour notre part, été très surprise de l'isolement, du protectionnisme dont fait preuve l'APF, qui pourtant jouit des meilleures réputations et n'est pour ainsi dire jamais attaquée. La respectabilité semble la qualité que tous lui accordent volontiers. Or parmi les différentes institutions que nous avons étudiées, l'APF a été de loin celle qui s'est montrée la plus fermée et réfractaire à nos investigations. À titre d'anecdote, il ne nous a même pas été possible de pénétrer *physiquement* dans ses locaux. Toute demande d'information, nous a-t-on signifié, doit être adressée directement et uniquement à la secrétaire générale qui, à l'occasion d'un entretien, ne nous a autorisé aucun accès et s'est montrée très

---

68. « Maintenant, les lacaniens disent : "Nous avons aboli la didactique." Ce n'est pas vrai ! Au contraire, Lacan avait généralisé la didactique. C'est tout à fait différent » (entretien avec J. Laplanche).

69. J. Laplanche, « Une révolution sans cesse occultée », *loc. cit.*, p. 398 et 399. — Aujourd'hui, Laplanche note que la situation a changé : les idées de l'APF relatives à la didactique ont commencé à pénétrer l'IPA et sont en tout cas admises comme relevant d'un « modèle français » (entretien.)

70. Citons Didier Anzieu (†), Juliette Favez-Boutonier (†), Pierre Fédida (†), François Gantheret, Wladimir Granoff (†), Daniel Lagache (†), Jean Laplanche, Jean-Claude Lavie, J.B. Pontalis, Guy Rosolato, Victor Smirnoff, Daniel Widlöcher (actuel président de l'IPA).

hostile à nos requêtes[71]. L'impression qui se dégage de cet entretien est celle d'une très grande méfiance vis-à-vis de l'extérieur. Cette méfiance nous a surprise et continue de le faire et nous n'en trouvons, pour l'heure, pas d'explication satisfaisante. Notons, à titre d'illustration complémentaire, que dans le numéro de la revue *Che vuoi ?* de 2001 consacré à la formation des psychanalystes et où sont représentées treize associations françaises, l'APF est la *seule* à ne pas avoir fourni de présentation officielle, conduisant la rédaction de *Che vuoi ?* à rédiger une présentation synthétique[72].

La SPP, la dernière des réformatrices. Tradition et visibilité

L'histoire de la Société psychanalytique de Paris en matière de formation est l'histoire des assouplissements progressifs apportés au modèle d'Eitingon et aux standards ipéistes. Elle est aussi profondément marquée, comme l'EFP, par le « gigantisme » des effectifs à partir de 1965 (on passe de 61 membres en 1961 à 439 début 1989).

La SPP, l'association psychanalytique la plus ancienne de France et, à ce titre, sans doute la plus traditionnelle, a produit des réformes tardives au regard de ses cousines françaises, mais se situe néanmoins désormais dans le « modèle français ». Taxée généralement, par les autres sociétés, d'institution bureaucratique, rigide, hiérarchique, elle aime à rappeler que son rigorisme au niveau de la pratique est la condition de son pluralisme théorique. Cette hétérodoxie théorique est, selon de nombreux membres de la SPP, sa marque de fabrique, même si elle exige en contrepartie, il est vrai, une certaine orthopraxie qui alimente sans doute sa réputation de rigidité et de fermeture. Les propos du secrétaire à l'enseignement à l'Institut psychanalytique de Paris illustrent bien ce point de vue :

> Il me semble qu'il y a quelque chose qui nous différencie fondamentalement des autres groupes, et y compris de l'APF, même si à l'APF on retrouve les critères dont je vais faire part à l'instant, mais ils sont plus effacés d'un certain point de vue. Notre groupe témoigne d'une capacité à promouvoir sur le plan théorique des gens qui ont des points de

71. Entretien avec la secrétaire générale de l'APF que nous avons cité plus haut (*supra*, p. 44-47).

72. Tout récemment — et ceci n'est pas sans lien avec les débats actuels sur la réglementation du titre de psychothérapeute — l'APF a créé un site Internet au printemps 2004. Jusqu'à cette date, elle était la seule grande institution psychanalytique à ne pas disposer de cette vitrine. On peut faire l'hypothèse qu'elle s'est résolue à cette forme de visibilité devant la nécessité qu'imposaient les événements et les pressions extérieurs.

> vue qui ne sont pas obligatoirement compatibles. Autrement dit, à regarder les travaux théoriques de ces trente ou quarante dernières années, vous avez des gens qui tiennent des discours extrêmement éloignés les uns des autres et qui, pour autant, ne viennent pas annuler le discours d'autres. Il y a une polysémie théorique que vous ne trouvez dans aucun autre groupe[73].

Étant la plus ancienne, la SPP a été conçue à son origine sur le modèle Eitingon, et les changements sont intervenus au fur et à mesure des crises que connaissait l'institution. Celles-ci, comme nous l'avons vu au moment des scissions, ont souvent eu pour objet l'autoritarisme, la rigidité et l'absence de procédures démocratiques, aussi bien en ce qui concerne plus strictement la formation que dans l'organisation générale de la Société. Le rôle accordé aux élèves en formation est un problème qui fut soulevé de façon récurrente et qui n'est pas entièrement résolu, encore aujourd'hui. Voyons quelles ont été les principales réformes adoptées par la SPP concernant la formation.

En 1961, l'organisation du cursus est revue : contrairement au modèle ipéiste qui institue le plus souvent un enseignement théorique inspiré du modèle universitaire, c'est-à-dire un enseignement obligatoire préorganisé en années, les séminaires sont désormais en accès libre. C'est une façon de se démarquer du mode d'enseignement académique, mais ce n'est pas un changement essentiel dans la mesure où l'on sait que l'enseignement théorique a un poids mineur dans le cursus analytique et l'évaluation du cursus.

Dans les années soixante, alors que les effectifs ne cessent d'augmenter, l'Institut se confronte à un autre problème : de plus en plus de candidats suivent le cursus de formation mais ne le mènent pas jusqu'au bout, ils ne présentent pas leur mémoire autorisant à poser candidature au titre de « membre adhérent » (*full member* de l'IPA). C'est pour cette raison qu'est créée en 1966 la catégorie « membre affilié » réservée à cette population « sédiment » qui a validé sa formation, mais qui n'est pas allée jusqu'au bout dans l'investissement institutionnel. Nous reviendrons sur la question, lourdement ressentie par les associations ipéistes françaises, du manque d'investissement institutionnel de la part des jeunes générations d'analystes.

C'est dans ces années, autour de 1968, qu'intervient la seconde crise majeure au sein de la SPP, après la scission de 1953. Elle connaît en effet, en écho avec les événements extérieurs, un mouvement contestataire interne et la formation

---

73. Entretien avec M. B., secrétaire à l'enseignement à l'Institut psychanalytique de Paris, 31 mai 2000.

est vivement remise en question. Des commissions de réflexion sont mises en place et elles produisent de nombreux projets de cursus[74] dont certains sont très critiques pour le système en place. Pour Roudinesco, se répète en 1968 une révolte identique à celle qui avait provoqué la scission de 1953, c'est-à-dire que la SPP subit une nouvelle fois les retombées de son mode de gestion rigide et autoritaire. Mais Roudinesco épouse ici le point de vue adopté par Lacan lui-même au moment des faits. Celui-ci écrit en effet une lettre à Jean-Luc Donnet, l'auteur d'un rapport qui fait grand bruit, pour le féliciter de la qualité de son analyse, mais s'empresse de préciser ironiquement :

> Pour votre « solution », elle est en retard de 17 ans, je puis en donner la preuve, s'il vous en convient[75].

Une autre façon de prétendre que les innovations nécessaires en matière de formation ont déjà été envisagées à la suite de la scission de 1953, et en particulier par Lacan lui-même et ceux qui, autour de lui, se désolidarisaient de la politique de la SPP.

Nous retrouverons cette idée, largement répandue, selon laquelle c'est bien Lacan qui est à l'origine des évolutions en matière de formation en France. Pour ce qui est des contestations des années 1968-1970 à la SPP, on ne peut en effet ignorer l'influence des théories lacaniennes, mais aussi celle des changements qui se sont produits dans les autres sociétés de psychanalyse au même moment (à la suite du rapport Donnet, à partir de 1969). Lentement, la SPP entre à son tour dans le « modèle français ». On a vu que la clé de voûte de ce modèle est le sort qui est fait à l'analyse didactique, qui se voit progressivement dégagée de la formation et du contrôle institutionnel. Un tout premier infléchissement est fait en ce sens en 1970, lorsque la SPP adopte la règle selon laquelle on peut accepter la candidature exceptionnelle de candidats analysés par un membre de la SPP qui n'est pas forcément titulaire. Ceci, néanmoins, à titre exceptionnel uniquement. Dans les faits, un analyste titulaire continue d'être exigé.

Pour autant, les vraies réformes tardent à venir, différentes tendances s'opposant avec force au sein de l'institution. Ces conflits engendrent une paralysie institutionnelle pendant près d'une décennie. Ainsi, entre 1975 et 1981, huit projets de cursus se succèdent sans qu'aucun ne soit adopté. À tel point qu'en 1981, la direction de l'IPA charge un « comité de visite » d'enquêter sur

---

74. Rapport de Favreau et Stein (1967), rapports de Pasche, Renard et Marty (1968), rapport de Donnet (1968).

75. J. Lacan, cité par E. Roudinesco, *Histoire de la psychanalyse française*, II, *op. cit.*, p. 58.

les difficultés de la section française : « Considérant que la Société et l'Institut n'ont pas réussi à produire des réformes nécessaires, le comité propose un moratoire de six mois pour élaborer de nouveaux statuts. » Trois ans après, le président de l'IPA, consterné par la situation à la SPP, « annonce l'officialisation du placement sous surveillance et l'obligation pour l'Institut de transférer à la Société l'ensemble de ses activités de formation[76] ».

Après la fusion de l'Institut et de la Société en 1986, la réforme tant attendue, adoptée depuis fort longtemps par les autres sociétés françaises, est prononcée en 1995 : les candidats des non-titulaires sont acceptés officiellement. Dans les textes, on accepte également d'envisager les candidatures des candidats de membres titulaires d'autres sociétés ipéistes. Les pratiques restent néanmoins fidèles aux anciens principes.

La SPP met en avant sa spécificité en matière de formation (ce qui la distingue à ce titre de l'APF) : la pratique de supervisions collectives. Le candidat en formation à l'Institut doit suivre et valider une supervision individuelle et une supervision collective. La raison d'être théorique de cette innovation est de promouvoir le dialogue et l'échange entre analystes, mais aussi et surtout d'éviter, par le biais du collectif, les effets de mimétisme, d'identification avec le superviseur, fréquents dans la relation de supervision.

En 2000, la SPP comptait presque 600 membres (ainsi que 360 élèves en formation). La formation dure de cinq à dix ans, avec une moyenne de huit ans. L'âge moyen lors de l'admission à la formation est de quarante-huit ans, ce qui fait que la SPP, comme l'APF d'une certaine manière, souffre d'un vieillissement de sa population. Nous verrons que cela n'est pas sans incidence sur les enjeux de validation et les pratiques qu'adoptent les institutions psychanalytiques.

La SPP est sélective (pour l'année 1999, on comptait 44 % de candidats admis à la formation pour 25 % d'ajournés et 31 % de refusés) et tient à maintenir cette exigence de sélection au nom de son rôle de garantie vis-à-vis du public. Cette institution tient à garder intacts et à rendre visibles ces marqueurs de sérieux et de légitimité. Contrairement à l'APF, elle diffuse amplement les informations la concernant et ouvre ses portes de manière à être connue au-delà de l'univers strictement professionnel. Ces efforts lui ont d'ailleurs valu d'être la seule société d'analystes à avoir obtenu, en 1997, la reconnaissance d'utilité publique. Là aussi, c'est une différence majeure avec l'APF, ce titre témoigne de son souci à la fois de légitimité à grande échelle et de dialogue

76. E. Roudinesco, *Histoire de la psychanalyse française*, II, *op. cit.*, p. 614.

avec l'extra-analytique. La SPP tient à être un interlocuteur privilégié, un représentant fidèle d'une psychanalyse officielle et réglementée. Elle était aussi la seule société de psychanalyse — jusqu'au 15 avril 2003, date de la création du Centre psychanalytique de Consultation et de Traitement (CPCT) de l'ECF — à disposer d'un centre de consultations et de traitements psychanalytiques : le Centre Jean-Favreau, qui fonctionne depuis 1958 sur la base d'une convention passée avec la DASS de Paris. Enfin, bien que fortement implantée dans certaines villes de province (il y a un institut à Lyon), la SPP est très parisienne : 70 % des membres et 79 % des titulaires sont à Paris.

Pour résumer, on peut dire que, par rapport à l'IPA, la SPP se caractérise par les traits suivants :

— pas d'analyse didactique ;

— une formation plus longue ;

— une organisation moins rigide du cursus et notamment du programme d'enseignement ;

— une validation de la formation distincte de l'affiliation à la société ;

— une supervision collective obligatoire (les deux derniers points la distinguent également de l'APF).

L'École de la Cause freudienne et l'Internationale lacanienne

> Le 21 juin 1964, réaffirmant à la fois la validité de l'expérience psychanalytique et la nécessité d'en rétablir le principe freudien dans la théorie et dans la pratique, Jacques Lacan introduisait simultanément la notion d'une forme associative jusqu'alors inédite : à la place de la Société devenue traditionnelle, basée sur la reconnaissance mutuelle des didacticiens, il proposait l'École, dont les membres trouveraient dans la reconnaissance d'un non-savoir irréductible — S(A) — qui est l'inconscient même, le ressort de poursuivre un travail d'élaboration orienté par le désir d'une invention de savoir et de sa transmission intégrale, ce que Lacan devait appeler plus tard le *mathème.* Sur ce fondement d'abîme, le couvrant de son nom propre, il établissait son École et appelait à la reconquête du champ freudien[77].

C'est en ces termes que Miller présente l'École de la Cause freudienne et l'orientation qui la caractérise : fidélité à Lacan, spécificité de l' « École », mission de « reconquête ».

---

77. « Déclaration de l'École Une », annexée aux statuts de l'Association mondiale de Psychanalyse, préambule du 22 janvier 2000.

L'ECF, nous l'avons vu, est née en 1981, alors que Lacan était encore en vie. C'est la seule institution lacanienne actuelle à avoir été instituée et présidée par Lacan lui-même. Elle revendique, à ce titre, d'être l'institution légitime, celle qui reproduit le modèle authentique. La figure du chef de file de l'École n'est pas étrangère à cette revendication : Jacques-Alain Miller est à la fois l'un des disciples préférés du maître (c'est à lui que Lacan confia le soin d'établir la transcription de ses séminaires), son gendre (il a épousé Judith, la fille de Lacan), son héritier testamentaire. Ce statut d'exception au sein de la grande fratrie des disciples avides de reconnaissance lui vaut d'avoir suscité autant le respect que la haine.

Le texte statutaire de l'ECF date donc de 1981 et été modifié en 1993, à la suite de la première grande crise qui a touché l'institution au début des années quatre-vingt-dix. Pour autant, le règne institutionnel du courant millérien est loin de se réduire à l'ECF, bien qu'elle soit très importante et influente : en vingt ans, ont progressivement été créées un nombre important d'institutions visant à « reconquérir » le champ freudien et à étendre son rayonnement à un niveau international.

L'ECF a connu deux grandes crises, toutes deux directement liées à des problèmes de formation puisqu'elles ont éclaté à propos de la passe, ou en tout cas en lien avec elle. La première crise date de 1989. Elle voit la démission d'un AE (Lemérer) et surtout la radiation de Gérard Pommier, un membre éminent de l'École, à la suite d'un conflit juridique avec Miller. L'exclusion de Pommier est votée dans le cadre de l'alternative posée par Miller : radier Pommier ou dissoudre l'École. Les conséquences de cette crise vont se traduire principalement en langage institutionnel, avec de nombreux remaniements mis en œuvre sur plusieurs années. Ces remaniements sont de deux types :

— une réponse interne, avec l'adoption de nouvelles mesures institutionnelles au sein de l'École. En premier lieu, l'une des réponses à la crise est l'adoption de la procédure dite « d'entrée par la passe », ce qui signifie que la passe peut désormais servir de procédure d'admission à l'ECF, alors qu'elle était précédemment conçue comme conférant un titre. À plus long terme, les échos de la crise se feront sentir jusque dans la mise en place de l'« ECF2 », ainsi qualifiée depuis les changements de statuts opérés en septembre 1993 ;

— une réponse externe qui se traduit par la mise en place d'une politique expansionniste : la création en 1990 de l'École européenne de Psychanalyse (EEP), de l'Association du Champ freudien (ACF) et surtout de l'Association mondiale de Psychanalyse (AMP) en 1992.

Une deuxième crise éclate en 1998. Officiellement, la crise se noue dans une guerre des cartels de la passe autour de la non-nomination comme AE d'un passeur, qui se trouve être un analysant de Jacques-Alain Miller lui-même. Cette non-nomination est contestée, notamment par Miller, et mise sur le compte d'une divergence fondamentale de conception de « la fin de l'analyse ». Défendant son candidat (candidat en quelque sorte, puisqu'il s'agit d'un de ses analysants), Miller prétend que ce n'est pas l'insuffisance du postulant qui est en cause, mais une déviance théorique incarnée par le cartel qui s'oppose à la nomination : le cartel « d'opposition » n'ayant pas nommé le passeur est évidemment soupçonné de faire reposer sa décision sur une conception théorique déviante, la séparation d'avec l'analyste comme critère de fin d'analyse. Les membres du cartel incriminé s'opposent, bien sûr, à cette version des faits[78]. Miller mène alors une campagne contre cette ligne théorique déviante et suggère une réforme de la procédure de la passe au sein de l'AMP. Elle repose sur trois propositions : introduire, en plus du critère clinique, les critères politique et épistémologique pour la nomination d'AE ; introduire « l'extime[79] » ; rendre le titre d'AE permanent. De fait, ces mesures accentuent les enjeux politiques et institutionnels de la nomination des AE, et consolident la ligne édictée par Miller. S'ensuivent de vives polémiques qui déclenchent une véritable crise de l'AMP. Les membres du cartel mis en cause contestent le contrôle exercé par Miller au sein de l'AMP. Colette Soler, l'une des protagonistes de la crise, le dénonce dans sa lettre ouverte adressée à Miller, qui est aussi délégué général de l'AMP :

> [Que l'AMP soit] centralisée autant que l'IPA, c'est trop peu dire, puisqu'une seule personne, vous-même, assure la direction politique autant que doctrinale et contrôle l'ensemble tant au niveau des instances de gestion que du dispositif de la passe[80].

La crise s'aggrave durant l'été 1998 et se résout finalement par le départ des contestataires, qui fondent à leur tour un nouveau groupe (les Forums du Champ lacanien). Selon la lecture interne, celle des instances dirigeantes, cette seconde crise symbolise, à travers la contestation qui s'y est exprimée, l'appa-

---

78. Cf. C. Soler, L. Soler, J. Adam & D. Silvestre, *La Psychanalyse, pas la pensée unique. Histoire d'une crise singulière,* Paris, Éditions du Champ lacanien, 2000.

79. Cette innovation permet le contrôle du dispositif : l'extime, nommé par le délégué général (Miller en l'occurrence), fonctionnerait comme garant de la passe et serait consulté au moment où un passant serait susceptible d'obtenir son titre d'AE. Ce dispositif a été adopté et n'est pas sans effets politiques apparents.

80. Lettre ouverte à Jacques-Alain Miller, 20 juin 1998.

rition du « multiple » identifié au danger de la fragmentation, de la nébuleuse (éternelle menace du lacanisme). Cette interprétation donnera lieu à la doctrine de « l'École Une » visant à unifier et à condamner les divergences.

Nous voyons donc que l'ECF est à l'origine et au cœur d'un réseau institutionnel complexe et étendu, dont les deux structures essentielles sont l'ACF et l'AMP. L'ACF comprend seize instances locales et dépend directement de l'ECF puisqu'elle est sous sa responsabilité. Selon ses statuts :

> Son but est de promouvoir en France, dans ses régions (à l'exclusion de la ville de Paris) et en Belgique l'étude de la psychanalyse, ainsi que de ses connexions, tant théoriques que pratiques, avec les disciplines qui lui sont affines, et ce, en conformité avec les finalités de l'École de la Cause freudienne et en coordination avec ses activités.

L'AMP qui, selon ses statuts, « a pour objet de promouvoir la psychanalyse, conformément à l'orientation donnée par Jacques Lacan au champ ouvert par Freud ; de réunir les écoles du Champ freudien et leurs membres ; d'impulser la création de nouvelles écoles », est la réalisation institutionnelle la plus spectaculaire de Jacques-Alain Miller. Outre l'ECF et l'EEP, elle regroupe sept écoles en Espagne, au Brésil et en Argentine. Elle compte près de 1000 membres. C'est une véritable offensive dans la mission millérienne de « reconquête » doctrinale et politique de la psychanalyse, dirigée directement par Miller lui-même qui en a été le délégué général pendant dix ans et n'a cédé sa place qu'en juillet 2003 :

> Dans leur rapport individuel à la psychanalyse, les membres de l'AMP appartiennent à une seule et même communauté. C'est à ce titre qu'a été créée, en juillet 2000 à Buenos Aires, l'instance originale de l'« École Une». Cette structure légère, dotée d'un comité d'action, associe l'ensemble des membres, dans une grande conversation permanente sur les problèmes cruciaux de la psychanalyse[81].

Dernier-né institutionnel, l'École Une constitue le dispositif d'homogénéisation, de consolidation doctrinale de l'AMP. Ce dispositif est justifié par le risque dénoncé par Miller lui-même à propos de l'IPA, d'un « devenir éclectique de l'orthodoxie et d'une pulvérisation du discours ». Pour Miller, en effet, l'IPA ne tient plus autour d'une doctrine commune, d'une unité théorique, mais uniquement en raison des standards pratiques qu'elle a

---

81. Présentation de l'AMP et de l'École Une sur le site Internet de l'ECF, http ://www.cause freudienne.org/decouvrir2.htm

imposés, soit « l'inertie institutionnelle et les garde-fous qui sont ainsi ménagés[82] ». Officiellement, l'AMP est donc le projet d'une véritable communauté lacanienne internationale. D'autres y voient, au contraire, une pure manœuvre politique, une énième mesure de contrôle autoritaire de l'institution et une manipulation doctrinale pour maintenir l'hégémonie millérienne au sein de cette internationale.

Quoi qu'il en soit, l'ECF, incarnée essentiellement par son chef de file devenu figure légendaire du lacanisme, poursuit une politique active d'expansion institutionnelle et doctrinale. Les ambitions sont grandes et affichées au grand jour : il s'agit, non seulement de réconcilier et d'unifier la communauté éclatée des lacaniens, mais plus encore d'un projet de « réunification du mouvement psychanalytique » dans son ensemble (entendre donc, pour la première fois depuis quarante ans, l'hypothèse d'une réconciliation entre lacaniens et ipéistes), réunification dont il prévoit que l'AMP « sera l'éclaireur[83] ».

Pour en revenir à l'École elle-même et à ses caractéristiques dans le paysage institutionnel français, l'ECF est l'une des associations lacaniennes les plus importantes numériquement avec plus de 300 membres. Elle est fortement implantée sur la scène éditoriale[84], ainsi qu'à l'Université par le biais du département de Saint-Denis (anciennement Vincennes), et concurrence, depuis peu, la SPP, avec la création du second Centre psychanalytique de Consultations et Traitement (CPCT).

En matière de formation, nous avons vu qu'elle adopte les dispositions énoncées par Lacan dans son acte de fondation de l'EFP en 1964. Aussi retrouve-t-on les trois titres d'AP, AME et d'AE. Le titre d'AE est attribué par la procédure de la passe et accordé pour une période de trois ans. Pour l'année 2003, sur les 315 membres de l'ECF, 83 membres — soit un peu plus d'un quart — relèvent directement de la formation et ont reçu les titres accordés par les jurys : 80 AME (dont 1 AE) et 3 AE. Pour les autres, 197 sont AP et 35 membres à divers titres (associés, à titre étranger, honoraires, d'honneur), c'est-à-dire qu'ils ont été cooptés. Les choses sont, en réalité, plus complexes car le statut d'AP est ambigu et peut donner lieu à des interprétations différentes : si un AP, comme il est dit dans les textes, est un membre qui se déclare — qui s'autorise de lui-même —, on est en droit de considérer qu'il

---

82. J.A. Miller, « La formation de l'analyste », in *La Cause freudienne*, n° 52, 2002, p. 30.

83. J.A. Miller, *Lettres à l'opinion éclairée*, Paris, Seuil, 2002, p. 228.

84. Cf. les revues *La Cause freudienne*, *Quarto*, *Ornicar ?*, *Élucidation*

est coopté puisqu'il ne se prête à aucune procédure de sélection normalisée. Pour autant, l'École met en avant sa mission de « garantie », elle est même énoncée comme une spécificité de l'ECF au sein du mouvement lacanien. Christiane Le Boulengé écrit, par exemple, faisant de l'AMP l'équivalent lacanien de l'IPA :

> Toutes les associations psychanalytiques n'ont pas relevé ce défi : plusieurs se bornent aujourd'hui à coopter leurs membres, laissant à l'Autre social la charge de la garantie. Celles qui n'ont pas baissé les bras se partagent en deux grandes orientations : l'IPA et l'AMP[85].

Mais que doit-on entendre par « garantie » ? Si l'on s'en tient aux textes et aux titres — et non aux jeux rhétoriques en vue de persuader le public —, seuls les membres AME et APE sont des membres « garantis » dans le sens où leur nomination fait l'objet d'une procédure *ad hoc*. On pourrait presque dire en ce sens que 73 % des membres de l'École n'ont pas été « garantis » par l'École.

Pour autant, l'ECF, comme toutes les autres écoles, revendique sa mission de formation. Sont mises en avant la procédure de la passe ainsi que la qualité de l'enseignement dispensé dans différents lieux selon le principe inscrit dans les statuts de l'École : « Quiconque enseigne, le fait à ses risques. » Quant au contrôle, il est mentionné, mais occupe une place moins centrale, sans doute pour la raison qu'il ne fait pas l'objet d'une relecture proprement lacanienne : les contrôles s'effectuent ici comme ailleurs. C'est sur l'analyse qu'est mis l'accent — un analyste lacanien l'aura été d'avoir fait une analyse lacanienne — et non sur les procédures spécifiques mises en place par l'institution, à l'exception de la procédure centrale de la passe, mais nous avons vu qu'elle qualifie un nombre extrêmement restreint d'individus. Aussi, malgré le fait que la « garantie » et le contrôle institutionnel soient dans l'air du temps[86], l'ECF continue à faire valoir son « lacanisme » et à se démarquer des ipéistes perçus comme procéduriers et bureaucrates, en faisant valoir

---

85. Christiane Le Boulengé, « La formation des analystes : deux orientations », in *La Cause freudienne*, n° 52, 2002, p. 4.

86. Ces dernières années, toutes les institutions psychanalytiques se sont préoccupées des projets de réglementation de la profession de psychothérapeute et ont craint une intervention de l'État dans ce sens. En raison de cette « pression », elles modifient qui leur rhétorique, qui leurs statuts, afin de faire valoir leur responsabilité, leur rôle de contrôle sur leurs membres, leur souci de présenter des garanties au public. Quelles que soient les institutions et les politiques préalablement adoptées sur la question, toutes ont été contraintes de renforcer ces signes de « conformité » à la demande sociale.

que l'établissement de « critères » est antinomique avec la vérité de l'analyse. Dans un texte récent relatif à la passe, Pierre Naveau tenait à préciser, impliquant que l'on devait en être rassuré, que « la décision du jury n'est soumise à aucun critère[87]... ». D'évidence, cette rhétorique a de quoi surprendre, surtout lorsque l'affirmation est immédiatement assortie de la phrase suivante : « Elle tient compte des trois dimensions clinique, épistémique et politique qui caractérisent la position du sujet. » Soit ces trois « dimensions » sont les critères d'évaluation du jury et reposent sur un certain nombre de repères relativement objectivables, soit elles ne correspondent à rien d'autre qu'une appréciation subjective, auquel cas on voit mal comment se forment les consensus et se prennent les décisions...

De l'AF à l'ALI

L'Association freudienne (AF) est créée en 1982 par Charles Melman. En 1991, elle devient l'Association freudienne internationale (AFI) et a été récemment rebaptisée Association lacanienne internationale (ALI). Melman est un ancien baron de l'EFP et de la Cause freudienne qu'il a quittée en 1981, au moment des manœuvres de la ligne millérienne. Il a lui-même été l'analyste de Jacques-Alain Miller puis, au moment de la dissolution, en très vif conflit avec lui. Il fait partie des fondateurs du premier groupe lacanien issu des suites de la dissolution, le Centre d'Études et de Recherches freudiennes (CERF), qu'il quitte pour créer sa propre école un an plus tard.

L'ALI est l'une des associations lacaniennes les plus importantes numériquement. Elle compte environ 400 membres. Autre caractéristique : elle jouit d'une bonne implantation dans le milieu psychiatrique (une partie des enseignements qu'elle dispense sont donnés dans le cadre de l'École de Psychanalyse de Sainte-Anne), elle est ouverte sur les milieux universitaires et aux non-analystes. Elle est également présente en régions (de nombreuses écoles dans différentes parties de la France), mais surtout à un niveau international avec des sièges en Belgique et en Italie et des membres dans de nombreux pays[88].

Comme de nombreux groupes issus de la dissolution, l'ALI s'organise autour de la figure de son fondateur, maître vénéré. Comme Miller, il repro-

---

87. Pierre Naveau, « Le problème de l'évaluation d'une psychanalyse », texte mis en ligne sur l'ancien site de l'ECF sous la rubrique « Passe ».

88. Grèce, Irlande, Liban, Portugal, Suisse, Argentine, Brésil, Chili, Équateur, Canada, États-Unis.

duit le rituel du séminaire magistral, auquel se presse une foule nombreuse mais sélectionnée. L'histoire de cette institution étant étroitement liée à celle de son chef charismatique, elle est indissociable du règne et de l'influence de Melman. En même temps, l'association a su s'affirmer et gagner une audience large et variée. C'est une des associations de la mouvance lacanienne qui a sans doute le mieux réussi (implantations institutionnelles et éditoriales, bonne visibilité, ouvertures et échanges avec l'extérieur, rayonnement national et international) ; et elle s'est accrue numériquement sans, semble-t-il, avoir été marquée par des crises institutionnelles majeures. L'ALI a, au contraire, connu une vie institutionnelle stable et, contrairement à de nombreux groupes lacaniens nés dans la même période, n'a pas été marquée par d'autres scissions.

Quant à la gestion de l'héritage identitaire de Lacan, l'ALI peut là aussi se féliciter de marqueurs identitaires puissants :

— le changement de sigle et l'appropriation du nom de Lacan tout d'abord. Paradoxalement, rares sont les écoles lacaniennes qui assument ce marqueur identitaire dans leur nom : elles sont beaucoup plus souvent « freudiennes » que « lacaniennes ». Jusqu'au changement de signe de l'AFI en 2001, seule l'ELP (École lacanienne de Psychanalyse, fondée en 1985) affichait l'adjectif ;

— la récente implantation géographique rue de Lille... adresse symbolique s'il en est, à quelques numéros de ce qui fut le cabinet de Lacan.

Sur le plan de l'héritage institutionnel, en particulier en matière de formation, l'association distingue les « membres correspondants » (moins engagés dans l'institution) et les « praticiens » qui déclarent leur pratique à l'association. Jusqu'à peu, dans les faits, le système fonctionnait essentiellement par cooptation, bien que les textes aient prévu depuis les débuts l'existence des différents titres correspondant à l'organisation lacanienne classique. En théorie seulement, puisque les procédures n'avaient pas été mises en place. Elles l'ont été récemment, à l'occasion des « pressions » suscitées par les projets de réglementation du titre de psychothérapeute[89]. À ce moment-là, un double jury d'accueil a été mis en activité et il attribue le titre d'« analyste membre de l'Association » (AMA) qui, comme l'AME de l'École freudienne, est reconnu comme analyste par l'institution, donc en quelque sorte garanti par elle dans la mesure où elle reconnaît les AMA comme relevant de sa formation. Notons que cette garantie est le produit d'une pression externe et vise à anticiper l'imposition éventuelle de réglementations. Ce titre est

89. Entretien avec M. V., chargé du secrétariat et de l'accueil (ALI), février 1998.

attribué aux membres qui « produisent un travail effectif[90] », pour reprendre la terminologie employée par notre interlocutrice lors d'un entretien, et n'est pas accordé de manière définitive (il est revu tous les deux ans). Également de façon récente, la décision a été prise de reprendre la passe et de conférer le titre d'AA (« analyste de l'Association »). Des jurys d'agrément ont été mis en place et ont reçu, aux dires de notre interlocutrice, cinq ou six candidatures. Selon elle, aucune n'a semblé valable.

L'ALI se présente elle-même comme une institution qui se caractérise par un enseignement très solide. Elle prétend se distinguer à ce titre de l'ECF en proposant un « enseignement clinique et pas du tout universitaire ». Alors qu'en conformité avec les théorisations lacaniennes, l'ALI ne met en place ni procédures de sélection, ni procédures d'habilitation, elle tient à se présenter comme une « association sélective » dans la mesure où « la sélection se fait d'elle-même : on vient pour la rigueur du travail et la liberté d'expression ». L'Association héberge l'EPEP (École de Psychanalyse de l'Enfant à Paris) et l'École psychanalytique de Sainte-Anne où sont dispensés un grand nombre d'enseignements. Elle a également récemment mis en place un « collège d'enseignement » pour les psychanalystes en formation. Il s'agit d'un cursus d'enseignements plus normé, avec des conférences cliniques, des présentations de malades, des séminaires d'étude de textes... Le cursus dure deux ans, à l'issue desquels est conférée une « attestation », « sans que celle-ci vaille pour autant une quelconque autorisation ou garantie à pratiquer l'analyse[91] ».

Revendiquant le fait que « l'analyste ne s'autorise que de lui-même », l'Association, comme la plupart des institutions lacaniennes, présente l'ambiguïté de proposer officiellement une formation — la première phrase de son texte de présentation décrète que l'ALI « a pour but d'assurer la formation des psychanalystes, de garantir leur qualification, de veiller au développement de leur discipline » — sans aucun *système* de formation, tel que cela s'entend professionnellement. En d'autres termes, l'ALI propose de former mais ne met en place aucune procédure normalisée de sélection et de validation. C'est-à-dire qu'est affirmé le principe de la formation, de sa nécessité, mais que pour autant, fidèle aux principes du lacanisme, l'institution ne

---

90. Entretien avec Mme F., chargée du secrétariat et de l'accueil (ALI), mai 2002.

91. J. Cacho, C. Landman & D. Sainte-Fare Garnot, « Le Collège d'Enseignement pour les psychanalystes en formation », présentation sur le site de l'ALI, http://www.freud-lacan.com/index.php

peut exercer aucun contrôle puisque ceci serait perçu comme une intrusion illégitime et dangereuse de l'extra-analytique dans l'analytique. Concrètement, l'ALI propose une formation qui consiste, pour ce qui est de la part de l'institution, en un enseignement et éventuellement en des cures contrôlées collectives. Les cures contrôlées individuelles font également partie de la formation mais, par définition, elles ne relèvent pas de l'institution qui ne produit aucune liste de « didacticiens ». Pour ce qui est du pôle « garantie de la qualification », nous avons vu qu'il résidait jusqu'à peu sur un principe de cooptation et que des jurys et des titres ont été mis en place pour des raisons externes essentiellement.

Pour résumer, on peut dire que la formation existe, l'offre d'enseignement est même particulièrement étendue et variée, mais qu'elle ne constitue pas en tant que telle une procédure de qualification : *aucun membre n'est astreint à cette formation et le titre de membre ne dépend pas directement de cette formation.* D'une certaine manière, les règles sont claires pour un initié au fait des théories lacaniennes, mais extrêmement ambiguës pour un public élargi qui aurait tendance à considérer qu'un membre de l'ALI est garanti par l'ALI. Or, comme nous le notions à propos de l'ECF, ne sont qualifiés dans le sens strict du terme que les AMA et les AA, qui sont loin de constituer le plus gros des troupes. Aussi, quand notre interlocutrice chargée de l'accueil nous informe que la formation à l'ALI est très longue puisqu'elle dure au minimum dix ans (en général quinze à dix-huit ans, dit-elle), c'est exact, mais il convient néanmoins de préciser que cela ne concerne pas tout le monde... Ce n'est en tout cas pas comparable, terme à terme, avec le type et la durée de formation des sociétés ipéistes.

2 POURQUOI EN FRANCE ? ÉLÉMENTS DE COMPARAISON

L'International Psychoanalytical Association

Actuellement, les « Standards et critères pour la qualification et l'admission en qualité de membre », issus du Procedural Code of the IPA, stipulent les règles suivantes :

La sélection à la formation

— Le moment de la sélection est laissé à la discrétion des différentes sociétés (avant ou après une certaine période d'analyse). Par cette mise au point, l'IPA reconnaît le modèle français, c'est-à-dire la procédure selon laquelle

l'analyse personnelle est écartée de la formation et du contrôle institutionnel (modèle « post-sélectif » selon les termes de Kernberg[92]).
— Le candidat à la formation psychanalytique doit disposer d'un diplôme universitaire ou équivalent.
— Il doit être entendu lors d'au moins deux entretiens séparés avec des analystes différents et reconnus par la société ou l'institut.
— La décision finale doit être prise par un groupe à qui cette responsabilité a été officiellement confiée, groupe composé de plus de membres que celui qui a reçu le candidat en entretiens.
— Les candidats sélectionnés s'engagent à ne pas conduire d'analyse et à ne pas se présenter comme psychanalystes jusqu'à temps qu'ils en aient été autorisés par l'autorité officiellement désignée comme responsable de leur formation. Cette clause est inscrite dans les statuts de l'IPA.

L'analyse personnelle
— L'analyse personnelle d'un candidat doit être menée par un analyste officiellement reconnu comme suffisamment expérimenté et compétent pour mener les analyses des candidats.
— Les analyses des candidats doivent être menées à raison de quatre à cinq séances par semaine, une séance par jour au maximum, chaque séance durant quarante-cinq ou cinquante minutes.

Les cours et les séminaires
— Ils doivent comporter l'enseignement des écrits de Freud et de la littérature psychanalytique relative aux concepts théoriques, aux problèmes cliniques et techniques en psychanalyse. Doivent également être prévues des discussions basées sur l'expérience clinique.
— Ils doivent être conçus par un groupe désigné par la société ou l'institut.

Les supervisions
— Au moins deux supervisions de cures d'adultes sont exigées, trois sont recommandées dans le cas des candidats qui ont une faible expérience clinique.
— L'autorisation de commencer une cure en supervision doit être donnée par un groupe constitué de plusieurs analystes qui ont été officiellement chargés de cette responsabilité par la société ou l'institut. Les membres de ce groupe doivent eux-mêmes être reconnus par leur société ou institut comme

92. Cf. O.F. Kernberg, « Some thoughts regarding innovations in psychoanalytic education », in *Presentation at the IPA Executive Council Meeting in Puerto Vallarta,* 7 janvier 2001.

compétents pour conduire des analyses de candidats et des supervisions de cures d'adultes en psychanalyse.
— Les supervisions doivent être conduites pas des analystes autres que l'analyste personnel du candidat. Chaque superviseur doit être reconnu par sa société ou institut comme compétent pour conduire des supervisions de psychanalyse d'adultes.
— Les analyses supervisées doivent consister en quatre à cinq séances par semaine, à raison d'une séance par jour au plus, chaque séance durant quarante-cinq ou cinquante minutes.
— Chaque supervision doit durer au moins deux ans, avec une fréquence d'une fois par semaine.

La qualification
— L'évaluation de la compétence du candidat à assumer des traitements psychanalytiques sans supervision doit être effectuée par un groupe officiellement chargé de cette responsabilité par la société ou l'institut.
— La reconnaissance de l'habilitation à pratiquer la psychanalyse de manière indépendante doit être accordée par un groupe qui représente officiellement la société ou l'institut.
— Seul un corps officiellement désigné par la société peut accorder la qualité de membre de la société.

Par ailleurs, des exigences minimales sont définies pour que soit accordé — mais aussi conservé, puisque sont prévues des règles de réévaluation — le titre d'analyste didacticien *(training analyst).* Depuis juillet 2000 seulement, l'IPA reconnaît le droit pour un candidat de faire valoir son analyse auprès d'un didacticien d'une autre association que la sienne, reconnue par l'IPA.

Si l'on compare les principes de l'IPA à ce que l'on connaît des sociétés françaises, on constate :

1) Bien que le modèle français de post-sélection soit reconnu, le critère selon lequel le candidat doit poursuivre ou avoir poursuivi une analyse auprès d'un analyste didacticien est maintenu. À cet égard, la SPP respecte les standards ipéistes mais l'APF s'en écarte.

2) La règle selon laquelle le candidat s'engage à ne pas se proclamer psychanalyste sans en avoir été autorisé par l'institution n'est pas présentée telle quelle dans les brochures officielles (ceci concerne la SPP uniquement, dans la mesure où l'APF ne diffuse pas ses brochures).

3) Les standards ipéistes relatifs aux fréquences et durées des séances ne sont pas appliqués par les sociétés françaises, qui sont connues pour

s'accorder sur des critères moins rigides : trois séances par semaine, voire quatre, mais jamais cinq, et des séances le plus souvent de trente minutes. Néanmoins, les analyses françaises sont aussi plus longues.

Nous constatons donc deux différences majeures avec le système français : d'une part, le maintien du statut de didacticien et, d'autre part, la codification des séances, aussi bien en cures supervisées qu'en analyse personnelle. Dans les institutions américaines, les exigences sont plus strictes sur le statut du candidat, et par conséquent sur sa pratique tant qu'il reste candidat : ils sont des élèves qui ne peuvent pas pratiquer indépendamment et hors du contrôle de leur institution. Cette différence est sans doute liée à la durée de la formation dans l'un et l'autre modèle : les Français peuvent difficilement exiger cela de leurs candidats dans la mesure où la formation est très longue et qu'on ne peut maintenir des individus dans un statut — social et financier — d'élève pendant de très longues années, alors qu'ils ont quarante ou cinquante ans. La durée de la formation est d'ailleurs, pour Kernberg, l'un des problèmes principaux du modèle français :

> Des personnes qui sont dans les années les plus productives de leur vie restent des élèves, pas entièrement autorisés à contribuer de manière originale à leur propre science et à leur propre profession, ce qui réduit implicitement les contributions créatives dans notre domaine[93].

Cette réglementation ipéiste, avec ses « standards minimum » et ses critères normalisés, a souvent été prise en exemple des tendances bureaucrates et rigides de l'institution psychanalytique. Nous avons vu que les Français plus particulièrement — tous bords confondus — critiquent ces standards et défendent une psychanalyse conçue de façon plus souple, selon des critères psychanalytiques, fidèles aux spécificités des processus inconscients. Il importe néanmoins de souligner que — contrairement peut-être à une tendance à considérer ces problématiques comme spécifiquement françaises — les critiques du modèle d'Eitingon se sont exprimées avant les analyses françaises et lacaniennes. Mais il est à noter qu'en France, *même dans les groupes appartenant à l'IPA*, cette conception s'accompagne de *pratiques* spécifiques qui se différencient des pratiques préconisées par le code ipéiste. Aussi les sociétés françaises (SPP et APF) rechignent-elles à adopter des codifications strictes sur les modalités de pratique, les critères de sélection, les procédures de contrôle.

---

93. O.F. Kernberg, « A concerned critique of psychoanalytic education », *loc. cit.*, p. 107 (traduit par nous).

Notons enfin que l'on retrouve à l'heure actuelle, au sein de l'IPA, la plupart des débats qui ont agité la communauté psychanalytique française par le passé et qui avaient suscité les réformes propres au « modèle français ». Deux problèmes majeurs sont mis en avant. Ils sont d'ordre interne et concernent les institutions psychanalytiques : l'autoritarisme et la bureaucratisation. Lors de la Xe Conférence des analystes didacticiens à Nice, en juillet 2001, il était clairement énoncé que « le moment est venu d'une réévaluation critique du modèle tripartite d'Eitingon qui est adopté par pratiquement tous les instituts[94] ». Cette réévaluation porte essentiellement, comme cela avait été le cas en France, sur l'analyse didactique, son bien-fondé, ses modalités d'application, ses effets pervers.

Si les instances de l'IPA ont, pour l'heure, statué sur un maintien du système de formation, tout en développant la réflexion et en soutenant des initiatives d'ajustements partiels, il importe de souligner que les débats sont tels qu'ils sont à l'ordre du jour officiel et que différentes conceptions contradictoires s'affrontent. En d'autres termes, le ver est dans le fruit, et le modèle français constitue une référence qui peut servir d'alternative pour certains. C'est dire l'influence grandissante de ce modèle et l'importance qu'il peut revêtir dans les années à venir. Nous pouvons dire que le « modèle français » se caractérise par un certain nombre de traits qui sont autant de divergences ou de déviations par rapport au modèle d'Eitingon, largement adopté par l'IPA. Nous en retiendrons quatre :

1) Le modèle français de formation est un système qui met au premier plan la nécessité de protéger l'analyse personnelle de toute ingérence institutionnelle. Ce faisant, il innove en excluant l'analyse personnelle du cursus normalisé.

2) En cohérence avec le point précédent, le modèle français n'est pas, contrairement au modèle d'Eitingon, tripartite. Si on le considère d'un point de vue institutionnel, c'est-à-dire si l'on appelle *formation* tout ce que l'institution propose, organise et valide, le modèle français repose presque exclusivement sur les supervisions. En tout cas, les supervisions sont l'axe central du cursus de formation, et ceci essentiellement pour deux raisons : la formation psychanalytique commence avec les supervisions ; l'essentiel de l'évaluation concerne le travail de supervision (les séminaires ne font pas

94. E.M. de Rocha Barros, « Réévaluation de l'enseignement psychanalytique », Xe Conférence des analystes didacticiens, Nice, 20-21 juillet 2001, in *International Psychoanalysis*, n° 10, 2001, p. 14.

partie de l'évaluation du cursus et, même si l'on entend les directeurs de séminaires, ce sont les superviseurs qui sont les véritables évaluateurs du candidat).

3) Le modèle français est un modèle post-sélectif qui, comme l'analyse Kernberg, tend à repousser jusqu'à la fin du cursus les procédures d'évaluation. Ce système implique un contrôle très lâche sur les candidats et leur progression. Ce contrôle, non seulement est réduit au minimum, mais repose par conséquent, non pas sur l'institution, mais sur les personnes privées en tant que superviseurs. Ceci ne fait qu'accentuer le rôle et l'importance des superviseurs dans le cursus.

4) Le modèle français se caractérise enfin par sa longueur dans le temps.

Les institutions lacaniennes

Du côté des lacaniens, en toute logique, une partie des institutions à travers le monde est directement liée à l'ECF — un grand nombre en sont des émanations. Les autres, critiques vis-à-vis de la politique millérienne, sont indépendantes ou reliées à d'autres groupes français. Le plus souvent, lorsqu'elles n'appartiennent pas au mouvement millérien, les écoles lacaniennes se sont rassemblées autour du mouvement Convergencia, né en 1998. Les institutions de Convergencia se réclament de Lacan et leur projet est soutenu par une volonté de regroupement et de dialogue, mais ne repose sur aucune intention d'harmonisation des structures et des procédures institutionnelles. Aussi n'est-il pas opportun de parler d'un système de formation représentatif de Convergencia. Le seul point commun entre les institutions membres de Convergencia, dans l'optique qui est la nôtre, est qu'elles ne sont *pas* milleriennes et qu'elles sont, à ce titre, représentatives d'un modèle lacanien dans lequel est neutralisé le paramètre « politique millérienne ».

Nous avons déjà évoqué la politique expansionniste de Miller et la mise en place de multiples instances à ces fins. Aujourd'hui, la plupart de ces institutions sont regroupées sous la houlette de l'AMP, et les écoles lacaniennes de l'AMP sont conçues sur le modèle de l'ECF. Dans toutes ses structures, Miller joue un rôle systématique de premier plan, et de manière directe. Il est frappant de constater, par exemple, que dans certaines écoles de fraîche constitution, Miller a lui-même dirigé les opérations dans les premiers temps[95] et,

95. C'est le cas par exemple pour l'EOL (Escuela de Orientaciòn lacaniana) argentine, créée en 1992 et dont Miller a été le président pendant les premiers temps.

lorsqu'il n'occupe pas une position institutionnelle clé, il est omniprésent, tantôt en tant que rédacteur des textes officiels, tantôt, dans ces mêmes textes, comme référence systématique. En d'autres termes, dans leurs modes de visibilité et leurs références internes, ces institutions sont autant lacaniennes que millériennes. En particulier dans les groupes étrangers, ce nom propre rassemble à lui seul la double légitimité institutionnelle et doctrinale[96]. Aussi ces écoles semblent-elles conçues sur le même modèle (leurs statuts reprennent, le plus souvent, ceux de l'ECF), avec une référence princeps à l'Acte de fondation de 1964 de Lacan — inclus généralement dans les statuts — mais aussi tout un système référentiel issu de l'appareil doctrinal millérien : la reconquête du champ freudien, l'École Une, la passe articulée aux critères épistémologique, politique et clinique...

Pour autant, et au regard de la problématique des particularités du modèle français, il est intéressant de pointer les adaptations nationales qu'ont dû subir ces structures, en particulier en raison de contextes juridiques différents. C'est le cas, en particulier, de l'Italie, dont les règles du jeu ont été profondément modifiées par le texte de loi réglementant l'exercice de la psychothérapie puisque, depuis 1989, pour y exercer la psychothérapie, il faut un diplôme de médecin ou de psychologue ainsi qu'une formation dans un institut spécialisé[97]. Alors que, longtemps[98], le discours lacanien — et le discours millérien en particulier — a mis au premier plan que « le psychanalyste ne s'autorise que de lui-même » et revendiqué une position plutôt radicale vis-à-vis des projets de réglementation et d'uniformisation, les arguments des lacaniens italiens sont, depuis cette loi, tout à fait différents. Ainsi, la toute nouvelle Scuola lacaniana di Psicoanalisi (SLP), créée en 2000 — et dont le directeur scientifique n'est autre que Jacques-Alain Miller — abrite un Istituto freudiano de formation conçu selon les besoins de la loi et habilité par le ministère de la Santé. Lorsque la pression sociale l'exige — ici, sous forme de

---

96. Au niveau doctrinal, notons la création par Miller de « sections cliniques » dans différentes villes et pays à partir de la Section clinique de Paris. Il s'agit donc de lieux où sont dispensés des enseignements de type universitaire, et de lieux clés d'élaboration et de diffusion des théories. Or *toutes les sections cliniques sont dirigées par Miller,* directeur de la Section clinique de Paris.

97. Cette loi concerne indirectement les psychanalystes puisqu'ils sont susceptibles d'être poursuivis pour exercice illégal de la psychothérapie. C'est pourquoi les associations psychanalytiques ont fini par proposer des cursus de formation en psychothérapie reconnus par le ministère italien.

98. Depuis quelques années, en raison des pressions liées aux projets de réglementation, les logiques rhétoriques semblent avoir changé en France.

pression juridique —, les instances psychanalytiques, même lacaniennes, ne refusent donc pas de se plier à des règles pourtant honnies au nom des spécificités de l'analyse. Mieux encore, elles justifient ce qui, dans d'autres contextes, passerait pour une corruption de la psychanalyse et intègrent les modifications dans un système doctrinal cohérent. Alors que Miller s'est prononcé contre des projets de réglementation de l'exercice de la psychothérapie comparables à la réglementation italienne, il écrit dans son « Introduction », à propos de la formation dans la SLP :

> Nous soulignons tout d'abord que la loi italienne n'exige pas un cursus médical comme réquisit nécessaire et que la psychanalyse n'est pas mentionnée dans la loi. Pour cette raison, cette loi peut être dite éclairée et se présente comme un facteur de progrès : elle étend le privilège aux psychologues, ce qui est déjà mieux que de ne le réserver qu'aux médecins. [...] Une telle loi ne légifère pas sur l'inconscient ; elle ne confond pas psychanalyse et psychothérapie, différence couramment admise par ceux qui la pratiquent, bien qu'elles se croisent. En effet, qu'est-ce que la psychothérapie ? C'est un dialogue avec un patient qui souffre d'un symptôme non organique, d'un symptôme dit *psychique.* De son côté, la psychanalyse permet au sujet de maîtriser ce dialogue prétendument bénéfique. Les meilleurs élèves de Lacan en Italie savaient qu'ils seraient à la hauteur pour répondre aux exigences de cette loi. Et ils n'ont pas voulu rester en-dehors du système qu'elle prescrit[99].

Dans le cas de l'institut italien, par exemple, on apprend avec surprise que les critères d'admission ressemblent, sur certains points, de façon troublante à des standards ipéistes qui sont à peine respectés par les sociétés ipéistes françaises : le candidat à la formation doit en effet avoir commencé une analyse personnelle avec « un analyste choisi à partir d'une liste proposée par la Commission de formation[100] ». Dans les faits, cette liste correspond aux annuaires des écoles du réseau institutionnel millérien, ce qui rappelle les restrictions ipéistes relatives à l'analyse didactique. Rappelons que l'APF, ipéiste, se vente d'avoir courageusement mis en place le « tout divan ». Pour reprendre les termes mêmes des analyses des auteurs français qui contestaient ces procédures, dès lors que l'analyse personnelle est réglementée par l'institution, elle devient de fait une analyse didactique *a priori* et non plus

---

99. www.istitutofreudiano.it, « Introduzione » (traduit par nous).

100. Extraits traduits par nous du « Fonctionnement » de l'Institut freudien, www.istitutofreudiano.it/Istituto/funziona.htm

seulement dans l'après-coup, comme le veut la doctrine lacanienne. Si l'analyse personnelle que l'on peut faire valoir pour amorcer une formation et l'analyse personnelle simplement thérapeutique diffèrent — même peu —, on opère une distinction entre elles *a priori* et la première devient, de fait, une analyse de formation. Aussi, même si le texte rechigne à le reconnaître en maintenant que « la psychanalyse personnelle est un pré-requis », elle n'est pas tout à fait protégée de toute ingérence institutionnelle puisqu'elle doit être faite selon certaines conditions.

Les institutions lacaniennes sont donc généralement conçues sur le modèle de l'ECF, reproduisant les structures institutionnelles et les modes de fonctionnement de la passe, souvent gérés de près par Miller ou par l'un des barons de son école. Même lorsque des membres de l'ECF n'occupent pas de positions institutionnelles, ils sont régulièrement sollicités,en tant qu'analystes, superviseurs ou théoriciens. La récente introduction, au sein de l'AMP, du dispositif de « l'extime » dans la procédure de la passe en est une illustration flagrante. L'extime est un membre, extérieur à l'institution locale mais membre de l'une des institutions de l'AMP, qui se voit convié aux travaux des cartels de la passe. La justification théorique de cette innovation procédurale réside dans la volonté d'harmoniser les pratiques et les critères au sein de l'AMP. Dans les faits cependant, notons que toutes les institutions *sauf l'ECF* adoptent le dispositif : c'est-à-dire que l'ECF est la seule à ne pas accepter un tiers externe. On ne peut s'empêcher de voir, dans la pratique de l'extime aussi, un coup de force politique et un moyen inespéré de contrôler le recrutement et de s'assurer de la diffusion des pratiques et des doctrines légitimes. Le modèle institutionnel et doctrinal de l'ECF semble donc s'exporter avec succès et selon des logiques de clonage de l'institution-mère. Pour autant, l'exemple de l'Italie nous offre une illustration des aménagements qui peuvent être effectués en réponse à des pressions externes et à la relative souplesse de la doctrine, ici en matière de formation. Contrairement au discours interne, qui tend à mythifier les composantes strictement épistémologiques de la doctrine et à diaboliser les raisons externes et pragmatiques, cet exemple révèle les interactions et les négociations qui gouvernent les rapports entre doctrines et enjeux sociaux.

CHAPITRE IV

BILANS

Le modèle français présente une position à la fois radicale et idéaliste en matière de formation et se donne à voir dans des pratiques institutionnelles inédites. Nous examinons en quoi il est largement façonné par le lacanisme et ses effets plus ou moins directs. Contrairement à ce que prétend le discours dominant, la raison d'être du modèle français ne tient pas uniquement aux propriétés intrinsèques de la psychanalyse, mais peut être décrit au prisme des enjeux externes dont il relève, en particulier les enjeux professionnels et corporatistes.

1 LOGIQUES DOCTRINALES ET MODÈLES INSTITUTIONNELS

Ce tour d'horizon des différentes structures institutionnelles et des modèles de formation adoptés dans le temps et dans l'espace nous conduit tout d'abord à conclure sur les *modèles* professionnels sous-jacents. Si l'on suit la grille de lecture proposée par Dubar et Tripier et relative aux grands modèles professionnels[1], on est tenté d'associer la profession psychanalytique à une « profession-corporation » selon le modèle « catholique ». Dubar et Tripier s'inspirent en effet de l'idée de « modèle » qui, selon la perspective empruntée par Duby en 1978), constitue « une manière de penser et de parler le monde » et consiste en une « mise en forme des activités [autant

1. Cf. C. Dubar & P. Tripier, *Sociologie des professions,* Paris, Armand Colin, 1998, p. 21-63.

qu']une certaine façon de dire l'action de l'homme sur le monde ». Les modèles sont des « systèmes symboliques qui dictent la conduite des hommes et la justifient à leurs propres yeux[2] ». Selon cette optique, les auteurs distinguent deux grand modèles historiques professionnels enracinés dans des systèmes de croyance d'abord religieux : le modèle catholique de la profession-corps et le modèle collégial issu de la Réforme protestante. Ces modèles sont des types idéaux renvoyant à des croyances religieuses et à des justifications théologiques (catholicisme latin et protestantisme anglo-saxon), mais aussi « des formes d'organisation économique et des éléments de doctrines politiques. Elles expriment des passions et des intérêts, des convictions et des valeurs qui s'incarnent dans des formules de pouvoir[3]. »

Le modèle « catholique », tel qu'il s'est développé sous l'Ancien Régime en France, à travers le système des corporations, peut convenir pour penser l'organisation institutionnelle, les valeurs et les formules de pouvoir de la psychanalyse. La logique corporative semble en effet correspondre à l'institution psychanalytique, telle qu'elle a été conçue depuis l'IPA et dans les grandes associations ipéistes. Il s'agit, selon la caractérisation de Dubar et Tripier, d'un modèle religieux et fortement hiérarchique. Religieux parce que, selon les auteurs :

> Le modèle, au sens à la fois cognitif et social, qui fait de la profession un corps auquel on appartient et qui fournit à ses membres un statut et une identité, peut-être appelé *religieux*, au sens de Durkheim, dans la mesure où il implique une division sociale essentielle entre ceux qui en sont membres et ceux qui n'en sont pas, ceux qui ont un statut et ceux qui n'en ont pas, ceux qui s'identifient à un nom et ceux qui ne le peuvent pas, ceux qui sont donc sacrés et ceux qui sont profanes[4].

La dimension sacrée est présente dès les premières ébauches d'institutionnalisation de la psychanalyse. Nous ne reviendrons pas sur l'illustration exemplaire que constitue, à ce titre, le fonctionnement du comité secret constitué autour de Freud, dont l'appartenance a été scellée par la possession d'un anneau conçu et distribué par le maître. Plus généralement, toute une partie du rituel et du discours psychanalytique peut être entendu comme une manière de tracer les frontières du dedans et du dehors, du sacré et du profane. L'analyse personnelle joue à ce titre un rôle central puisque *l'expérience personnelle des*

---

2. C. Dubar & P. Tripier, *Sociologie des professions*, *op. cit.*, p. 15.

3. *Ibid.*, p. 15.

4. *Ibid.*, p. 33.

processus inconscients est l'initiation nécessaire et princeps autour de laquelle s'organise le corps psychanalytique tout entier. L'expérience dont le psychanalyste tire son statut est une expérience à la fois centrale, originaire et presque mystique puisqu'elle consiste en une révélation. C'est en effet à travers l'expérience du divan, et *seulement à travers elle*, que l'on peut avoir la révélation de l'inconscient. La métaphore religieuse n'est d'ailleurs pas absente des propos mêmes de Freud lorsqu'il parle de « purification psychanalytique[5] » ou qu'il affirme que l'analyse a réussi « lorsqu'elle apporte à l'apprenti la ferme conviction de l'existence de l'inconscient[6] ». On le voit, l'expérience analytique trace les limites du dedans (les initiés) et du dehors (les profanes). Avec ces derniers, la communication est malaisée car, comme pour toute expérience religieuse, ce n'est pas affaire d'argumentation ou de démonstration, mais cela renvoie, selon Favreau, à « quelque chose d'aussi indéfinissable qu'incommunicable[7] ». En ce sens, l'institution psychanalytique est aussi une organisation de type initiatique centrée sur la figure du maître. Dans le modèle corporatiste tel qu'il est incarné par l'Université devenant progressivement corporation au Moyen Âge[8], ou par les corps de métier de l'Ancien Régime[9], l'apprentissage fourni par un maître à son apprenti est central. Il semble avoir servi d'idéal au concepteur de l'Institut de Berlin. Max Eitingon déclarait en effet en 1925 :

> Ce qu'il faudrait [au jeune débutant], ce serait de se retrouver dans une sorte d'atelier de la psychanalyse où il serait en relation de manière étroite et durable avec un analyste expérimenté et œuvrant de façon autonome, qui lui prodiguerait son enseignement et le ferait travailler comme le ferait un maître avec un assistant. Je serais tenté de dire un artisan avec son ouvrier, je ne trouve pas de meilleure comparaison en pensant au temps et à la somme d'efforts qu'exige le travail du thérapeute, à l'instar des nobles métiers d'antan que le laboratoire moderne, l'Université moderne, l'usine moderne ont fait disparaître[10].

---

5. S. Freud, « Conseils aux médecins sur le traitement analytique », *loc. cit.*, p. 67.

6. S. Freud, « L'analyse avec fin et l'analyse sans fin », *loc. cit.*, p. 264.

7. J. Favreau, « La formation des psychanalystes », *loc. cit.*, p. 53.

8. Cf. E. Durkheim, *L'Évolution pédagogique en France* [1938] Paris, PUF, 1969, et J. Le Goff, *Pour un autre Moyen Âge. Temps, travail et culture en Occident*, Paris, Gallimard, 1977 (repris par C. Dubar & P. Tripier, *Sociologie des professions, op. cit.*, p. 26-34).

9. Cf. W.H. Sewell, *Gens de métier et révolution. Le langage du travail de l'Ancien Régime à 1848* [1980], Paris, Aubier, 1983 (repris par C. Dubar & P. Tripier, *Sociologie des professions, op. cit.*, p. 28-29).

10. M. Eitingon, cité in M. Safouan *et al.*, *Malaise dans la psychanalyse, op. cit.*, p. 111.

Le modèle corporatiste est, en second lieu, un modèle hiérarchique, les maîtres étant distingués des compagnons et des apprentis — ou les docteurs des escholiers et des bacheliers — , qui met en avant une élite professionnelle. On retrouve cette dimension d'une structure fortement hiérarchisée au sein des instituts où les didacticiens (*training analysts*, selon la terminologie anglo-saxonne) constituent généralement l'élite professionnelle, concentrant les trois pouvoirs stratégiques que sont, en termes bourdieusiens :

— celui de recruter les nouveaux entrants (comités de sélection) ;

— celui de définir et de diffuser la doctrine et la pratique légitimes (rôles de directeurs de séminaire et de superviseurs) ;

— celui enfin de contrôler les carrières et de reproduire les règles du jeu (nomination des membres titulaires et des analystes didacticiens eux-mêmes, c'est-à-dire du corps d'élite)[11].

Le modèle professionnel corporatiste semble donc fonctionner comme modèle de référence pour la profession psychanalytique, particulièrement dans son expression ipéiste : l'institution fournit à ses membres un statut et une identité forte (ils sont certifiés « initiés », en quelque sorte), s'organise selon un modèle hiérarchique au sommet duquel trônent des maîtres qui concentrent des pouvoirs symboliques et politiques, et fonctionne de manière autonome à travers la mise en place de règlements et de codes internes. Une telle description convient aussi bien au modèle d'Eitingon — et donc à l'institution ipéiste la plus classique — qu'au modèle ipéiste français qui, malgré ses spécificités doctrinales et institutionnelles, ne s'en écarte pas.

Les outils de Dubar et Tripier peuvent également servir à affiner la compréhension des spécificités du modèle lacanien, en tout cas *en intention*, c'est-à-dire selon le mode organisationnel prôné par Lacan et abstraction faite de ses réalisations réelles, notamment à travers l'institution millérienne. L'école lacanienne, à la fois dans le type de modèle professionnel et de solidarité qu'elle propose et dans son opposition avec le « corps d'État » que constitue l'IPA, se rapproche davantage, nous semble-t-il, du modèle collégial de la profession-confrérie[12]. Les confréries, dans leurs sources germaniques

11. Si l'aspect politique de la hiérarchie est moins explicite dans l'école lacanienne, c'est encore une fois en raison de l'absence de règles officielles distribuant les rôles et les responsabilités politiques et administratives. On peut toutefois supposer que, dans les faits, les AME concentrent la plupart des positions de pouvoir.

12. Cf. C. Dubar & P. Tripier, *Sociologie des professions*, *op. cit.*, p. 38-47.

comme dans leurs interprétations anglo-saxonnes[13], constituent, dans leur principe, des formes religieuses égalitaires et s'opposent en ce sens aux corporations hiérarchisées. Dubar et Tripier en résument les différentes illustrations en concluant qu'il s'agit d'un « modèle collégial, anti-hiérarchique et fondé sur l'implication individuelle, la vocation personnelle et la participation volontaire[14] ». De la même manière que les communautés protestantes s'opposaient à la rigidité, à l'autoritarisme et aux pouvoirs verticaux de l'Église catholique, les lacaniens se sont abondamment construits autour de leur opposition aux standards ipéistes et à leur modèle institutionnel bureaucratique et excessivement hiérarchisé. Face à ce modèle, la subversion lacanienne consisterait précisément à se rapprocher de la vocation originelle (revendication de critères proprement analytiques pour concevoir la formation appropriée) et à prôner l'autonomie individuelle. Dans l'idéal lacanien, comme dans les confréries, l'école réunit une « communauté d'égaux » et prétend abolir les hiérarchies. Dubar et Tripier rappellent que, selon ce modèle, « chaque membre du groupe est directement en contact avec Dieu et doit chercher personnellement sa propre voie de salut. C'est pourquoi l'adhésion volontaire à la profession est un trait essentiel du modèle[15]. » Remplaçons « Dieu » par la quête lacanienne de la Vérité de l'Analyse, rappelons l'innovation identitaire forte selon laquelle « l'analyste ne s'autorise que de lui-même », qui justifie que chaque analyste « cherche personnellement sa propre voie de salut », et le parallèle semble fonctionner. Dans le modèle auquel elle se réfère, dans son idéal donc, l'École de Lacan est une confrérie d'égaux, reposant sur la vocation et l'autonomie personnelle et sur le principe de l'autogouvernement, puisque le psychanalyste ne s'autorise que de lui-même. Ce modèle de confrérie, reposant sur la vocation de chacun à la cause commune, est celui auquel aspirent les analystes, notamment lacaniens, à titre individuel. Pour autant, nous l'avons vu, le décalage entre ce principe et les réalités politiques et institutionnelles est grand, et les psychanalystes sont loin de réaliser cet idéal égalitaire.

En fait, il est rituel d'opposer logique analytique et logique extra-analytique, de redouter sans cesse l'immixtion de l'institution. Mais, comme le note Smirnoff, « aucune discipline ne s'est dotée d'une organisation aussi complexe, n'a fondé autant de comités internationaux et locaux pour résoudre

---

13. Dubar et Tripier invoquent les travaux d'Otto Von Gierke, de Max Weber et de Lucien Karpik.

14. C. Dubar & P. Tripier, *Sociologie des professions, op. cit.*, p. 44.

15. *Ibid.*, p. 38.

ses problèmes[16] ». Aussi la psychanalyse entretient-elle un rapport ambigu et contradictoire avec ses institutions : l'institution et ses effets sont diabolisés alors que les sociétés d'analystes, loin d'avoir « neutralisé » l'institution ou garanti le « minimum institutionnel », sont particulièrement hiérarchisées, complexes et conflictuelles.

Dans le modèle corporatiste comme dans celui des confréries, l'élément religieux est présent. Avec plus ou moins de bonheur et d'à-propos, on a souvent usé de la métaphore religieuse et pointé le fonctionnement religieux ou sectaire des sociétés d'analystes (que ce soit pour décrire et dénoncer le fonctionnement religieux d'instituts ipéistes ou les dérives du lacanisme). Kirsner cite, par exemple, les propos d'interviewés décrivant le fonctionnement de l'Institut psychanalytique de New York :

> Je n'ai jamais entendu une appréciation réfléchie, critique, intelligente ou sensée d'une théorie psychanalytique ou d'une doctrine. On m'a appris, comme dans une yeshiva face au « livre », que l'on est autorisé à poser des questions sur ce que le « livre » veut dire. Est-ce que ça signifie ceci ou cela[17] ?

Il rapporte également les souvenirs d'un analyste qui, se plaignant à son *training analyst* que l'on traitait les écrits de Freud comme si c'était la Bible, se vit répondre : « Ce n'est pas comme la Bible. C'est la Bible[18]. » Ce rapport quasi religieux au texte sacré n'est pas éloigné de ce que décrit Roustang à propos des lacaniens :

> D'où la certitude, encore vivace chez un grand nombre, qu'il suffit de lire Lacan et de ne jamais quitter son texte pour maîtriser la chose analytique et se tenir au plus haut niveau de l'humanité. À quoi bon s'interroger encore et reposer des questions qu'il a résolues pour nous, d'autant que nous n'avons pas le loisir de nous mettre à la philosophie, aux mathématiques, à l'éthologie ou au chinois pour vérifier que tout cela tient bien ensemble ? Comment ne pas reconnaître que, si réticents que certains d'entre nous aient pu se montrer, ils ont bel et bien été pris un moment dans cette foi reposante[19] ?

---

16. Victor Smirnoff, « Une ténébreuse affaire », in *Écrit du temps*, n° 14-15, 1987, p. 680.

17. Interview d'Emmanuel Peterfreund, in Douglas Kirsner, *Unfree Associations, op. cit.*, p. 53.

18. D. Kirsner, *Unfree Associations, op. cit.*, p. 56.

19. F. Roustang, *Lacan. De l'équivoque à l'impasse*, Paris, Éditions de Minuit, 1986, p. 13.

Ou encore, dans un autre ouvrage :

> Dans les groupes, la citation de Lacan fonctionne comme un point final ou comme un verdict, comme une autorité décisive que personne n'ose critiquer ou analyser ou mettre en rapport avec une position subjective. [...] Mais on voit aisément que le principe du « Lacan a dit » est à rapporter directement au recours à l'Écriture ou aux autorités dans la tradition chrétienne[20].

Récapitulons : les psychanalystes français, sur un plan doctrinal comme sur un plan institutionnel, sont divisés en deux camps qui, à certains égards semblent constituer deux communautés distinctes. Pour autant, malgré les divergences doctrinales et institutionnelles, on peut parler d'un modèle français à travers lequel, dans une certaine mesure, ces deux communautés se reconnaissent mutuellement. Orthodoxes et lacaniens ont en tout cas en commun de produire un discours et d'engendrer des pratiques basées sur l'extraterritorialité de la psychanalyse, ce qui constitue une spécificité française. Cette spécificité consiste en une position à la fois radicale et idéaliste en matière de formation et se donne à voir dans des pratiques institutionnelles inédites : la France a innové dans sa politique de formation, dans les aménagements qu'elle a fait subir au modèle d'Eitingon dans le clan orthodoxe, comme dans l'innovation qu'a constitué l'orientation lacanienne. Aussi les Français incarnent-ils un radicalisme épistémologique impliquant lui-même une forme de radicalisme des pratiques à travers des dispositifs institutionnels jugés par les défenseurs du modèle d'Eitingon comme laxistes, voire irresponsables. Parmi ces derniers, ceux qui n'adhèrent pas au modèle français craignent que ce radicalisme ne conduise à une anarchie plus handicapante à leurs yeux que les quelques infidélités qui sont faites à la liberté des sondeurs de l'inconscient.

2 LE LACANISME

Nous avons évoqué à plusieurs reprises ce que le modèle français devait à Lacan et au lacanisme. Sur différents plans, l'apport de Lacan a participé à une forme de radicalisation des positions qui marque, de fait, la psychanalyse « à la française ».

---

20. F. Roustang, *Un destin si funeste,* Parils, Éditions de Minuit, 1976, p. 36-37.

Lacanisme et radicalité

Nous avons déjà signalé que Lacan fut l'un des premiers en France a proposer une *critique du fonctionnement institutionnel* de l'organisation ipéiste. Il aura ainsi inauguré une tradition critique au sein de la psychanalyse française. Dans les années soixante et soixante-dix, de tous bords, seront repris et prolongés les éléments de contestation des sociétés de psychanalyse. Mais si la critique du conformisme et de la frilosité des institutions est associée à Lacan, ce n'est pas seulement en raison de l'écho direct qu'eurent ses écrits, c'est aussi, et sans doute surtout, parce qu'il en fit lui-même les frais. Lacan aura, en effet, littéralement *incarné* l'opposition aux lourdeurs institutionnelles et aux raisons politiques. Depuis son « excommunication » de 1963, il est, dans l'imaginaire des psychanalystes français, celui qui s'est vu exclu par l'establishment et qui, de surcroît, s'est révélé l'un des psychanalystes les plus novateurs. Son destin incarne, en ce sens, les apories de l'institution. On peut formuler l'hypothèse que c'est pour cette raison qu'en France, plus qu'ailleurs, s'est diffusée et popularisée une critique des sociétés psychanalytiques et une conception clivée des logiques intra et extra-analytiques, tendant à magnifier une pureté de l'analyse menacée de l'intérieur par ses propres institutions.

Quelles sont les conséquences d'une telle conception et en quoi participent-elles à une forme de radicalisation doctrinale ? Il nous semble que cette orientation conduit à une double idéalisation :

— celle d'une *pureté de l'analyse*, dans la mesure où cette dernière ne se réduit en aucun cas à sa visée thérapeutique, mais concerne le « Désir », la « Vérité du Sujet », etc. C'est-à-dire que l'analyse ne se réduit pas à une expérience thérapeutique, mais qu'elle est, bien plus fondamentalement, une expérience de dévoilement de la vérité et « d'advenue du sujet ». Lacan l'a formulé lui-même : « La découverte de Freud met en question la vérité, et il n'est personne qui ne soit personnellement concerné par la vérité[21]... » Comme le résume Diatkine, « au risque l'aliénation à la "figure obscène et féroce du surmoi" incarnée par un analyste hypnotiseur, Lacan oppose ainsi une visée libératrice, l'"advenue du sujet" vrai, celui de l'inconscient[22] ». Il nous semble que l'on peut considérer que les ambitions mêmes de l'analyse sont, avec Lacan, démultipliées ;

21. J. Lacan, *Écrits*, Paris, Seuil, 1966, p. 405.

22. G. Diatkine, *Jacques Lacan*, Paris, PUF, 1997, p. 84.

— une *idéalisation de l'analyste* lui-même, qui se trouve, pourrait-on dire, magnifié par la perspective lacanienne, puisqu'il est le produit d'une analyse menée à son terme. Selon le commentaire de Diatkine, « il y a quand même deux sortes de patients, ceux qui terminent leur cure et deviennent analystes, et ceux qui n'attendent de l'analyse qu'une guérison. Aux premiers est promis un destin terrible et admirable : "Et ce serait la fin exigible pour le Moi de l'analyste, dont on peut dire qu'il ne doit connaître que le prestige d'un seul maître : la mort."[23] » Comme le note Diatkine, selon cette conception, le psychanalyste est porteur de valeurs héroïques, et il ajoute non sans ironie :

> Nous voici loin des petites préoccupations mesquines de l'API et de l'Institut de Psychanalyse ! L'analyste qui a terminé sa cure est devenu un héros qui assume la mort librement choisie ! On ne va quand même pas lui demander combien de temps il garde ses patients[24] !

Sans doute cette double idéalisation, de l'analyse et de l'analyste, a-t-elle participé à la construction et à la diffusion — assez typiquement françaises — d'une conception reposant sur la pureté de l'analytique, et à une forme d'incitation au « laisser faire », à l'ouverture à ce que les dynamiques internes — mythifiées — adviennent et s'affranchissent des entraves extra-analytique. Aussi peut-on faire l'hypothèse que cet aspect des thèses lacaniennes a consolidé et radicalisé la revendication extra-territoriale par la diffusion d'une certaine idéologie de la pureté de l'analyse et de l'héroïsme de l'analyste. Ce dernier, responsable devant le désir, ne devant pas être entravé par des logiques institutionnelles, bassement ignorantes des vérités de l'analyse.

Cet accent et cette confiance portée à l'analyste justifient une certaine permissivité, et l'on conçoit, comme nous l'avons vu précédemment, que « le désir de l'analyste est ce qui donne sa légitimité à "l'autorisation" que l'analyste se donne[25] ». En effet, « à la morale "bourgeoise" de l'Institut de Psychanalyse, Lacan substitue une éthique psychanalytique nouvelle, dans laquelle le seul devoir du psychanalyste est de ne pas céder sur son désir[26] ». Il l'énonce lui-même selon les termes suivants :

---

23. G. Diatkine, *Jacques Lacan, op. cit.*, p. 91. La citation de Lacan vient du *Séminaire VII. L'éthique de la psychanalyse*, Paris, Seuil, 1986, p. 351.

24. G. Diatkine, *Jacques Lacan, op. cit.*, p. 91-92.

25. N. Beauchamp, « Sésame, ouvre-toi ? », *loc. cit.*, p. 29.

26. G. Diatkine, *Jacques Lacan, op. cit.*, p. 14.

> C'est à titre expérimental que j'avance devant vous ces propositions. Formulons-les en manière de paradoxe. Voyons ce que ça donne pour des oreilles d'analystes. Je propose que la seule chose dont on puisse être coupable, au moins dans la perspective analytique, c'est d'avoir cédé sur son désir[27].

Ce *commandement éthique* a pour conséquence que, selon la formule célèbre, le psychanalyste ne s'autorise que de lui-même et que, ne s'autorisant que de lui-même, il soit seul devant sa responsabilité. Ainsi que l'énonce Dominique Miller :

> [Lacan] tient donc à affirmer que le psychanalyste, même quand il fait groupe, est seul, seul dans l'acte qui consiste à recevoir des patients, comme dans l'acte qui le conduit à adhérer à une association de psychanalyse. Il est seul comme il l'a été tout au long de sa propre psychanalyse. Aucun psychanalyste didacticien ou contrôleur, aucun groupe, aucune association nationale ou internationale ne suffisent à combler cette solitude[28].

Or cette solitude ontologique est incompatible avec une structure institutionnelle autoritaire et contraignante. C'est la raison pour laquelle les règles et les procédures traditionnelles doivent être subverties dans une école authentiquement psychanalytique. Selon les termes d'un autre grand disciple de Lacan, Claude Conté :

> Il convient de souligner d'entrée de jeu la portée éthique de la position de Lacan concernant l'acte de l'analyste. J'en prends ici un seul abord : si cet acte vient à être apprécié suivant les critères, par exemple, d'une commission des études, et aboutit à un titre d'analyste qui fait estampille ou label professionnel, l'acte risque de s'en trouver faussé profondément et le nouvel analyste risque fort d'oublier que chaque cure à venir le questionnera à chaque fois de façon radicalement nouvelle sur cette position impossible qu'il a jugé bon de prendre, celle de l'analyste, qui ne peut rester pour lui qu'en constante interrogation[29].

Cette doctrine, posant la solitude éthique de l'analyste et de son acte, conduit donc à ce qui est clairement soutenu dans la première version de la

---

27. J. Lacan, *Le Séminaire VII, op. cit.*, p. 368.

28. Dominique Miller, « Aussi seul que je l'ai toujours été dans ma relation à la cause analytique », in Gérard Miller (dir.), *Lacan*, Paris, Bordas, 1987, p. 168.

29. Claude Conté, « L'analyste ne s'autorise que de lui-même », in *L'Analyse et l'analyste*, Ier Colloque interassociatif de Psychanalyse, Paris, Solin, 1991, p. 190.

Proposition d'octobre 1967 : « L'autonomie de l'initiative du psychanalyste est posée en principe qui ne saurait souffrir chez nous de retour. » En d'autres termes, dans la conception lacanienne, les fonctions de contrôle et de sanction de l'institution collective sont ramenées au minimum en vertu de principes éthiques qui incitent à une individualisation, une personnalisation de la fonction régulatrice. Il est impossible de ne pas voir ici la source des discours, particulièrement radicaux en France, glorifiant l'indépendance voire l'immunité de l'analyste, s'insurgeant contre toute ingérence externe, forcément perçue comme menaçante et destructrice.

Le phénomène Lacan a joué, à différents titres, un rôle majeur dans les configurations spécifiques d'une psychanalyse « à la française » aussi bien que dans l'influence plus diffuse que ce phénomène a connu dans le champ intellectuel français. Le succès du lacanisme est lisible dans son ampleur quantitative (en France, une majorité de psychanalystes se réclame de cette filiation), mais également dans la reprise et la diffusion d'éléments de doctrine qui, bien que se réclamant du freudisme, en sont une traduction radicalisée. Nous verrons ainsi que les succès externes comme internes du lacanisme se sont notamment largement organisés autour du noyau subversif qu'a constitué, pour différents groupes, la pensée lacanienne.

Succès et effets de la radicalité

Pour ce qui est de l'influence *externe*, rappelons que Lacan connut un succès tout à fait remarquable auprès de l'intelligentsia française et, par la suite, auprès d'un public élargi. Il n'est que de rappeler l'étonnant succès éditorial des *Écrits*, publiés en 1966, pour s'en convaincre[30]. C'est à cette même période que Lacan est accueilli à l'École normale supérieure et que son séminaire s'ouvre à la jeunesse intellectuelle, philosophique en particulier. Pontalis rappelle à ce propos l'importance que constitue en France la séduction du monde philosophique dans l'écho dont peut bénéficier une pensée :

> Mais l'histoire de la psychanalyse « à la française » trouve de moins en moins en elle-même son seul principe d'explication. En France, dans la vie culturelle, rien ne « prend » sans l'aval des philosophes ; et de celui des scientifiques, on se passe aisément[31].

30. 5 000 exemplaires serons vendus en quinze jours. Plus de 50 000 exemplaires seront vendus dans l'édition courante et presque 180 000 pour l'édition de poche.

31. J.B. Pontalis, « Le métier à tisser », *loc. cit.*, p. 10.

Pontalis ajoute en note :

> Cela aussi, Lacan l'a très vite compris. La participation soutenue (Hyppolite puis Ricœur) ou intermittente des philosophes au Séminaire, sa communication à la Société française de Philosophie (1957) présidée par Jean Wahl, plus tard l'article d'Althusser qui lui ouvrit quelque temps après l'accès à l'École normale supérieure (Lacan, professeur de l'ENS, ai-je entendu dire), ont joué un rôle déterminant dans la diffusion du lacanisme[32].

Nombreux sont les auteurs qui, à l'instar de Smirnoff, soulignent le rôle déterminant qu'a joué le lacanisme dans la diffusion de la psychanalyse dans des secteurs-clés de la société française :

> Pour une bonne part grâce à Lacan, la France a été saisie par la psychanalyse, qui est devenue un fait culturel : très différent de ce que fut son destin aux États-Unis, par exemple. Elle a pris une place prépondérante dans les domaines intellectuels les plus divers, s'est installée à l'Université et est devenue partie intégrante du discours politique et institutionnel. Qu'on s'en félicite ou qu'on le regrette, il faut en reconnaître l'étendue[33].

C'est également l'analyse de l'Américaine Sherry Turkle, qui retient de son enquête sur la « France freudienne » de la fin des années soixante-dix et du début des années quatre-vingt :

> Les métaphores psychanalytiques ont infiltré la vie sociale française à un point qui est sans doute unique dans l'histoire du mouvement psychanalytique. Même aux États-Unis, les choses ne sont jamais allées aussi loin. Cette colonisation de la culture intellectuelle et populaire, ainsi qu'une forte coloration politique et d'autres facteurs encore, font du nouveau « Freud français » une figure bien différente du « Freud américain » d'hier ou d'aujourd'hui[34].

Cette influence se fait sentir dans des secteurs variés, et Castel et Le Cerf montrent comment la doctrine lacanienne a su séduire différentes niches intellectuelles. Ils identifient, bien entendu, l'intelligentsia, soulignant, comme Pontalis ou Roudinesco, que c'est à Lacan que l'on doit de l'avoir véritablement convertie à la psychanalyse. Aussi écrivent-ils :

---

32. J.B. Pontalis, « Le métier à tisser », *loc. cit.*, p. 10.

33. V. Smirnoff, « De Vienne à Paris », *loc. cit.*, p. 56.

34. S. Turkle, *La France freudienne, op. cit.*, p. 25.

> On sait la séduction que la psychanalyse a tôt exercée sur les membres de l'intelligentsia sophistiquée — en France, par exemple, sur les surréalistes. Mais, indépendamment du jugement que l'on peut porter sur l'œuvre et la pratique de Jacques Lacan, c'est à partir du succès du lacanisme que l'on peut dater la réelle percée de la psychanalyse française hors du ghetto des initiés et des spécialistes. Le séminaire de Lacan se déplace en 1964 à l'École normale supérieure, ce qui montre que son audience a commencé à séduire, depuis quelques années déjà, un noyau représentatif de la haute intelligentsia (Althusser et les althussériens, quelques artistes et philosophes dans le vent). À partir de là, on pourrait suivre une ligne de diffusion intellectuelle et bientôt mondaine, qui impose la grille d'interprétation psychanalytique lacanienne comme référence privilégiée non seulement pour l'interprétation du psychisme, mais aussi pour celle des productions culturelles, textes littéraires, œuvres d'art, travail ethnologique : Lacan-Althusser, Lacan-Lévi-Strauss, Lacan-Foucault[35].

Mais Castel et Le Cerf pointent également l'influence des théories lacaniennes dans la réforme du système psychiatrique français, séduisant « la frange la plus moderniste et la plus marginale à la fois des professions de santé mentale[36] », comme l'illustre l'expérience de la clinique de la Borde : cette clinique de Cour-Cheverny, ouverte en 1953 autour de Jean Oury et de Félix Guattari, constitue une modalité d'élaboration d'une « psychothérapie institutionnelle » libertaire et lacanienne. Ils indiquent enfin l'attrait qu'a pu constituer le lacanisme auprès d'une génération marquée par les « événements » de 1968 et les résonances qu'y rencontrait l'expression d'une « révolte contre les conformismes, les contraintes, les hiérarchies » aussi bien qu'une « revendication de valeurs individuelles d'authenticité, de libération et d'épanouissement subjectif[37] ». L'analyse de Turkle va dans le même sens :

> Pour le mouvement étudiant, en pleine contestation de la hiérarchie universitaire française, les lacaniens — qui s'en étaient pris aux Américains, avaient brisé les règles et attaqué la hiérarchie du monde psychanalytique —semblaient des alliés naturels. Les expériences antipsychiatriques de certains psychanalystes lacaniens semblaient avoir

---

35. R. Castel & J.F. Le Cerf, « Le phénomène "psy" et la société française », in *Le Débat*, n° 3, 1980, p. 23.

36. R. Castel & J.F. Le Cerf, « Le phénomène "psy" et la société française », *loc. cit.*, p. 24.

37. *Ibid.*, p. 24.

> anticipé l'esprit de Mai et les étudiants tirèrent des analyses lacaniennes sur les phénomènes de groupe et d'institution des idées pour le fonctionnement des comités d'action[38].

Elle détaille, à une autre occasion, les ingrédients qui ont participé à l'alliance qui s'est progressivement installée entre les contestataires et la figure de Lacan :

> À cela contribuaient, par exemple, sa réputation d'iconoclaste en politique psychanalytique, ses séances courtes, ses attaques contre l'institution psychanalytique, ses critiques conséquentes des Américains. Son lien avec les surréalistes comptait beaucoup pour des gens qui venaient de vivre un événement politique souvent considéré comme du surréalisme en acte. De même, sa critique du « discours universitaire » avant que de tels propos deviennent chose courante ; le fait qu'il ait signé des manifestes de soutien aux étudiants en grève en mai 68 et qu'il ait donné son appui à des dirigeants étudiants emprisonnés ; les avertissements qu'il lança aux étudiants de ne pas se laisser séduire par des promesses de dialogue et de participation : ce qu'on appelle *dialogue* n'existe pas, c'est une duperie. Et, bien entendu, il y a l'anecdote, tellement entrée dans le folklore qu'elle a traversé l'Atlantique pour être rapportée par le magazine *New Yorker,* selon laquelle Lacan aurait pris Daniel Cohn-Bendit à l'arrière de sa Jaguar et réussi à lui faire passer la frontière allemande[39].

Il nous semble important de souligner que le point commun entre ces différents foyers de diffusion du lacanisme est le message de *subversion* auquel est associée la pensée de Lacan. En d'autres termes, Lacan a su incarner, aussi bien auprès de la jeunesse culturelle et intellectuelle que des jeunes psychiatres ou des militants gauchistes, une puissance alternative contre les valeurs d'adaptation et de conformisme, une pensée contestataire et insoumise. La croisade anti-américaniste menée par Lacan n'est sans doute pas pour rien dans la lecture révolutionnaire que beaucoup voulurent faire de sa doctrine, nous y reviendrons. D'autant plus que, même s'il servit de maître à penser et donna son soutient à telle ou telle occasion, Lacan lui-même ne prit pas directement part aux contestations. Pour autant, de la même manière qu'elle séduisit les étudiants grévistes, Castel et Le Cerf rappellent que la psychanalyse lacanienne constitua aussi une force d'attraction incontestable dans l'après-68, à l'heure de la désillusion politique :

---

38. S. Turkle, *La France freudienne, op. cit.*, p. 92.

39. *Ibid.*, p. 116.

> La psychanalyse, surtout lacanienne, paraissait fournir une synthèse d'autant plus convaincante que, les premiers enthousiasmes passés, il apparut à beaucoup que mieux valait, une nouvelle fois, travailler à réaliser ses désirs qu'à transformer le monde. Ou plutôt — et là était sans doute la mystification, mais ceci est une autre histoire — il apparut à beaucoup que travailler ses désirs représentait la voie royale pour subvertir l'ordre du monde. Le lacanisme s'était donné, au moins depuis la critique de la psychanalyse américaine opérée par Lacan au début des années soixante, en antagonisme radical avec les valeurs d'adaptation et de conformisme qui sont censées prévaloir dans une société « capitaliste ». La preuve d'ailleurs que la psychanalyse était non seulement de gauche, mais de la bonne nouvelle gauche gauchiste, c'était qu'elle avait été persécutée par le stalinisme au moment de la guerre froide et que le Parti communiste était encore réticent à l'égard d'une doctrine qu'il soupçonnait de vouloir supplanter la lutte des classes par une lutte romantique contre une répression tous azimuts. Ainsi certaines formules d'inspiration lacanienne se sont-elles inscrites sur les murs au titre de slogans révolutionnaires[40].

Et Castel et Le Cerf de conclure :

> La psychanalyse a été ainsi la structure d'accueil d'une déception politique qui refusait de se penser comme telle et renaissait des cendres des illusions perdues[41].

Susceptible d'attirer à elle des publics variés mus par des motivations parfois contradictoires, la psychanalyse lacanienne doit son succès à ce consensus qu'elle est capable de créer autour de son caractère subversif, à la radicalité qui lui est associée. Ces propos de l'historienne et psychanalyste Élisabeth Roudinesco sont particulièrement révélateurs de cette représentation du lacanisme, toute acquise à son idéal révolutionnaire :

> La France reste en effet le seul pays au monde où ont été réunies, sur une durée de cent ans, toutes les conditions nécessaires à une implantation massive de la psychanalyse dans tous les secteurs de la vie culturelle, aussi bien par la voie intellectuelle que par la voie médicale, et, à cet égard, le lacanisme est le symptôme de cette exception dans la mesure où il s'est construit en pleine conscience comme une subversion, une

40. R. Castel & J.F. Le Cerf, « Le phénomène "psy" et la société française », *loc. cit.*, p. 25.

41. *Ibid.*, p. 25.

> transgression, et donc comme l'héritier d'un idéal de contestation de l'ordre établi issu de la Révolution française d'une part, de la lutte dreyfusiste de l'autre[42].

C'est ce même idéal révolutionnaire, cette même insoumission, qui a séduit, à un niveau *interne*, les jeunes générations de psychanalystes et qui, surtout, s'est progressivement popularisée pour venir marquer en propre ce qui est devenue une psychanalyse « à la française ». Là encore, de l'avis de nombreux commentateurs, protagonistes ou observateurs étrangers, c'est à Lacan que la psychanalyse française doit son renouveau théorique, son dynamisme et son rayonnement international. Aussi « l'effet Lacan » se fait-il sentir sur deux registres principalement :

— dans la construction d'un modèle théorique français, par la créativité à laquelle Lacan est associé, mais aussi dans la mesure où le lacanisme occupe progressivement une position dominante dans le paysage théorique français, attirant à lui les idéaux d'excellence ;

— dans l'adoption massive d'une idéologie et d'une rhétorique de la subversion et dans les effets institutionnels et professionnels qu'elles impliquent.

Pour ce qui est de l'innovation théorique, nous avons vu à différentes occasions que Lacan avait incarné l'esprit créatif et novateur qui faisait défaut à la psychanalyse française. Non seulement il incite, par son « retour à Freud », à un travail conceptuel poussé, mais il produit des propositions théoriques nouvelles et se trouve en phase avec les grands enjeux théoriques qui viennent marquer les humanités (la linguistique et le structuralisme, notamment). Souvenons-nous que la décennie qui correspond au départ de Lacan de la SPP et à la création de la SFP (1953-1964) représente unanimement un âge d'or de la psychanalyse française, alors à la pointe du dynamisme et du débat théorique. Smirnoff, qui quittera Lacan pour rejoindre l'APF en 1964, décrit en ces termes le rôle joué par Lacan dans la constitution d'une psychanalyse « à la française » :

> À voir la nécessité où il s'est trouvé de reformuler les concepts analytiques au fur et à mesure que se poursuivaient sa lecture et son exégèse, on est obligé de constater que Lacan a peu à peu été amené à renouveler le vocabulaire de la psychanalyse en y introduisant de nouveaux termes : *le grand Autre, le Nom-du-père, l'objet a, le désêtre, la langue* ; à instituer de nouvelles catégories, à élaborer la théorie du signifiant... Lacan a beau répéter que tout cela est de stricte obédience

42. E. Roudinesco, *Jacques Lacan*, Paris, Fayard, 1993, p. 556.

> freudienne, que ce n'est qu'une autre façon de rendre compte de ce qui est inscrit dans le texte de Freud, on constate que ces termes et ces concepts tendent peu à peu à se substituer au langage analytique « classique ». Quoi qu'il en soit, à juger par la fortune que connaissent ce vocabulaire et ces formulations, il ne fait pas de doute que Lacan a bel et bien su créer une psychanalyse « à la française »[43].

Pontalis — lui aussi ancien analysé et disciple de Lacan ayant choisi la voie de l'APF en 1964 — décrit l'extraordinaire pouvoir d'attraction du lacanisme, comparant les logiques d'adhésion auquel ce pouvoir donne lieu au communisme. Pour lui, l'attrait de Lacan était tel que, pour la génération des jeunes psychanalystes d'après-guerre, on ne pouvait pas ne pas être lacanien : c'est là qu'étaient les innovations, les enthousiasmes, les stimulations. Aussi se souvient-il, évoquant une libre conversation à propos de Lacan au sein du comité de rédaction de la *Nouvelle Revue de psychanalyse,* quelques années plus tard :

> Chacun de nous avait été, un temps, proche de Lacan, chacun s'en était éloigné, et tous nous disions : à cette date, on ne pouvait pas ne pas être lacanien ; à cette autre, on ne pouvait plus l'être. Mais les dates n'étaient pas du tout les mêmes selon les intéressés. Cf. *The God who Failed* où sont recueillis les témoignages d'anciens communistes[44]. »

De plus, le lacanisme bénéficiait du prestige associé aux pensées sophistiquées, difficiles et ambitieuses. En particulier dans les années soixante et soixante-dix, ce courant de pensée connote une forme d'élitisme et est subjectivement perçu comme tel par les lacaniens comme par les autres, comme en témoigne ce souvenir d'Aisenstein (2003), grande figure de la SPP :

> Mon idée à l'époque, confortée dans les amphis de philo par les camarades en analyse, était que les divans lacaniens se méritaient. Ils étaient réservés à une élite intellectuelle dont je me sentais exclue[45].

Mijolla résume de façon similaire l'image de l'EFP dans ces mêmes années par la formule « graphes, mathèmes, cohue et réputation de génie ». Il cite à ce propos cette constatation de Clavreul, affirmant en 1964 :

---

43. V. Smirnoff, « De Vienne à Paris », *loc. cit.*, p. 56.

44. J.B. Pontalis, « Le métier à tisser », *loc. cit.*, p. 9, note.

45. M. Aisenstein, « L'analyste étranger ou barbare... », 7 juin 2003, Annexe B à B. Brémond, « Éléments pour une histoire du groupe de contact », http://www.oedipe.org/fr/actualites/histoire%20du%20groupe%20de%contact, 2003.

> Il n'est pas douteux qu'en France, c'est Lacan et les lacaniens qui sont, aux yeux des intellectuels, les psychanalystes avec qui il est intéressant de parler[46].

Lacan vient donc stimuler le mouvement psychanalytique français, et sa doctrine apporte une réponse à la soif d'engagement de la psychanalyse dans des domaines insuffisamment explorés (le domaine des psychoses, par exemple), en même temps qu'elle la hausse au rang de système de pensée incontournable sur la scène intellectuelle. Nous voudrions néanmoins mettre l'accent sur le fait que l'influence lacanienne ne tient pas uniquement à ses innovations théoriques et conceptuelles et à la conquête d'objets d'investigation peu défrichés. L'originalité du lacanisme est aussi de se revendiquer, dans une filiation avec le surréalisme, comme porteur d'un esprit libertaire et insurgé. Aussi est-ce le lacanisme qui produit un discours au sein duquel la rhétorique de la subversion est au premier plan. Or nous voudrions proposer que c'est cet idéal subversif, issu dans un premier temps du lacanisme, qui a marqué la psychanalyse française dans ses singularités rhétoriques, identitaires, institutionnelles et politiques. On peut en effet concevoir qu'il soit à la source de ce que nous avons identifié comme traits constitutifs du discours indigène : l'idéalisme, l'internalisme, l'idéal d'extraterritorialité.

La revendication subversive de Lacan se donne à voir en premier lieu dans le marquage fortement anti-américaniste qu'il donne à son orientation. À titre d'illustration, Lacan écrit en 1953 :

> Il apparaît en tout cas de façon incontestable que la conception de la psychanalyse s'y est infléchie vers l'adaptation des individus à l'entourage social, la recherche des *patterns* de la conduite et toute objectivation impliquée dans la notion des *human relations,* et c'est bien une position d'exclusion privilégiée par rapport à l'objet humain qui s'indique dans le terme, né sur place, de *human engineering.* C'est donc à la distance nécessaire à soutenir une pareille position qu'on peut attribuer l'éclipse, dans la psychanalyse, des termes les plus vivants de son expérience, l'inconscient, la sexualité, dont il semble que bientôt la mention même doive s'effacer[47].

Comme le montre Turkle, cet anti-américanisme est particulièrement attractif et fédérateur auprès d'un public qui, pour être « de gauche », n'en est pas

---

46. Cité in A. de Mijolla, « La psychanalyse en France », *loc. cit.*, p. 107.

47. Jacques Lacan, « Fonction du champ de la parole et du langage en psychanalyse », in *Écrits, op. cit.*, p. 245-246.

moins composite et hétérogène. Lacan produit une critique virulente de la psychanalyse américaine, de ses valeurs, de ses orientations conçues comme des détournements de la doctrine freudienne en vue d'idéaux normatifs et conformistes. Pour suivre l'analyse de Turkle :

> Lacan est souvent passé de la critique scientifique de la psychanalyse du Moi américaine à des attaques plus politiques contre les valeurs américaines qui ont contribué à la faire accepter. Par exemple, il a décrit la collectivité psychanalytique américaine comme « une équipe d'egos moins égaux sans doute qu'autonomes [qui] s'offre aux Américains pour les guider vers la *happyness,* sans déranger les autonomies, égoïstes ou non, qui pavent de leurs sphères sans conflit l'*american way* d'y parvenir » [Lacan, 1958, p. 590]. Dans *Fonction et champ de la parole et du langage en psychanalyse,* qui date de 1953, Lacan critiquait d'un même mouvement le *human engineering* auquel, aux États-Unis, les individus sont soumis à des fins de contrôle social et la bureaucratisation de l'institution psychanalytique. Il a décrit l'institution psychanalytique comme étant « affolée » et barricadée contre « toute aération critique ». [...] Et dans les années soixante-dix, il n'y a pas eu grande différence : il se servait toujours du terme *psychanalyse américaine* comme abréviation pour désigner toute approche mécaniste de la psychanalyse et surnommait l'Association internationale de Psychanalyse la « SAMCDA » : Société d'Assistance mutuelle contre le Discours analytique [Lacan, 1973, p. 27][48].

Cet appareil critique est récurrent dans son œuvre et finit par faire de Lacan le représentant de cet anti-américanisme et, du même coup, le défenseur d'une psychanalyse qui a le double avantage d'être française (résistante à l'impérialisme américain) et légitimiste (le « retour à Freud » lui fournit la garantie d'une orientation fidèle aux buts premiers). Quelle meilleure aubaine, pour une génération d'apprentis analystes, que la promesse d'une psychanalyse française alternative et purifiée ? D'autant plus que les attaques de Lacan contre les valeurs américaines mettent directement en question la SPP et la ligne orthodoxe française, accusée de se plier au joug idéologique de l'IPA, elle-même contrôlée par les Américains. Smirnoff rappelle :

> Dans les années qui suivirent le maccarthysme, les prises de position anti-américaines de Lacan ne pouvait susciter que l'approbation d'une grande fraction de l'intelligentsia, d'autant plus que les productions

---

48. S. Turkle, *La France freudienne, op. cit.*, p. 85.

> analytiques *made in USA* étaient empreintes d'un expérimentalisme naïf et passablement normatif. Il semblait bien que, transplantée sur le sol américain, l'analyse y ait chopé un sérieux virus : il devenait nécessaire de dénoncer le dévoiement de l'analyse américaine et de ses émules parisiens. Ainsi, la polémique qu'engagea Lacan contre l'« Institut » (et contre certains textes d'un recueil paru sous le titre de *La Psychanalyse d'aujourd'hui*), considéré comme l'émanation directe de la psychanalyse américaine, conféra à la scission sa plate-forme idéologique[49].

Et Smirnoff de poursuivre :

> Dès lors, Lacan ne cessa de vilipender l'establishment analytique et de dénoncer l'imposture institutionnelle. Du point de vue tactique, cela était habile : les bénéfices ne furent pas que « de surcroît »... L'imposture de l'institution était d'interpréter le message freudien dans le sens d'une visée adaptative. En revendiquant le dépoussiérage d'abord, l'approfondissement ensuite, de l'œuvre freudienne, la Société française de Psychanalyse allait occuper une position de force. Exclue — sans l'avoir voulu — de la communauté analytique, la SFP devenait d'autant plus libre de retourner aux sources sans avoir à tenir compte d'une théorie qui obstruait l'accès un à réexamen des fondements mêmes[50].

L'anti-américanisme de Lacan a donc constitué un outil doctrinal efficace, permettant, sur la scène française, de rabaisser ses ennemis (réduits à n'être que les pantins des Américains) et d'anoblir la marginalité de son propre courant. Il n'était plus seulement exclu, il était insoumis. Il n'était plus seulement condamné pour ses déviances techniques (les séances courtes), mais pour son opposition à l'idéologie dominante. Il devenait ainsi le chef de file d'une psychanalyse subversive, et en cela prestigieuse. Enfin et surtout, on voit tout l'avantage des accusations qu'il portait contre la psychanalyse américaine dominante de pervertir ou de dévoyer les orientations premières de la découverte freudienne : ce faisant, il s'autoproclamait guide et défenseur d'une psychanalyse retrouvée, de « La » psychanalyse. Capable de percevoir et de dénoncer les déviations, Lacan devenait celui qui détenait les clés d'une psychanalyse pure et authentique. Or, pure et authentique signifiait débarrassée de ses contaminations socioculturelles : en l'occurrence, des visées adaptatives et normatives artificiellement greffées sur la cure. On conçoit comment cette grille de lecture pouvait encourager une conception

49. V. Smirnoff, « De Vienne à Paris », *loc. cit.*, p. 52.

50. *Ibid.*, p. 53.

radicalisée de l'antagonisme entre l'intra-analytique et l'extra-analytique. De « la visée adaptative » à « toute visée », fût-elle de guérison, il n'y a qu'un pas, et le chemin est ouvert pour la réduction de tout intérêt extra-territorial à une menace ou une souillure d'un processus pur et idéalisé : idéologie de la pureté du processus analytique et revendication de l'extraterritorialité de la psychanalyse.

Il est une illustration frappante de la manière dont Lacan sut tirer avantage de ses postures anti-américanistes, et surtout de la manière dont l'imaginaire psychanalytique français a pu être séduit et acquis aux lectures lacaniennes, au-delà même du cercle de ses disciples. En France, l'histoire des relations entre Freud et les États-Unis est quasi systématiquement racontée sous la forme de l'anecdote selon laquelle Freud, arrivant pour la première fois sur le nouveau continent, aurait déclaré à Jung qui l'accompagnait : « Ils ne savent pas que nous leur apportons la peste. » Cette anecdote est reprise depuis plusieurs décennies, elle a le statut de vérité historique. Nous l'avons rencontrée à de multiples reprises dans la littérature psychanalytique et elle s'est popularisée au point que, bien souvent, le terme *peste* vient servir de synonyme à celui de *psychanalyse*. Notons en outre la valeur exemplaire de l'anecdote. Elle indique en effet deux choses essentielles, en particulier pour l'imaginaire psychanalytique français :

— Freud concevait lui-même sa découverte comme hautement subversive, au pouvoir aussi dévastateur qu'une épidémie ;

— il nourrissait une forme de condescendance envers les Américains qui, selon ce que connote la formule citée, ne sont pas capables ou pas enclins à reconnaître la valeur subversive de la psychanalyse. L'implicite est donc que les Américains peuvent ignorer ou dénier cet aspect de la découverte freudienne.

Il est apparu, alors que certains chercheurs s'interrogeaient sur les circonstances exactes de cette déclaration, qu'elle n'était vraisemblablement pas authentique, qu'une telle phrase n'avait sans doute jamais été prononcée par Freud. Or c'est Lacan lui-même qui est à l'origine de la diffusion de cette anecdote et qui en certifie personnellement l'authenticité. C'est en effet lors d'une conférence en 1955 qu'il fait état du fameux mot de Freud, prétendant le tenir de la bouche de Jung :

> C'est ainsi que le mot de Freud à Jung, de la bouche de qui je le tiens, quand, invités tous deux de la Clark University, ils arrivèrent en vue du port de New York et de la célèbre statue éclairant l'univers : « Ils ne savent pas que nous leur apportons la peste », lui est renvoyé pour

> sanction d'une hybris dont l'antiphrase et sa noirceur n'éteignent pas le trouble éclat. La Némésis n'a eu, pour prendre au piège son auteur, qu'à le prendre au mot de son mot. Nous pourrions craindre qu'elle n'y ait joint un billet de retour de première classe[51].

Nous pouvons tirer deux enseignements de cette petite histoire. Tout d'abord, elle est révélatrice de la volonté de Lacan de procéder à une (re)lecture de Freud tendant soit à aller dans le sens de ce qu'il défend lui-même (une forme d'anti-américanisme et la croyance au caractère hautement subversif de ses découvertes), soit à légitimer sa propre orientation d'une paternité freudienne, injustement méconnue mais authentique. Notons que, si l'on en croit Roudinesco, ce n'est pas le dernier aménagement avec l'histoire qu'opère le courant lacanien en vue d'entretenir sa propre mythologie. Roudinesco analyse en effet la façon dont les lacaniens issus de ce qu'elle nomme la « quatrième génération » reconstruisent l'histoire de la scission à l'avantage de leur maître :

> N'ayant pas été à la tête de la bataille pour l'intégration à l'Empire, ils regardent la défaite des anciens comme une victoire de Lacan. Aussi rejettent-ils sur Perrier et Leclaire toute la responsabilité, en oubliant que Lacan non seulement a soutenu la politique de la troïka, mais en a été le principal initiateur. Du même coup, ils se représentent l'histoire du lacanisme sous l'aspect d'une hagiographie, transformant leur maître en héros pur et dur, victime d'une horrible trahison. Au reste, pour favoriser sa politique d'expansion, Lacan laisse planer le doute sur son rôle réel dans la bataille passée. Il se donne volontiers l'allure d'un homme intransigeant n'ayant jamais accepté la moindre négociation. Il flatte ses nouveaux courtisans en désavouant souvent ses véritables fidèles[52].

L'anecdote nous renseigne ensuite sur l'extraordinaire succès, en France, d'une telle conception, puisque l'histoire est longtemps passée — et passe encore bien souvent — pour vraie. C'est dire l'influence de cet aspect de la doctrine lacanienne, celui qui s'attache à présenter la psychanalyse comme intrinsèquement subversive, aussi bien auprès de ses troupes qu'auprès de la communauté analytique plus vaste. Ceci nous donne une indication du rôle central de Lacan dans la construction d'une psychanalyse « à la française » et dans l'orientation idéaliste qui la caractérise.

---

51. J. Lacan, « La chose freudienne ou sens du retour à Freud en psychologie » [1955], in *Écrits*, *op. cit.*, p. 403.

52. E. Roudinesco, *Histoire de la psychanalyse en France*, II, *op. cit.*, p. 442.

Mais les influences de Lacan ne se limitent pas au plan doctrinal ou idéel, elles se font sentir également au niveau institutionnel et professionnel. Nous avons vu, en effet, que ce que l'on nomme le « modèle français » venait qualifier sur le plan international un modèle de formation jugé plus laxiste et reposant sur une philosophie d'un interventionnisme minimal. En d'autres termes, la France se distingue par le type de logique organisationnelle et professionnelle qu'elle a mis en place : un système reposant autant que possible sur un principe extra-territorial. Sur ce point encore, il apparaît que le rôle du lacanisme fut décisif. Nous avons évoqué plus haut les positions critiques de Lacan sur l'institution psychanalytique traditionnelle et sa volonté de constituer un modèle institutionnel inédit à partir de critères analytiques et non externes. Ces positions, ainsi que la création de son école, ont, on peut le supposer, marqué ce qui s'est progressivement constitué comme un modèle français. Souvenons-nous, par exemple, que la France s'est singularisée en abandonnant progressivement la distinction classique entre analyse thérapeutique et analyse didactique. L'idée de préserver l'analyse de toute ingérence institutionnelle a été largement promue par Lacan, pour, lentement, gagner l'ensemble des sociétés psychanalytiques françaises, jusqu'aux sociétés ipéistes elles-mêmes.

Pour Green, par ailleurs très hostile à ce qu'il considère comme des déviations chaotiques du lacanisme ultérieur, le rôle de Lacan ne peut être ignoré :

> Enfin, probablement à la suite des contestations de Lacan sur le système institutionnel, il y eu en France une extraordinaire souplesse dans la formation et nous nous sommes libérés assez tôt de cadres rigides qui se sont imposés partout ailleurs. On peut considérer que nous sommes, dans le mouvement international, à l'avant-garde de la position la plus libre possible, en veillant à ne pas tomber dans l'anarchie, parce que la tentation de l'anarchie a existé, dans certains groupes en Europe, à Zurich ou ailleurs[53].

Pour récapituler, nous dirons que le lacanisme opère une radicalisation sur trois registres essentiellement et que l'on peut en repérer les effets dans la manière dont se caractérise le modèle français en opposition avec ce qui constitue le modèle ipéiste classique. Avec Lacan, on assiste en effet à :

— la radicalisation du discours sur la finalité de la cure, et une forme d'idéalisation de la cure et de ses enjeux ;

— une conception radicalisée de l'autonomie du psychanalyste par rapport à l'institution jugée corruptrice ;

---

53. A. Green, entretien, in P. Froté, *Cent ans après*, *op. cit.*, p. 136.

— la radicalisation d'une perspective internaliste et une réification des catégories internes.

Cette triple radicalisation s'est progressivement popularisée jusqu'à constituer une vulgate, lacanienne d'abord, puis étendue à un discours dominant dont nous avons, tout au long de ce travail, mesuré les effets. Les effets de la diffusion de ce radicalisme sont visibles en particulier dans le refus systématiquement exprimé de toute tentative de normalisation. Sur ce plan, l'influence lacanienne se donne à voir dans la rhétorique de la subversion et dans la rhétorique correspondante de la persécution. Au bout du compte, orthodoxes et lacaniens ont en commun de produire un discours et d'engendrer des pratiques basées sur l'extraterritorialité de la psychanalyse, ce qui constitue une spécificité française.

Pour comprendre le succès du lacanisme et de ses composantes radicales, on peut invoquer le fort pouvoir de séduction qu'une telle radicalité exerce, à la fois dans la constitution d'une identité commune et dans la défense d'intérêts corporatistes. L'identité commune est en effet consolidée par la noblesse des valeurs défendues et l'ampleur des risques encourus. Comment résister au mirage d'une science pure, noble, juste et sans compromission ? Comment rester indifférent à des combats qui sont traduits en termes de résistance au conformisme, à la normalisation, voire au fascisme ? Dans l'idéal lacanien, non seulement la psychanalyse échappe à ces tendances mais elle constitue elle-même l'antidote aux maux qui rongent nos sociétés. Du reste, la radicalité du lacanisme présente l'attrait d'un système rhétorique solide et efficace. Ses composantes idéalises et internalistes opposent une fin de non-recevoir aux politiques d'annexion ou de régulation. Le lacanisme fournit en quelque sorte une légitimité doctrinale à des combats professionnels, voire corporatistes, et les transforme en combats intellectuels et moraux.

On conçoit alors que les non-lacaniens aient adopté certaines formules, certaines habitudes rhétoriques, certaines propositions épistémologiques, comme on l'a vu à l'occasion des mobilisations suscitées par les projets de réglementation tels que l'amendement Accoyer. Aussi ne faut-il pas mésestimer les fondements proprement internes du succès de la doctrine lacanienne, les éléments de cette doctrine qui emportent la conviction par la force de la logique argumentative déployée. C'est cette logique interne qui explique sans doute qu'une Sherry Turkle, enquêtant sur le milieu psychanalytique français, reproduise à certaines occasions le discours interne, se rallie à certains de ses postulats. Ainsi épouse-t-elle, par exemple, l'idéologie indigène lorsqu'elle résume sa démarche par la formule : « Dans le chapitre précédent nous avons montré que l'existence d'une institution psychanalytique autoritaire était en contradiction avec le développement de la science psychanalytique[54]. »

3 L'ENJEU DE LA FORMATION. ASPECTS INTERNES ET EXTERNES

Au cœur de cette rhétorique singulière entre pureté intra-analytique et diabolisation de l'extra-analytique, nous espérons avoir montré que la question de la formation offre un concentré de la dialectique entre enjeux internes et enjeux externes.

Les aspects internes sont ceux qui relèvent de la nature même de la discipline psychanalytique et de ses spécificités. Ces spécificités tiennent à l'objet de la psychanalyse comme aux moyens d'investigation et d'intervention qu'elle utilise. L'inconscient et le transfert, dans leur définition et leurs implications épistémologiques, font de la psychanalyse, en effet, une discipline qui n'est pas comme les autres et qui commande un mode de formation adapté à ces spécificités. La familiarisation et la compréhension des processus inconscients impliquent, c'est indéniable, que le futur analyste fasse lui-même l'expérience de ces processus à travers une analyse personnelle. Du côté du transfert, il est certain, là encore, que les logiques transférentielles et les logiques institutionnelles risquent de se confondre et qu'une formation proprement psychanalytique ne peut ignorer cette dimension et doit s'efforcer d'en ménager les effets. Loin de nous, donc, l'idée de contester que la formation psychanalytique pose effectivement un certain nombre de problèmes particulièrement complexes, lesquels ne trouvent pas de solution dans les modèles de formation traditionnels. Loin de nous aussi l'intention de contester les spécificités de la psychanalyse et certaines de leurs implications. C'est le réductionnisme d'une lecture bien souvent exclusivement internaliste que nous voulons pointer ici. Aussi souhaiterions-nous faire porter l'attention sur deux points :

— De la reconnaissance d'un certain nombre de problèmes à la constante dénonciation d'un « paradoxe de la formation » — le caractère antinomique de la formation analytique — il y a un pas. Et ce pas n'a pas toujours été franchi et ne l'est pas par tous. Il est, nous pensons l'avoir montré, caractéristique de ce qui est devenu le modèle français. Le simple fait

54. S. Turkle, *La France freudienne*, *op. cit.*, p. 157.

que ce discours soit tenu par une partie minoritaire et culturellement ciblée de la communauté psychanalytique tend à confirmer qu'il ne s'explique pas *uniquement* par des facteurs internes, c'est-à-dire par des traits épistémologiques propres à la psychanalyse.

— Les facteurs externes sont, eux, visibles dans les modalités du discours et dans ses effets. Le modèle français se caractérise par un discours radical — si on le compare aux conceptions ipéistes ou américaines, par exemple — qui postule comme légitime que le mode de formation psychanalytique soit un mode de formation conçu *selon des critères analytiques*. Or nous voudrions attirer l'attention sur le fait que ce discours n'est pas sans effets pour celui qui l'énonce. Bien qu'il se présente comme un discours visant à protéger la vérité d'une doctrine, il a *aussi* pour effet de défendre une certaine position de politique institutionnelle de la psychanalyse[55]. Il produit aussi des effets sur un plan scientifique et disciplinaire : la doctrine mise en avant par le modèle français confère aux institutions analytiques une grande *autonomie* en matière de formation et une forme d'*immunité* face au public comme aux candidats. Pour autant, cette logique n'étant précisément pas extra-territoriale, elle ne peut ignorer indéfiniment les pressions externes, et les questions de formation sont aussi l'occasion de voir la doctrine se modifier — certes lentement et non sans résistance — et s'adapter à la réalité des demandes, des pratiques et des publics.

Une grande autonomie, tout d'abord, parce que le discours dominant s'oppose à ce que la formation psychanalytique soit prise en charge par l'Université. En France, en effet, la psychanalyse n'est pas une discipline universitaire, même s'il existe des enseignements et des cursus de troisième cycle en psychanalyse. En d'autres termes, elle est *représentée* à l'Université, elle n'y est pas intégrée *en tant que discipline*. Les psychanalystes sont d'ailleurs, dans leur majorité, hostiles à une telle intégration. En outre, selon le raisonnement indigène, la formation psychanalytique étant atypique ou inhabituelle, elle n'a pas lieu au sein de l'Université, mais dans ses propres institutions.

En refusant de devenir une discipline académique, la communauté psychanalytique protège l'autonomie de ses institutions et s'assure la garantie

55. Nous nous sommes intéressée, lors d'un précédent travail consacré à la question de la réglementation de la pratique psychanalytique, à la façon dont le discours interne sur l'extraterritorialité de la psychanalyse au sens large — soit la revendication d'une normativité spécifique — contribuait à conférer à la profession une *autonomie* et une *immunité* particulièrement efficaces (cf. M. Fansten, *La Demande d'extraterritorialité de la psychanalyse française, op. cit.*).

qu'elles soient conçues et régies selon des critères *ad hoc*. Rester en-dehors de l'univers normatif universitaire permet également aux psychanalystes de ne pas se plier aux normes habituelles de recherche, de communication, de reconnaissance académique. Le paradoxe est que, dans les faits, cette indépendance à l'égard de l'univers normatif académique ne suffit pas à garantir que la formation psychanalyse soit préservée de toute ingérence extra-analytique : nous l'avons vu, l'institution psychanalytique, l'enjeu même de formation, sont porteurs d'intérêts extra-analytiques, jugés à cet égard impurs ou menaçants.

Pour autant, cette extraterritorialité produit des effets en retour et l'on peut formuler l'hypothèse qu'elle n'est pas sans lien avec l'hétérogénéité doctrinale et institutionnelle de la psychanalyse française. En d'autres termes, si la doctrine de l'extraterritorialité peut garantir un formidable statut d'exception, elle conduit aussi à des élaborations doctrinales qui peuvent se transformer en impasses professionnelles et institutionnelles. Prenons ainsi la grande hétérogénéité du paysage psychanalytique français et la difficulté à se réunir autour de consensus définitoires et critériologiques, ne serait-ce que minimaux. Il est certain que les psychanalystes sont loin d'être les seuls savants ou praticiens à présenter des désaccords et des courants de pensée antagonistes. De la même manière, ils sont loin d'être les seuls à considérer que le mode de formation classique pour former les membres de leur communauté n'est pas entièrement satisfaisant et ne respecte pas toutes les spécificités et les qualités intrinsèques de la discipline.

Il existe sans aucun doute des positions très hétérogènes dans le milieu des ethnologues, par exemple, sur la définition de l'ethnologie, le rôle du travail de terrain et les critères d'évaluation d'une recherche ethnologique. Un discours qui insisterait sur les paradoxes, les complexités de l'inscription institutionnelle, ainsi que l'hétérogénéité des positions doctrinales ne font pas la spécificité du milieu psychanalytique. En revanche, ce qui nous paraît spécifique, c'est que, pour ce qui est de la psychanalyse, et contrairement aux autres sciences humaines, *il n'y a pas d'institution unifiée qui, malgré les divergences, incarne et structure une communauté disciplinaire*. C'est d'ordinaire le rôle qui est tenu par l'Université. Si les ethnologues, pour reprendre cet exemple, peuvent être très divisés sur les définitions de leur propre discipline, ils reconnaissent néanmoins comme légitime le régime normatif institué par l'Université : ils reconnaissent, par exemple, comme légitimes les travaux d'un confrère diplômé et reconnu par l'institution. Qu'ils contestent par ailleurs le cursus de formation ou les travaux de leur collègue, peu importe. L'institution universitaire garantit un socle normatif commun qui délimite un espace de discussion disciplinaire. C'est cette instance, et les fonctions qu'elle remplit, qui fait défaut pour la psychanalyse. Et nous voudrions proposer l'hypothèse que c'est, dans une certaine mesure, cette absence qui permet de comprendre les spécificités de la psychanalyse française, à savoir son éclatement et son rapport spécifique à la normativité.

Dans son étude de 1957 sur la formation et la profession médicales, Merton considère la mise en place d'un cursus spécifique et l'affiliation à l'Université comme décisives pour la constitution d'une profession. Il illustre cette proposition avec le cas de la médecine qui est constituée comme « médecine socialisée » à partir du moment où elle est reconnue et intégrée à l'Université. L'Université permet à la fois que « les étudiants acquièrent les valeurs et les normes qui serviront de base à leur mode de vie professionnel » et elle change « la nature des connaissances médicales elles-mêmes » qui deviennent réellement « scientifiques[56] ». En fait, l'Université permet l'adoption de critères objectivables de réussite. Ce qui rend possible la formation et l'évaluation des compétences, mais aussi une hiérarchisation des carrières qui permettra à la médecine d'accéder au statut de profession.

Si, en suivant cette perspective, on considère l'Université comme une instance essentielle de normalisation, de régulation, d'unification d'une discipline, on peut faire l'hypothèse que la non-intégration de la psychanalyse à l'Université est l'une des conditions qui rend compte de ses divisions et de son discours sur son extraterritorialité. Ce que nous tenons à souligner ici, c'est que — tout comme dans ses rapports avec l'État — la psychanalyse bénéficie d'une visibilité suffisante garante d'une certaine légitimité, mais n'est à aucun niveau, en tant que discipline, dans une relation de dépendance ou de négociation avec l'Université. En ce sens, *l'institution universitaire n'a pas d'influence effective sur le régime normatif de la psychanalyse.* On comprend, en effet, qu'en l'absence d'instance tierce susceptible, comme le dit Merton, de transformer les connaissances en savoirs scientifiques et d'instaurer des critères objectivables d'évaluation, toute tentative de normalisation est perçue comme suspecte et illégitime. On comprend aussi que le discours sur l'extraterritorialité et une certaine survalorisation de la pureté du processus analytique puissent se radicaliser. *En d'autres termes, l'absence de l'instance universitaire se fait sentir :*

— dans sa fonction normalisatrice, d'où contestation des normes et radicalisation du discours sur l'extraterritorialité ;

---

56. R.K. Merton *et al.* (dir.), *The Student Physician. Introductory Studies in the Sociology of Medical Education,* Cambridge (MA), Harvard University Press, 1957, p. 5-20.

— dans sa fonction unificatrice, d'où éclatement doctrinal et institutionnel et, ce qui achève de fermer la boucle, le fait qu'aucune institution ne peut occuper la place d'instance normalisatrice légitime.

Car même lorsque les institutions sont fortement structurées, elles ne peuvent tenir ce rôle comme le ferait l'Université. Premièrement, parce qu'aucune désormais ne peut revendiquer une plus grande légitimité qu'une autre : le label de reconnaissance ipéiste ne joue plus ce rôle et, on le voit à travers les difficultés que rencontrent les analystes dès lors qu'ils doivent négocier avec des tiers, aucune institution ne peut légitimement incarner l'ensemble de la communauté des psychanalystes français. Deuxièmement, parce qu'un des effets pervers du discours interne sur la nécessité de concevoir tout ce qui concerne la psychanalyse en termes psychanalytiques et selon des critères psychanalytiques est précisément de laisser penser que les institutions psychanalytiques doivent *incarner* la psychanalyse. Elles doivent lui être fidèles et on ne leur pardonne pas leur nature institutionnelle. Pour comprendre la posture épistémologique revendiquée ici, imaginons un instant que l'on prétende que l'Université doive être l'incarnation institutionnelle de la démarche ethnographique, philosophique ou psychiatrique. C'est difficilement concevable, et personne ne songe à le faire. C'est précisément parce que l'Université est une institution *en soi*, et qu'elle n'a pas à être conçue selon des critères disciplinaires ou épistémologiques, qu'elle remplit sa fonction d'instance normalisatrice.

La doctrine, aussi solide épistémologiquement soit-elle, n'est pas insensible aux facteurs sociaux qui viennent la mettre en branle, la questionner ou la fragiliser. En matière de formation et de théorie de la formation, nous avons vu que les psychanalystes français se présentaient comme les plus fervents défenseurs d'une psychanalyse « pure », non dénaturée, et se refusaient le plus souvent à tout compromis. Pour autant, les pressions externes et leurs effets internes attaquent progressivement et sur certains aspects cette forteresse. Elles sont particulièrement visibles à travers la rhétorique déployée relativement à deux objets : la fonction de garantie de l'institution vis-à-vis de l'extérieur et la question des aménagements doctrinaux induits par les évolutions socioculturelles affectant la place de la psychanalyse au sein de la santé mentale.

Pour ce qui est de la garantie, rappelons qu'elle est constitutive du projet de constitution de l'Association internationale de Psychanalyse. Les candidats s'engagent, en effet, formellement à ne pas exercer en tant qu'analystes et à ne pas user du titre de psychanalystes avant d'en avoir été autorisés. En ce sens, les instituts ipéistes accordent un titre servant de garantie de « formation conforme » auprès du public et des patients. Cette règle vise certes à se prémunir contre les charlatans et les analystes autoproclamés, mais elle est surtout une réponse au public qui exige des repères et des garanties. Qu'un analyste soit homologué « IPA » doit représenter, pour un patient éventuel, un gage de compétence et de qualité. Or il n'est pas rare que les psychanalystes français raillent cette tendance bureaucratique à la « maîtrise » et à l'étiquette : prétendre garantir un analyste est parfaitement illusoire et antinomique avec la réalité de l'analyse et des processus inconscients. Ainsi, si la plupart des règlements de la formation dans différents instituts reprennent cet article, nous avons vu que ce n'est pas le cas des Français, qui n'en font pas mention explicitement.

De la même manière, la doctrine lacanienne reposant sur la maxime « le psychanalyste ne s'autorise que de lui-même » met l'accent, nous l'avons vu, sur la responsabilité de chacun dans sa pratique comme dans son enseignement. Ce principe s'illustre de manière institutionnelle dans le fait que l'école n'habilite pas à l'exercice de la psychanalyse, mais prend acte du fait que tel ou tel de ses membres « déclare » pratiquer. On pourrait considérer cette position comme une autre illustration du radicalisme des positions lacaniennes et de son refus de toute compromission. Souvenons-nous des termes mêmes des statuts de l'ECF : « Restaurer la vérité de la psychanalyse[57]. » Pourtant, tout français et tout lacaniens qu'ils soient, les dirigeants de l'ECF ne peuvent pas se soustraire aux pressions externes : les patients en analyse se font rares et plus exigeants, les dérives de certains lacaniens ont terni la réputation de la communauté et la demande de garantie ne peut être ni ignorée ni méprisée.

C'est même de « crise de la psychanalyse » qu'il s'agit si l'on en croit les propos du président actuel de l'IPA, le Français Daniel Widlöcher, crise due aux changements sociaux et culturels qui affectent la profession. Pour l'IPA en tout cas, cette « crise de la psychanalyse » est suffisamment sérieuse pour être inscrite dans les priorités des « stratégies d'avenir de l'IPA » pour les années 2003 à 2005[58]. Widlöcher rappelle dans ce document que, depuis 1999, six

---

57. Lacan, dans son Acte de fondation de 1964, entend restaurer le « soc tranchant de sa vérité » et, « par une critique assidue », dénoncer « les déviations et les compromissions qui amortissent son progrès en dégradant son emploi ».

58. Il s'agit du projet du document qui serait officiellement remis à la fin juin 2004, rédigé par Daniel Widlöcher, actuel président de l'IPA. Selon les termes de l'auteur, « ce document propose un changement de priorité au sein de l'API afin d'aider les membres à surmonter les problèmes quotidiens qu'ils rencontrent du fait de la "crise de la psychanalyse" ressentie par un grand nombre » (texte diffusé sur le site de l'IPA : http ://www.ipa.org.uk/site/cms/contentviewarticle.asp ?article=1226).

objectifs stratégiques ont été définis : développer les services aux membres ; mener une politique sur l'extérieur (notamment envers les universités) ; développer la recherche conceptuelle ; développer la réflexion concernant le statut professionnel, suscitée par une nouvelle législation aux États-Unis et ailleurs ; encourager le développement de la psychanalyse en Europe de l'Est et en Turquie ; simplifier et réduire les coûts de l'institution. Ce qui ressort de ce programme, c'est l'importance accordée aux enjeux d'interface avec l'extérieur, enjeux suscités par la « crise ». Widlöcher s'alarme en effet :

— de la baisse du taux de croissance des adhésions ;

— du vieillissement de la population ipéiste (augmentation de la moyenne d'âge des membres comme des candidats) ;

— de la baisse généralisée du nombre de patients souhaitant faire une analyse complète (dans la plupart des sociétés, cela signifie quatre à cinq séances par semaine) ;

— de la baisse généralisée du nombre de candidats souhaitant faire une formation psychanalytique au sein des sociétés composantes existantes.

Un certain nombre d'institutions ont commencé à répondre à cette crise, comme l'Association américaine (ApsaA) qui a commandé un rapport d'étude de marché sur l'image de la psychanalyse aux États-Unis en août 2002, ou encore la Fédération psychanalytique européenne (FEP) qui a « réorganisé son programme scientifique pour remédier à la faiblesse fondamentale ressentie vis-à-vis de la psychanalyse, notamment la capacité des psychanalystes à communiquer les détails de ce qu'ils font et l'efficacité de leur profession entre eux et à des profanes[59] ». Ces initiatives sont encouragées et d'autres sont en cours de développement, la priorité étant à une véritable reconquête du public tout en maintenant intacts, pour l'heure et selon le projet de Widlöcher, les critères d'une psychanalyse authentique (en termes de formation comme de dispositif analytique). C'est en réalité cette question-là qui est cruciale : les évolutions socioculturelles, la diminution des demandes d'analyse doivent-elles conduire à une réévaluation de la psychanalyse, de ses dispositifs et de ses standards professionnels, ou doit-on — et peut-on — au contraire « tenir bon », ne pas céder à la pression sociale, et maintenir « l'or pur de la psychanalyse », selon l'expression de Freud, envers et contre tout ? En matière de formation, cette question soulève le problème des statuts et des pratiques des didacticiens, mais aussi et surtout le problème de l'opportunité des normes régissant le type de cures exigé en supervision : faut-il continuer à exiger que soient menées de véritables analyses (sur le divan, trois fois par

59. Daniel Widlöcher, « Stratégie d'avenir de l'IPA », site de l'IPA, *loc. cit.*

semaine, d'au moins deux ans), de plus en plus rares, ou doit-on intégrer la réalité des pratiques qui fait que la plupart des jeunes analystes font des psychothérapies pour la raison que les patients acceptant les conditions d'une analyse classique sont en voie de disparition ?

Les lacaniens n'ignorent pas ces problèmes, et en viennent eux-mêmes à mettre en place des tentatives de solution. La création du Centre psychanalytique de Consultations et Traitement de l'ECF peut être interprétée à la lecture de ce contexte et de la nécessité de reconquérir un public davantage attiré par les multiples psychothérapies. L'offre de cures gratuites ou à des tarifs « négociés » est, en fin de compte, le résultat de cette négociation à l'issue de laquelle l'orthodoxie doctrinale s'est vue contrainte de réévaluer ses positions et d'accepter des compromis[60].

On le voit, le dialogue avec « l'extérieur », méprisé par certains du temps où la psychanalyse était en position dominante dans le champ de la santé mentale comme dans le champ intellectuel, est depuis la « crise » au centre des stratégies institutionnelles. Cependant, la question de la garantie a beau être mise en avant, les mesures de filtrage, de contrôle et de mise à l'écart sont plutôt rares ou, lorsqu'elles sont proclamées en principe, rarement opérationnelles dans les faits. C'est ce que nous confient, à propos de la SPP, et la s ecrétaire de la Commission du cursus (actuellement directrice de l'Institut), et une jeune affiliée témoignant sur son parcours de formation[61]. Interrogée sur les procédures de validation et leurs conséquences une fois le cursus commencé, la première nous confie :

> En principe, nous avons beaucoup de difficultés à dire non une fois que les gens sont entrés dans le circuit. Parce qu'ils exercent, ils ont des patients en psychanalyse, ils sont installés comme psychanalystes...

---

60. De même, un simple coup d'œil sur les titres récents des revues du *Champ freudien* suffit à nous convaincre des efforts de communication : « Politique psy » (n° 57, 2004), « Psychanalyse dans et hors les murs » (n° 54, 2003), « La formation entre guillemets des psychanalystes » (n° 52, 2002), « Retour sur la pratique analytique » (n° 51, mai 2002). En outre, Miller s'adresse désormais régulièrement à ce qu'il appela « l'opinion éclairée ». En publiant, en 2002, ses *Lettres à l'opinion éclairée* au Seuil, il lance, après un long silence éditorial, une véritable « reconquête » de l'opinion publique, poursuivie aujourd'hui à travers les bulletins adressés via Internet de l'ALP (l'Agence lacanienne de Presse).

61. Nous tenons à préciser que, si nous prenons la SPP en exemple, ce n'est pas parce qu'elle serait plus exemplaire qu'une autre des décalages entre les principes et les pratiques, bien au contraire, mais parce que c'est la seule institution où il nous a été donné d'entendre de tels propos et une telle franchise. En d'autres termes, c'est sans doute parce qu'elle est un peu plus transparente que les autres sur ces questions.

> Autrefois, on demandait aux gens de se limiter à leurs deux supervisions : les patients qu'ils avaient dans ce cadre étaient leurs seuls patients. Mais c'était l'époque où ils étaient finalement assez jeunes, maintenant nous avons des candidats plus âgés, ils ont besoin de travailler... [...] Donc, ils s'installent et cela devient difficile de les arrêter[62].

Ces propos sont confirmés (bien que d'autres explications en soient données) par l'ancienne élève de l'Institut qui déclare :

> Il n'y a pas d'évaluation en cours de route. Je ne connais pas de superviseur qui en fasse. Comme la formation est laissée à un système privé — c'est-à-dire qu'on paye son superviseur — il est difficile, lorsqu'on est dans un système privé hors institution, pour le superviseur dont c'est la source de revenu capitale, d'évaluer le supervisé, puisque c'est un client. On ne dit pas à un client : vous êtes mauvais, parce que tant qu'il paye, on est content. Ce sont des choses que vous n'entendrez jamais, mais cela paraît absolument évident dès que l'on réfléchit trois secondes. D'autant plus que les superviseurs savent que vous êtes déterminé à devenir analyste — puisque vous êtes prêt à vous engager, vous avez fait plusieurs années — donc il peut vous faire des tarifs forts. Quand vous payez 600 francs ou 700 francs, c'est très difficile pour votre superviseur de vous dire : non, finalement je ne crois pas que vous devriez devenir analyste. Les dimensions économiques sont totalement occultées[63].

En d'autres termes, nous apprenons que, dans les faits, il est exceptionnel qu'un candidat soit « exclu », même lorsqu'il n'est pas très bon, voire franchement incompétent. Les mesures qui sont prises consistent, la plupart du temps, à ralentir son cursus, à renvoyer indéfiniment l'étape de la validation. En bref, on « fait traîner ». Notons que de telles procédures protègent l'institution (qui évite d'accorder une habilitation inopportune), mais ne protègent pas les patients qui, selon les termes d'un interviewé, sont « des cobayes qui s'ignorent[64] ».

Ces réflexions concernent la SPP, mais elles nous conduisent à nous interroger sur les autres institutions et sur ce que signifie concrètement le fait

---

62. Entretien avec Mme A., secrétaire du cursus de l'Institut psychanalytique de Paris (SPP), 7 juin 2000.

63. Entretien avec Mme P., février 2002.

64. Entretien avec M. B., secrétaire à l'enseignement à l'Institut psychanalytique de Paris (SPP), mai 2000.

d'assurer que l'école ou la société apporte une garantie. Car tous les acteurs institutionnels que nous avons rencontrés ont soutenu que leur institution jouait ce rôle de garantie auprès du public, et que la garantie reposait sur la qualité de la formation qui y était dispensée. Or nous voyons que lorsqu'une institution déclare « garantir », cela ne signifie pas qu'elle gère réellement les incompétents. En réalité, la garantie constitue un label conféré à certains membres de l'institution : elle sanctionne l'excellence plus qu'elle ne contrôle le niveau général. À la SPP et à l'APF, la garantie porte sur les membres, mais nous avons vu qu'il faut de très longues années pour devenir membre à part entière et que nombreux sont les candidats qui ne vont pas jusqu'au bout. En attendant, ils pratiquent et déclarent être formés par l'institution. Dans l'École lacanienne, seuls les AME et les AE (et leurs équivalents) sont formellement garantis par l'institution, et ils représentent une proportion mineure de la population des membres. Pour les autres, quelle peut être la garantie apportée par les rapports inter-individuels (dont on nous explique constamment qu'ils sont bien souvent déterminés par des liens transférentiels), les diverses formes de cooptation, dès lors que l'institution en tant que telle n'en assume pas la responsabilité ? Que ces types de reconnaissance fonctionnent bon an mal an, c'est un fait, mais ils n'en sont pas moins aussi (comme ailleurs) traversés par l'arbitraire, la logique de réseaux et l'absence de visibilité.

La question de la garantie illustre le fait que le discours doctrinal peut, dans certains cas, constituer une façade qui cache des pratiques très éloignées des principes prônés. En ce qui concerne le discours sur la formation au sens large, les positions officielles tendent à camoufler ou à minorer deux types d'enjeu : la question des pratiques réelles et de leur décalage par rapport aux définitions officielles de l'analyse ; la question des pouvoirs des didacticiens au sens large.

Tout le monde s'accorde, nous l'avons déjà évoqué, pour constater une évolution des demandes de thérapie et, par conséquent, une évolution des pratiques thérapeutiques elles-mêmes. Les patients d'analyse types — plusieurs séances par semaine au prix fort et pendant plusieurs années — se feraient de plus en plus rares et les analystes se verraient contraints de revoir leurs standards et de prendre de plus en plus de patients en psychothérapie, fût-elle « psychothérapie analytique ». Or ce que l'on dit moins, c'est que ces évolutions ont des conséquences *aussi* sur la formation du psychanalyste, en modifiant totalement les conditions dans lesquelles peuvent être menées les analyses supervisées. Car les instituts ou leurs équivalents continuent d'exiger des critères de pratiques correspondant à l'analyse classique : des cures supervisées longues et menées selon des fréquences élevées. Une ancienne élève de l'Institut, qui a elle-même été à l'origine d'une enquête menée auprès des élèves et anciens élèves de l'Institut[65], s'en alarme en expliquant qu'il est très difficile de trouver des patients susceptibles de poursuivre une analyse à raison de trois séances par semaine. L'enquête menée au sein de la SPP montre que les candidats mettent en moyenne un an et demi pour trouver un patient et que, pour certains, cette quête se prolonge pendant trois ou quatre ans. On comprend alors que les temps de formation s'allongent considérablement et, surtout, qu'une « jeune génération » se plaigne d'être formée à des pratiques dont on feint de prétendre qu'elles existent encore. Ce que condamne cette jeune analyste, c'est que les élèves de l'Institut soient évalués « sur des patients qui n'existent pas ». Elle constate amèrement :

> On a le sentiment que les titulaires sont dans une attitude « après nous, le déluge». Leur priorité est de défendre la psychanalyse. C'est-à-dire qu'on ne veut pas céder sur le fait que nous sommes une société où nous pratiquons des analyses, trois fois par semaines, allongés. Or il n'y a plus de patients qui demandent des analyses. Les patients qui demandent des analyses sont soit des psy entre guillemets — qui veulent devenir psychanalystes — soit des patients qui acceptent un peu sous conseil renforcé du psychanalyste qui dit : « Vraiment, il vous faut une psychanalyse », mais la condition est de faire soit des analyses gratuites dans certains centres, soit de casser les prix, soit de faire des feuilles[66].

La question de la baisse des demandes de formation, mais surtout celle des abandons en cours de formation découlent directement du point précédent. L'enquête menée à la SPP montre que plus d'un tiers des élèves abandonne en cours de route. Selon notre interviewée, c'est en grande partie parce qu'ils ont trop de mal à trouver des patients ou parce que les patients eux-mêmes abandonnent fréquemment.

---

65. Enquête par questionnaires sur la formation à l'Institut de psychanalyse de Paris menée en 2001-2002. Il s'agit d'une enquête interne.

66. Entretien avec Mme P., février 2002. — En France, la psychanalyse est une « profession paramédicale non réglementée » et, à ce titre, elle n'est pas reconnue et remboursée comme telle par la Sécurité sociale. Ce qui est remboursé, ce sont des « consultations de neuropsychiatrie ». Dans les faits, les psychanalystes qui sont également psychiatres peuvent donc faire passer des séances d'analyse pour des séances en « neuropsychiatrie », et obtenir des feuilles de soin sous cette couverture psychiatrique. Cette configuration crée une situation d'inégalité entre psychanalystes, puisque les psychanalystes « laïques » (non médecins) ne peuvent pas bénéficier de ce régime de convention.

En définitive, il semble que le discours officiel s'efforce de maintenir coûte que coûte une définition de l'analyse et de la pratique analytique « noble » et sans compromis, alors que tout porte à croire que, dans les faits, les pratiques s'adaptent aux réalités et intègrent les compromis. Deux raisons au moins peuvent être invoquées pour comprendre une telle « surdité » du discours officiel. En premier lieu, ce discours est tenu par la caste la plus élevée du système hiérarchique, en l'occurrence les titulaires qui, en raison de leur position, ressentent beaucoup moins les effets des évolutions sociales. Pour la plupart, ils ont en analyse une majorité de candidats-analystes, prêts à accepter les règles du jeu. Et lorsqu'ils ont des patients « thérapeutiques », ils sont souvent issus des catégories sociales les plus privilégiées. En second lieu, on peut avancer que défendre une ligne orthodoxe, en tout cas dans la doctrine, est un moyen de lutter contre les menaces les plus directes. Si les standards sont revus à la baisse, si l'on s'aligne sur la demande sociale, la psychanalyse devient de fait une psychothérapie comme une autre et risque d'être noyée ou engloutie dans la nébuleuse d'offres thérapeutiques. Tant qu'elle maintient ces standards élevés, elle continue en même temps de diffuser le message de sa « supériorité » et de sa noblesse : elle est l'or pur, elle est *la* psychanalyse face aux multiples psychothérapies. Notons que, dans certains pays, les compromissions sont davantage acceptées et que le mouvement d'adaptation est déjà amorcé. Alors que les codes et les doctrines n'ont pas encore été modifiés, on constate que les débats viennent attaquer des conceptions et des points de doctrine que l'on aurait crus inébranlables. Les récents débats officiels au sein de l'IPA sur les analyses par téléphone ou par mail en sont une illustration exemplaire[67], ainsi que l'enquête menée par Catherine Silver auprès de 203 psychanalystes dans la région de New York en 1995-1996. Cette enquête révèle des pratiques en totale contradiction avec des principes doctrinaux traditionnels. Par exemple, 26 % des enquêtés déclarent conseiller ou suggérer des conduites à suivre et s'engager dans une relation d'expériences partagées avec leurs patients. 32 % des psychanalystes interrogés déclarent mener des séances par téléphone en cas d'urgence, 26 % occasionnellement, 11 % régulièrement.

Le repli internaliste et l'idéalisme du modèle français se trouvent ainsi, si ce n'est démentis, du moins fragilisés par les pressions externes et leurs implications. Un objet d'analyse tel que la formation du psychanalyste présente l'avantage de rendre visibles ces éléments et de montrer que la lecture interne ne va pas de soi *a priori*. Il exemplifie, en quelque sorte, le jeu conflictuel qui oppose pressions externes et logiques internes.

---

67. Voir la *Lettre d'information de l'IPA*, vol. 12, 2003, qui portait sur « L'analyse par téléphone ».

L'analyse systématique des régimes argumentatifs relatifs à la formation et de leurs enjeux nous a permis de mettre au jour les spécificités de la psychanalyse française et, en particulier, le fait qu'elle se distingue par son radicalisme, doctrinal autant qu'institutionnel. Le radicalisme est, en effet, au cœur de l'imaginaire professionnel et identitaire des psychanalystes. À ce titre, le discours sur l'extraterritorialité et ses diverses composantes (idéologie de la pureté, de la liberté, de la subversivité de l'analyse) fonctionne simultanément comme grille de lecture et comme instrument d'action. Comme grille de lecture, parce qu'il est révélateur de la façon dont les psychanalystes se perçoivent, conçoivent leur pratique et leur appartenance identitaire et interprètent les environnements dans lesquels ils s'inscrivent. Comme mode d'action, parce qu'un tel discours est aussi porteur d'effets sociaux et professionnels. Ces effets sont visibles, en particulier, dans l'histoire des rapports entre la psychanalyse et l'État.

De façon analogue à la thématique de la formation, l'histoire des négociations entre la communauté psychanalytique française et les instances réglementaires s'organise autour du refus d'ingérence et de la défense de l'autonomie de la profession. Si l'on s'intéresse à la problématique de la reconnaissance et de la réglementation de la psychanalyse par l'État, on constate que les psychanalystes ont, le plus souvent, apporté une réponse minimale aux pressions externes et ont obtenu de bénéficier d'un statut privilégié : conserver leur autonomie tout en n'étant soumis qu'à un très faible impératif de régulation interne. Une telle configuration est plutôt atypique si l'on se réfère aux logiques sociologiques et professionnelles traditionnelles qui commandent, en contrepartie du privilège de l'autonomie, des garanties de contrôle ou d'autocontrôle. Les psychanalystes, non seulement refusent toute ingérence sur leurs pratiques, mais réduisent à leur expression minimale les formes de régulation interne. Cette politique professionnelle radicale étant bien entendu étayée par le discours sur l'extraterritorialité. Le discours interne prônant de ne tolérer aucune compromission avec l'extra-analytique justifie que la profession jouisse en France d'une autonomie et d'une immunité exceptionnelles au regard d'autres situations nationales, ou d'autres professions. On prend ainsi la mesure des effets du discours et des doctrines du modèle français, qui peuvent être qualifiés de *protectionnistes* dans une optique de sociologie des professions.

Mais le discours sur l'extraterritorialité n'a pas qu'une fonction de justification ou de légitimation, sa fonction identitaire ne doit pas être négligée. Car le radicalisme dont font preuve les psychanalystes français *cimente,* d'une certaine manière, leur communauté, dont nous avons vu qu'elle était très hétérogène. L'idée, par exemple, que la psychanalyse serait intrinsèquement subversive ne peut être réduite à un outil théorique pour défendre des intérêts corporatistes, elle participe à la représentation que les psychanalystes se font d'eux-mêmes, de leur pratique, de leur rôle dans la société. Aussi, les prises de position des psychanalystes face aux projets de réglementation ou de normalisation des pratiques psychothérapeutiques, par exemple (songeons aux fortes mobilisations autour de l'amendement Accoyer en 2003 et 2004), sont subjectivement vécues comme des combats d'ordre bien plus fondamental que strictement professionnel. Pour de nombreux psychanalystes, défendre la psychanalyse revient à défendre un modèle sociétal, à résister aux asservissements contemporains. La psychanalyse en vient à incarner un idéal de liberté, d'humanisme, de rigueur, face aux méfaits des logiques dominantes (généralement issues du monde anglo-saxon, selon une perception souvent teintée d'anti-américanisme) de standardisation, d'évaluation, de médicalisation, de scientisme. Un idéal, en somme, de résistance.

RÉPERTOIRE DES PRINCIPALES ASSOCIATIONS PSYCHANALYTIQUES CITÉES

En romains, les institutions dites orthodoxes, affiliées à l'IPA.
En italiques, les institutions lacaniennes.
En gras, les institutions non affiliées.

EN FRANCE :
Société psychanalytique de Paris (SPP), 1926
Association psychanalytique de France (APF), 1964
Organisation de Psychanalystes de Langue française (OPLF) ou Quatrième Groupe, 1969
École de la Cause freudienne (ECF), 1981
Association lacanienne internationale (ALI), 1982, anciennement Association freudienne internationale (AFI)
Société française de Psychanalyse (SFP) †, 1953-1964
École freudienne de Paris (EFP) †, 1964-1980

À L'ÉTRANGER :
American Psychoanalytic Association (APsaA), 1911
Escuela de Orientaciòn lacaniana (EOL), Argentine, 1992
Scuola lacaniana di Psicoanalisis (SLP), Italie, 2000

ASSOCIATIONS INTERNATIONALES :
International Psychoanalytical Association (IPA, API en français), 1910
Association mondiale de Psychanalyse (AMP), 1992

BIBLIOGRAPHIE

Marilia AISENSTEIN, « L'analyste étranger ou barbare... », 7 juin 2003, Annexe B, in B. Brémond, « Éléments pour une histoire du groupe de contact », http://www.oedipe.org/fr/actualites/histoire%20du%20groupe%20de%20contact, 2003.

Jean ALLOUCH, *Allô Lacan ? — Certainement pas,* Paris, EPEL, 1998.

Jacqueline AMATI MEHLER, « Training analysis and/or training psychoanalysts », in *International Psychoanalysis,* n° 9, 2000.

Jean-Claude ARFOUILLOUX, « La formation dans la Société française de Psychanalyse et dans l'Association psychanalytique de France. Histoire d'un malaise dans la culture analytique », in *Revue internationale d'histoire de la psychanalyse,* n° 2, 1989.

Paul-Laurent ASSOUN, *Psychanalyse,* Paris, PUF, 1997.

Jenny AUBRY, « Où les chemins divergent », in *Ornicar ?,* n° 9, 1977.

Piera AULAGNIER, « Comment peut-on ne pas être persan ? », in *L'Inconscient,* n° 8, 1968 (repris in *Un interprète en quête de sens,* Paris, Payot & Rivages, 2001).

Piera AULAGNIER, « Sociétés de psychanalyse et psychanalyse de sociétés », in *Topique,* n° 1, 1969.

Piera AULAGNIER, Jean-Paul VALABREGA & Nathalie ZALTZMAN, « Une néoformation du lacanisme », in *Topique,* n° 18, 1977.

Nicole BEAUCHAMP, « Cursus et formation », in Serge Leclaire & APUI, *État des lieux de la psychanalyse,* Paris, Albin Michel, 1991.

Nicole BEAUCHAMP, « Sésame, ouvre-toi ? Je veux sortir (une mise en perspective historique) », in *Che vuoi ?,* n° 15, 2001.

Maurice BENASSY, « Psychanalyses didactiques et expériences religieuses », in *Revue française de psychanalyse,* n° 29, 1965.

Jean-Michel BERTHELOT, « Pour un programme non réductionniste en étude des sciences », in *Revue européenne des sciences sociales,* t. XL, 2002.

Jean-Michel BERTHELOT (dir.), *Figures du texte scientifique,* Paris, PUF, 2003.

B. BRÉMOND, « Éléments pour une histoire du groupe de contact », http://www.oedipe.org/fr/actualites/histoire%20du%20groupe%20de%20contact, 2003.

Jorge CACHO, Claude LANDMAN & Denise SAINTE-FARE GARNOT, « Le Collège d'enseignement pour les psychanalystes en formation », présentation sur le site de l'Association lacanienne internationale, http ://www.freud-lacan.com/index.php

Robert CASTEL, *Le Psychanalysme,* Paris, Maspero, 1973.

Robert CASTEL & J.F. LE CERF, « Le phénomène "psy" et la société française », in *Le Débat,* n° 3, 1980.

Cornelius CASTORIADIS, « La psychanalyse, projet et élucidation », in *Topique,* n° 18, 1977.

Janine CHASSEGUET-SMIRGEL, *Pour une psychologie de l'art et de la créativité,* Paris, Payot, 1971.

Robert CHEMAMA & Bernard VANDERMERSCH, *Dictionnaire de la psychanalyse,* Paris, Larousse-Bordas, 1998.

Claude CONTÉ, « L'analyste ne s'autorise que de lui-même », in *L'Analyse et l'analyste. Ier Colloque interassociatif de Psychanalyse,* Paris, Solin, 1991.

Jean COURNUT, « Groupe clinique, réflexions en cours », mars 2003, Annexe B à Bernard Brémond, « Éléments pour une histoire du Groupe de contact », http ://www.oedipe.org/fr/actualites/histoire%20du%20groupe%20de%20contact

Simone DECOBERT & Gilbert DIATKINE, « La formation », in Gilbert Diatkine *et al., La Psychanalyse et l'Europe de 1993,* Paris, PUF, 1993.

Gilbert DIATKINE *et al., La Psychanalyse et l'Europe de 1993,* Paris, PUF, 1993.

Gilbert DIATKINE, *Jacques Lacan,* Paris, PUF, 1997.

Jean-Luc DONNET, « Cursus et hiérarchie dans la société analytique », in *Études freudiennes,* n° 1-2, 1969.

Jean-Luc DONNET, « Psychanalyse et médecine », in Jean-Claude Sempé, Jean-Luc Donnet, J. Say, Gilbert Lascault & Catherine Backes, *La Psychanalyse,* Paris, SGPP, 1969.

Jean-Luc DONNET, « Présentation de la psychanalyse à un lecteur profane », in Gilbert Diatkine *et al., La Psychanalyse et l'Europe de 1993,* Paris, PUF, 1993.

Claude DUBAR & Pierre TRIPIER, *Sociologie des professions,* Paris, Armand Colin, 1998.

Jean-Marc DUPEU, « L'analyse conventionnée. Un analyseur pour la question du paiement en analyse ? », in *Psychanalystes,* n° 20, 1986.

Max EITINGON, « Rapport sur la polyclinique psychanalytique de Berlin » [mars 1920-juin 1922], in *Topique,* n° 18, 1977.

Max EITINGON, « Allocution au IXe Congrès psychanalytique international » [sept. 1925], in Moustapha SAFOUAN, Philippe JULIEN & Christian HOFFMANN,

Malaise dans la psychanalyse. Le tiers dans l'institution et l'analyse de contrôle, Paris, Les Cahiers d'Arcanes, 1995.

Micheline & E. ENRIQUEZ, « Le psychanalyste et son institution », in *Topique,* n° 6, 1971.

Micheline ENRIQUEZ, « On forme un analyste. Regards sur la psychanalyse en France », in *Nouvelle Revue de psychanalyse,* n° 20, 1979.

Jean-Louis FABIANI, *Les Philosophes de la république,* Paris, Éditions de Minuit, 1988.

Maïa FANSTEN, « La transcription du Séminaire de Lacan : oralité et textualité », in Jean-Michel Berthelot (dir.), *Figures du texte scientifique,* Paris, PUF, 2003.

Maïa FANSTEN, *La Demande d'extraterritorialité de la psychanalyse française : fondements, enjeux, problèmes,* thèse de doctorat de sociologie, Université de Paris V, 2004.

Jean FAVREAU, « La formation des psychanalystes », in *Études freudiennes,* n° 5-6, 1972.

Jeanne FAVRET-SAADA, « Excusez-moi, je ne faisais que passer », in *Les Temps modernes,* n° 371, 1977.

Sigmund FREUD, « La méthode psychanalytique de Freud » [1904], in *La Technique psychanalytique,* Paris, PUF, 1997.

Sigmund FREUD, « Conseils aux médecins sur le traitement analytique » [1912], in *La Technique psychanalytique,* Paris, PUF, 1997.

Sigmund FREUD, « Contribution à l'histoire du mouvement psychanalytique » [1914], in *Cinq leçons sur la psychanalyse,* Paris, Payot, 1992.

Sigmund FREUD, « Psychanalyse et théorie de la libido » [1923], in *Résultats, idées, problèmes,* vol. 2 (1921-1938), Paris, PUF, 1985.

Sigmund FREUD, *La Question de l'analyse profane* [1926], Paris, Gallimard, 1985.

Sigmund FREUD, « L'analyse avec fin et l'analyse sans fin » [1937], in *Résultats, idées, problèmes,* vol. 2 (1921-1938), Paris, PUF, 1985.

Patrick FROTÉ, *Cent ans après,* Paris, Gallimard, 1998.

Claude GIRARD, « Histoire de la formation dans la Société psychanalytique de Paris », in *Revue internationale d'histoire de la psychanalyse,* n° 2, 1989.

Brigitte GIRAUD, « Situation actuelle des psychothérapies et de la psychanalyse aux Pays-Bas », 30 novembre 2003, http ://www.freud-lacan.com/articles/article.php ?url_article=bgiraud301103

Samuel GOODMAN, « De la sélection », in Serge Lebovici & Albert J. Solnit (dir.), *La Formation du psychanalyste,* Paris, PUF, 1982.

Wladimir GRANOFF, « La question du maître », in *Filiations,* Paris, Éditions de Minuit, 1975.

André GREEN & G. SCHOPP, « Entretien avec André Green », in *Psychologues et psychologies*, n° 94-95, 1990.

Phyllis GROSSKURTH, *Freud, l'anneau secret*, Paris, PUF, 1995.

GROUPE BASTILLE, « Manipulation monétaire », http ://www.psychanalyse-in-situ.com/assoc/bastDroite1.html#1

Pierre GUIN, « La scission de 1963 », in *Cliniques méditerranéennes*, n° 49-50, 1996.

Richard A. ISAY, « Commentaires », in Serge Lebovici & Albert J. Solnit (dir.), *La Formation du psychanalyste*, Paris, PUF, 1982.

Roland JACCARD (dir.), *Histoire de la psychanalyse*, Paris, Hachette, 1985.

Edward D. JOSEPH, « Remarques préliminaires au Symposium de Broadway », in Serge Lebovici & Albert J. Solnit (dir.), *La Formation du psychanalyste*, Paris, PUF, 1982.

Philippe JULIEN, « Témoignages sur la SFP et l'EFP », in *Che vuoi ?*, n° 15, 2001.

Pierre KAUFMANN (dir.), *L'Apport freudien. Éléments pour une encyclopédie de la psychanalyse*, Paris, Bordas, 1993.

Otto F. KERNBERG, « La situation actuelle de la psychanalyse », in *Revue française de psychanalyse*, n° LVI, 1992.

Otto F. KERNBERG, « A concerned critique of psychoanalytic education », in *International Journal of Psychoanalysis*, n° 81, 2000.

Otto F. KERNBERG, « Some thoughts regarding innovations in psychoanalytic education », in *Presentation at the IPA Executive Council Meeting in Puerto Vallarta*, 7 janvier 2001.

Douglas KIRSNER, *Unfree Associations. Inside Psychoanalytic Institutes*, Londres, Process Press, 2000.

Thomas KUHN, *La Structure des révolutions scientifiques*, Paris, Flammarion, 1983.

Daniel KUPERMANN, « De la transmission de la psychanalyse et des institutions psychanalytiques », http ://www.etatsgeneraux-psychanalyse.net/archives/texte82.html

Edith KURZWEIL, *The Freudians. A Comparative Perspective*, New Haven-Londres, Yale University Press, 1989.

Jacques LACAN, « Fonction du champ de la parole et du langage en psychanalyse » [1953], in *Écrits*, Paris, Seuil, 1966.

Jacques LACAN, « La chose freudienne ou sens du retour à Freud en psychanalyse » [1955], in *Écrits*, Paris, Seuil, 1966.

Jacques LACAN, « Acte de fondation. 21 juin 1964 » [1964], in *Acte de fondation et autres textes*, tiré à part de l'Annuaire 1982 de l'École de la Cause freudienne.

Jacques LACAN, « Proposition du 9 octobre 1967 sur le psychanalyste de l'École » [1967], in *Autres Écrits*, Paris, Seuil, 2001.

Jacques LACAN, « Discours de clôture des Assises de l'École freudienne de Paris sur l'expérience de la passe », in *Lettres de l'École freudienne,* n° 23, 1978.
Jacques LACAN, *Le Séminaire VII. L'éthique de la psychanalyse,* Paris, Seuil, 1986.
Jacques LACAN, *Autres Écrits,* Paris, Seuil, 2001.
Daniel LAGACHE, « Affiliation de la Société française de Psychanalyse à l'Association internationale de Psychanalyse », *Mémorandum par Daniel Lagache, président de la Société française de Psychanalyse,* in Jacques-Alain Miller, *La Scission de 1953,* Paris, Navarin, 1990.
Jean LAPLANCHE, « Une révolution sans cesse occultée », in *Revue internationale d'histoire de la psychanalyse,* n° 2, 1989.
Jean LAPLANCHE, « La didactique : une psychanalyse sur commande », in *TRANS- Revue de psychanalyse,* n° 3, 1993.
Jean LAPLANCHE, « Lacan anti-didacticien ?! », in *Journal des psychologues,* n° 125, 1995.
Jean LAPLANCHE & J.B. PONTALIS, *Vocabulaire de la psychanalyse,* Paris, PUF, 1967.
Christiane LE BOULENGÉ, « La formation des analystes : deux orientations », in *La Cause freudienne,* n° 52, 2002.
Serge LEBOVICI, « Sur la formation des psychanalystes », in Serge Lebovici & Albert J. Solnit (dir.), *La Formation du psychanalyste,* Paris, PUF, 1982.
Serge LEBOVICI & Albert J. SOLNIT (dir.), *La Formation du psychanalyste,* Paris, PUF, 1982.
Serge LECLAIRE & APUI, *État des lieux de la psychanalyse,* Paris, Albin Michel, 1991.
Danièle LÉVY, « La psychanalyse et ses états », in Serge Leclaire & APUI, *État des lieux de la psychanalyse,* Paris, Albin Michel, 1991.
Ghyslain LÉVY, « Un patient est remboursé. Variation sur le thème du paiement et de ses diverses alternatives dans la situation analytique », in *Psychanalystes,* n° 20, 1986.
André LUSSIER, « Évaluation des candidats à la promotion psychanalytique », in *Études freudiennes,* n° 1-2, 1969.
André LUSSIER, « Notre idéologie de la formation », in *Revue française de psychanalyse,* n° LVI, 1992.
Pierre MARIE, *Qu'est-ce que la psychanalyse ?,* Paris, Aubier, 1988.
Olivier MARTIN, « La sociologie des sciences au prisme de ses manuels », in *Cahiers internationaux de sociologie,* vol. CIX, 2000.
Robert K. MERTON *et al., The Student Physician. Introductory Studies in the Sociology of Medical Education,* Cambridge (MA), Harvard University Press, 1957.
Robert MICHELS, « Training analysts and the psychoanalytic community », in *International Psychoanalysis,* n° 9, 2000, http ://eseries.ipa.org.uk/prev/news letter/00-2/00-2.htm

Alain de MIJOLLA, « La psychanalyse en France (1893-1965) », in Roland Jaccard (dir.), *Histoire de la psychanalyse,* Paris, Hachette, 1985.

Alain de MIJOLLA, « Les scissions dans le mouvement psychanalytique français de 1953 à 1964 », in *Topique,* n° 57, 1995.

Alain de MIJOLLA, « La scission de la Société psychanalytique de Paris en 1953. Quelques notes pour un rappel historique », in *Cliniques méditerranéennes,* n° 49-50, 1996.

Alain de MIJOLLA (dir.), *Dictionnaire international de la psychanalyse,* Paris, Calmann-Lévy, 2002.

Sophie de MIJOLLA-MELLOR, « Alienator ou les enjeux théoriques de la troisième scission dans le mouvement psychanalytique en France », in *Cliniques méditerranéennes,* n° 49-50, 1996.

Dominique MILLER, « Aussi seul que je l'ai toujours été dans ma relation à la cause analytique », in Gérard Miller (dir.), *Lacan,* Paris, Bordas, 1987.

Gérard MILLER (dir.), *Lacan,* Paris, Bordas, 1987.

Jacques-Alain MILLER (éd.), *La Scission de 1953. La communauté psychanalytique en France,* Paris, Navarin, 1990 (supplément à *Ornicar ?,* n° 7, 1990).

Jacques-Alain MILLER, « Réponse à *Che vuoi ?* sur la formation de l'analyste en 2001 », in *Che vuoi ?,* n° 15, 2001.

Jacques-Alain MILLER, *Lettres à l'opinion éclairée,* Paris, Seuil, 2002.

Jacques-Alain MILLER, « La confidence des contrôleurs. Le débat », in *La Cause freudienne,* « La formation entre guillemets des psychanalystes », n° 52, 2002.

Jacques-Alain MILLER, « La «formation» de l'analyste », in *La Cause freudienne,* n° 52, 2002.

Jacques-Alain MILLER (dir.), *Qui sont vos psychanalystes ?,* Paris, Seuil, 2002.

Jacques-Alain MILLER, *Le Neveu de Lacan,* Paris, Verdier, 2003.

Jean-Paul MOREIGNE, « À propos de l'histoire du IVe Groupe. Institution du doute, aporie de la formation ? », in *Revue internationale d'histoire de la psychanalyse,* n° 2, 1989.

Sacha NACHT, Serge LEBOVICI & René DIATKINE, « L'enseignement de la psychanalyse », in *Revue française de psychanalyse,* n° 24, 1960.

François PERRIER, « Sur la psychanalyse didactique », in *Topique,* n° 1, 1969.

François PERRIER, « Sur la psychanalyse didactique (2e partie) », in *Topique,* n° 2, 1970.

François PERRIER, *Voyages extraordinaires en Translacanie,* Paris, Lieu commun, 1985.

J.B. PONTALIS, « Le métier à tisser », in *Nouvelle Revue de psychanalyse,* n° 20, 1979.

« QUATRIÈME GROUPE. Principes et modalités de fonctionnement », http://quatrieme-groupe.org, 1985.

Jean-Michel QUINODOZ, « Clinical approaches to termination of the training analysis. Clinical dilemmas of the training analyst », Report on the 9th Conference of Training Analysts (1999), in *International Psychoanalysis,* n° 9, 2000.

Jean-Michel QUINODOZ, « Société française de Psychanalyse », in Alain de Mijolla (dir.), *Dictionnaire international de la psychanalyse,* Paris, Calmann-Lévy, 2002.

Pierre REY, *Une saison chez Lacan,* Paris, Seuil, 1989.

Elias M. de ROCHA BARROS, « Réévaluation de l'enseignement psychanalytique », Xe Conférence des analystes-didacticiens, (Nice, 20-21 juillet 2001), in *International Psychoanalysis,* n° 10, 2001.

Elias M. de ROCHA BARROS, « Résumé final », Xe Conférence des analystes-didacticiens (Nice, 20-21 juillet 2001), in *International Psychoanalysis,* n° 10, 2001.

Élisabeth ROUDINESCO, *Jacques Lacan. Esquisse d'une vie, histoire d'un système de pensée,* Paris, Fayard, 1993.

Élisabeth ROUDINESCO, *Histoire de la psychanalyse en France,* I, *1885-1939* [1982], Paris, Fayard, 1994.

Élisabeth ROUDINESCO, *Histoire de la psychanalyse en France,* II, *1925-1985* [1986], Paris, Fayard, 1994.

Élisabeth ROUDINESCO & Michel PLON, *Dictionnaire de la psychanalyse,* Paris, Fayard, 2000.

François ROUSTANG, « Contributions à l'histoire du mouvement psychanalytique », in *Scilicet,* n° 4, 1972.

François ROUSTANG, *Un destin si funeste,* Paris, Éditions de Minuit, 1976.

François ROUSTANG, *Lacan. De l'équivoque à l'impasse,* Paris, Éditions de Minuit, 1986.

Michael RUSTIN, « The social organization of secrets. Towards a sociology of psychoanalysis », in *International Review of Psychoanalysis,* n° 12, 1985.

Moustapha SAFOUAN, Philippe JULIEN & Christian HOFFMANN, *Malaise dans la psychanalyse. Le tiers dans l'institution et l'analyse de contrôle,* Paris, Les Cahiers d'Arcanes, 1995.

Michel SCHNEIDER, « La "question" en débat », in Sigmund Freud, *La Question de l'analyse profane,* Paris, Gallimard, 1985.

Jean-Claude SEMPÉ, Jean-Luc DONNET, J. SAY, Gilbert LASCAULT & Catherine BACKES, *La Psychanalyse,* Paris, SGPP, 1969.

Daniel SIBONY, *Le Peuple "psy",* Paris, Balland, 1992.

Catherine SILVER, « Attitudes toward social change and theoretical orientation of clinicians. A survey of psychoanalysts' clinical practices », http :// www.sociology.umb.edu/volume%204_1.htm

Victor SMIRNOFF, « De Vienne à Paris », in *Nouvelle Revue de psychanalyse,* n° 20, 1979.

Victor SMIRNOFF, « Enseignement, apprentissage, transmission, ou les dédales de la formation analytique », in *Bulletin de la Fédération européenne de Psychanalyse,* n° 28, 1987.

Victor SMIRNOFF, « Une ténébreuse affaire », in *Écrit du temps,* n° 14-15, 1987.

Colette SOLER, Louis SOLER, Jacques ADAM & Danièle SILVESTRE, *La Psychanalyse, pas la pensée unique. Histoire d'une crise singulière,* Paris, Éditions du Champ lacanien, 2000.

Conrad STEIN, « Notes relatives au statut scientifique et au statut social de la psychanalyse », in *Études freudiennes,* n° 5-6, 1972.

Jean SZPIRKO, « Historique », 2000, http ://convergencia.aocc.free.fr/histo_f.htm

Sherry TURKLE, *La France freudienne,* Paris, Grasset, 1982.

Jean-Paul VALABREGA, « La psychanalyse savante », in *L'Inconscient,* n° 8, 1969.

Jean-Paul VALABREGA, « Les voies de la formation psychanalytique », in *Topique,* n° 1, 1969.

Jean-Paul VALABREGA, « Après la Proposition du 9 octobre », in *Analytica,* n° 7, 1978.

Alain VANIER, *Éléments d'introduction à la psychanalyse,* Paris, Nathan, 1994.

Jacques VAN RILLAER, *Les Illusions de la psychanalyse,* Bruxelles, Mardaga, 1980.

Serge VIDERMAN, *De l'argent en psychanalyse et au-delà,* Paris, PUF, 1992.

Daniel WIDLÖCHER, « Stratégie d'avenir de l'IPA », http://www.ipa.org.uk/site/cms/contentviewarticle.asp?article=1226.

Nathalie ZALTZMAN, « Apprendre : passer du contre au pour », in *Topique,* n° 60, 1996.

Daniel ZAOUI, « La formation des psychanalystes au IVe Groupe », in *Che vuoi ?,* n° 15, 2001.

Daniel ZAOUI, « Le Quatrième Groupe. Présentation », www. quatrieme-groupe.org /presentation2.htm

Imprimé en France
Imprimerie IDG
Numéro d'édition : 6571
Numéro d'impression : 6143
Dépôt légal : 1er trimestre 2006

HERMANN, ÉDITEURS DES SCIENCES ET DES ARTS